本书受教育部 2008 年青年基金项目《民法典制定中非营利法人立法问题研究》（项目编号 08JC820038）、国家社科基金 2014 年一般项目《企业基金会法律问题研究》（项目编号 14BFX169）、武汉大学法学院 2017 年青年教师资助项目《非营利法人的私法规制问题研究》的支持。

非营利法人的私法规制

罗 昆/著

The Private Law of
Incorporated Nonprofit
Corporation

中国社会科学出版社

图书在版编目（CIP）数据

非营利法人的私法规制/罗昆著.—北京：中国社会科学出版社，2017.10
ISBN 978 - 7 - 5203 - 1209 - 7

Ⅰ.①非… Ⅱ.①罗… Ⅲ.①非营利组织—法人制度—私法—研究—
中国 Ⅳ.①D923.04

中国版本图书馆 CIP 数据核字（2017）第 255466 号

出 版 人　赵剑英
责任编辑　许　琳
责任校对　鲁　明
责任印制　李寡寡

出　　版　中国社会科学出版社
社　　址　北京鼓楼西大街甲 158 号
邮　　编　100720
网　　址　http://www.csspw.cn
发 行 部　010 - 84083685
门 市 部　010 - 84029450
经　　销　新华书店及其他书店

印刷装订　北京君升印刷有限公司
版　　次　2017 年 10 月第 1 版
印　　次　2017 年 10 月第 1 次印刷

开　　本　710×1000　1/16
印　　张　18
字　　数　288 千字
定　　价　88.00 元

序　言

改革开放以来，基金会、社会服务机构、社会团体等各种社会组织不断发展壮大，在促进社会发展、保持社会稳定等方面发挥了重要作用。为进一步规范和促进社会组织发展，分类推进事业单位改革，我国近年已制定或修改完善了一系列的相关政策和法律法规。特别是《民法总则》将法人分为营利法人、非营利法人、特别法人之后，囊括各种社会组织和事业单位的非营利法人已经成为一种基本的法人类型。《民法总则》的此种规定在一定程度上反映了我国经济社会实践中各种组织体的现实发展状况，凸显了非营利法人的重要性。

然而与营利法人相比，现有非营利法人法律制度却存在重公法管制轻私法规制、法律效力层级较低和零星分散等明显不足。我国有关非营利法人的民事基本法律制度和民法理论学说均较为薄弱，有关非营利法人的私法理论研究和制度构建亟需加强。从私法角度来看，整理现有各种非营利法人特别法中的民事法律制度，在可能的范围内尽量构建有关非营利法人的一般私法规则，对于完善我国民事主体制度和非营利法人法律制度，落实依法治国基本方略、全面深化改革、实现国家治理体系和治理能力现代化，均具有重要意义。

本书以我国现有关于非营利法人的政策、法规和理论通说为依据，结合我国非营利法人的发展实际，并比较借鉴域外非营利法人法律制度的成功经验，较为全面地呈现了我国的非营利法人私法制度，并为进一步完善相关制度提供了若干建议。本书可为《民法总则》

非营利法人制度的解释和检视，以及《民法典》的制定和各种非营利法人特别法的完善提供重要的理论参考。

　　本书作者罗昆于十年前进入中国人民大学法学院博士后流动站工作学习，是我指导的博士后。长期以来，作者围绕财团法人、非营利法人的民事立法等问题展开了系统研究，成功申报了教育部项目、国家社科基金项目等多项相关课题，出版了国内第一本从私法视角系统研究财团法人制度的著作《财团法人制度研究》，并在《法学研究》等刊物上陆续发表了一系列相关论文。此次更是以他的博士后出站报告《非营利法人基本法律问题研究——以民法典法人制度立法为中心》和部分项目成果为基础，结合我国非营利法人法近年的理论和制度发展，特别是《民法总则》关于非营利法人的最新规定，更新、深化、拓展而写作了本书。作为导师，看到学生勤奋踏实、拥有稳定的研究方向深耕细作并不断进步，我感到十分欣慰！也希望作者今后能够继续努力，取得更多学术成果！

　　是为序。

2017 年 10 月 18 日

目　　录

绪　论 ……………………………………………………（1）

　　一　研究概况 ……………………………………（1）

　　二　研究意义 ……………………………………（4）

　　三　研究思路 ……………………………………（6）

第一章　非营利法人的概念探讨 ……………………（8）

　第一节　概念与理念 ………………………………（8）

　　一　"非营利组织"及相关概念 …………………（8）

　　二　概念背后的价值理念 ………………………（10）

　第二节　内涵与外延 ………………………………（14）

　　一　非营利法人的内涵 …………………………（15）

　　二　非营利法人的外延和类型 …………………（43）

　第三节　结论与反思 ………………………………（77）

　　一　非营利法人的内涵与外延 …………………（77）

　　二　事前判断抑或事后判断 ……………………（79）

　　三　价值判断抑或事实判断 ……………………（80）

　　四　非营利法人定义之规范意义 ………………（81）

第二章　非营利法人的立法体例 ……………………（82）

　第一节　非营利组织法的立法模式 ………………（82）

一　基本思路 ………………………………………… (82)

二　民法典中非营利组织法的存在形式 …………… (84)

三　民法典外非营利组织法的存在形式 …………… (87)

第二节　民法典中法人的基本分类 ……………………… (88)

一　基础理论 ………………………………………… (91)

二　模式选择 ………………………………………… (97)

三　制度支撑 ……………………………………… (115)

第三章　非营利法人的设立制度 ……………………… (120)

第一节　非营利法人的设立条件 ……………………… (120)

一　法人设立条件的一般规定 …………………… (120)

二　事业单位法人的设立条件 …………………… (121)

三　社会团体法人的设立条件 …………………… (123)

四　基金会法人的设立条件 ……………………… (123)

五　社会服务机构法人的设立条件 ……………… (125)

六　非营利法人设立条件的具体化 ……………… (126)

第二节　非营利法人的组织结构 ……………………… (127)

一　事业单位法人的组织结构 …………………… (127)

二　社会团体法人的组织结构 …………………… (128)

三　捐助法人的组织结构 ………………………… (134)

四　非营利法人治理结构的完善 ………………… (153)

第三节　非营利法人的设立原则 ……………………… (155)

一　非营利法人设立原则的比较法考察 ………… (155)

二　决定不同设立原则的依据 …………………… (161)

三　我国非营利法人的设立原则 ………………… (169)

第四章　非营利法人的运营制度 ……………………… (175)

第一节　非营利法人运营的一般问题 ………………… (175)

一 通过章程的法人治理 …………………………………（175）

二 议事方式与表决程序 …………………………………（180）

三 会员、理事等人的权利义务责任 ……………………（183）

第二节 非营利法人的财务运营 …………………………（195）

一 非营利法人财务运营概述 ……………………………（195）

二 收入、资产与财产权 …………………………………（197）

三 公益慈善组织的支出控制 ……………………………（199）

四 股权型基金会的特殊问题 ……………………………（200）

第三节 非营利法人的外部监管 …………………………（202）

一 外部监管的形式 ………………………………………（202）

二 主管机关的监管原则 …………………………………（204）

三 对现行监管体制的评价 ………………………………（206）

第五章 非营利法人的终止制度 …………………………（208）

第一节 非营利法人的终止概述 …………………………（208）

一 非营利法人终止的相关概念 …………………………（208）

二 非营利法人终止的特征 ………………………………（208）

三 非营利法人终止的法律规范体系 ……………………（209）

四 非营利法人终止的时间 ………………………………（210）

第二节 非营利法人的终止事由 …………………………（210）

一 法人终止事由的比较法考察 …………………………（210）

二 我国法人终止的一般事由 ……………………………（211）

三 我国各类非营利法人的终止事由 ……………………（212）

四 开放性立法模式反思 …………………………………（216）

第三节 非营利法人的清算 ………………………………（217）

一 概述 ……………………………………………………（217）

二 非营利法人的非破产清算 ……………………………（217）

三 非营利法人的破产清算 ………………………………（222）

四　非营利法人的注销登记 …………………………… （225）

五　非营利法人的合并分立 …………………………… （225）

第六章　非营利法人的行为制度 ……………………… （226）

第一节　公益捐赠的私法规制 ………………………… （226）

一　公益捐赠的私法形式 …………………………… （226）

二　法律关系与法律体系 …………………………… （228）

三　公益捐赠法律关系的主体 ……………………… （229）

四　捐赠人的权利义务 ……………………………… （231）

五　受赠人的权利义务 ……………………………… （237）

六　公益捐赠中的其他问题 ………………………… （238）

第二节　非营利法人目的外行为的效力 ……………… （241）

一　类似问题的两种语境 …………………………… （241）

二　非营利法人的营利事业和营利法人的

公益事业 ……………………………………… （242）

三　非营利法人目的外行为的效力 ………………… （247）

第三节　公益法人对外担保和投资的限制 …………… （253）

一　公益法人对外担保的限制 ……………………… （253）

二　公益法人对外投资的限制 ……………………… （254）

参考文献 ……………………………………………… （256）

绪　　论

非营利法人与营利法人、特别法人并称我国法人三大基本类型。依《民法总则》第 87 条的规定，非营利法人是指为公益目的或其他非营利目的成立，不向出资人、设立人或者会员分配利润的法人，包括事业单位、社会团体、基金会和社会服务机构等。实践早已证明，有关非营利法人的法律问题并不会比营利法人少。《民法总则》仅以 9 个条文规定了非营利法人民事基本法律制度，但除此之外我国实际上还存在大量有关非营利法人的民法制度，以"决定"、"管理条例"、"实施条例"等形式散见于有关政策性文件和各种具体行政法规、条例规章中，且尚未引起民法学界的充分注意。与通常采用社团法人财团法人基本类型模式的大陆法系国家不同，《民法总则》颁行后，非营利法人的私法规制已经成为一个我国民法学界无法回避的重要课题。

一　研究概况

（一）国内研究概况

非营利法人法律制度在国内属于起步较晚的研究领域。根据研究对象和重心的变化，有关研究到目前为止大致可以分为三个阶段。

第一阶段，以非营利社团法人为主要研究对象。由于我国《民法通则》并未直接一般性地规定非营利法人制度，因此大陆民法学者对法人制度或者民事主体制度的研究虽然已经不少，但在"以经济建设为中心"的大背景下，民法学界对营利性法人（如公司、国有企业）的研究较多，而对非营利法人制度则相对关注较少。部分学者已经开始关注非营利组织法，并且编著、翻译了若干著作出版，例如《中国非营利组织法的基本问题》（陈金罗等著）、《非营利法人治理结构研究》（金锦萍著）、《外国非营利组织法译汇》（一）和（二）（金锦萍等主编）、《非营利法人解释》（税兵著）、《慈善性公益法人研究》（李芳著）、《互益性法人法律制度研究》（陈晓军著），但是其研究重点主要是针对非营利社团组织而对非营利财团法人研究较少（孙宪忠教授的《财团法人财产所有权和宗教财产归属问题探讨》、葛云松教授的《中国财团法人制度的展望》两篇论文是这一领域较早的研究），这就不可避免地导致对非营利组织的法理认识有欠全面。无论是相对于管理学、社会学学界对非营利组织或非政府组织研究的盛况空前，还是相对于法学界关于营利组织法研究的繁荣兴旺，法学界在非营利组织法领域抡锄耕耘的学者之身影都显得有几分寂寥。

第二阶段，以财团法人法律制度为对象的研究逐渐增多。2009年，笔者撰写出版了国内第一本研究财团法人法律制度的专著《财团法人制度研究》。此后，有关财团法人和基金会的研究逐渐增多，例如韦祎的《中国慈善基金会法人制度研究》（2010年）、李莉的《中国公益基金会治理研究——基于国家与社会关系视角》（2010年）、褚蓥的《美国私有慈善基金会法律制度》（2011年）、胡岩的《财团法人之研究》（2013年）、张晓东的《基金会法律问题研究》（2013年）。这些专著分别是从经济法、社会法、民法、国际法等不同视角对财团法人和基金会展开研究，这与作者的专业背景具有密切关系。

第三阶段，近年以慈善法和民法典法人制度立法为中心的研究。在2002年国家立法机关发布的民法典草案和已有的多个民法典草案学者建议稿中，关于法人制度（包括非营利法人制度）的分歧都极为明显。特别是民法总则制定过程中，法人基本分类问题引发了极大的学术争议。民法学界多数学者主张采用社团法人、财团法人的基本分类，商法学界和少数民法学者则主张采用营利法人、非营利法人的基本分类。在这种讨论过程中，有关社团法人、财团法人、营利法人、各种具体非营利法人法律制度的理论认识无疑有所进步，但民法上有关非营利法人的一般性理论却始终没有建构起来。《民法总则》最终采用了营利法人与非营利法人的基本分类，"非营利法人"已正式成为民事基本法上的法律概念而不仅仅是学理概念，但《民法总则》中并未规定任何一项可以统一适用于所有非营利法人的民事基本法律制度，仅就各种具体非营利法人做了简单规定，由此亦可以折射出理论基础的薄弱。我国关于非营利法人的具体法律制度包括民事法律制度，主要散见于各种非营利特别法或行政法规中，例如《民办教育促进法》《教育法》《高等教育法》《慈善法》《基金会管理条例》等。《慈善法》虽被定位为社会法，但其中关于慈善组织、慈善捐赠、信息公开、监督治理等问题的规定包含私法规范；《事业单位登记管理暂行条例》《基金会管理条例》《社会团体登记管理条例》《民办非企业单位登记管理暂行条例》《宗教事务条例》等行政法规、规章中亦包含关于各类非营利法人的具体私法规范。目前对这些零散存在于各特别法中的非营利法人民事法律制度缺乏整理归纳，更谈不上有系统的检视。

（二）国外研究概况

随着"公民社会"在一些西方国家的崛起，非营利法人法律制度在国外许多国家已成为一个重要法域。美国1952年便制定了《非营利法人示范法》，之后又于1987年和2008年两次修订。俄罗斯、保加利亚、南非、吉尔吉斯斯坦等国家都制定了专门的非营利法人法或非营利组织法，有一些国家例如法国、捷克、匈牙利还制定了专门的非营利社团法或公益法人法。相应地，国外有关非营利法人法律制度的研究非常丰富，重点集中在非营利法人的治理结构和税收优惠等问题上。

但是从私法的角度对非营利法人的研究则情况不同。英美法系缺乏大陆法系的统一法人制度包括法人类型化制度，法人制度包括民事法律制度存在于公司法、非营利法人法等特别法中。大陆法系一般在民法典中规定法人制度，例如德国、瑞士、泰国以及我国台湾地区、澳门直接将法人分为社团法人和财团法人。受此种法人基本分类的影响，这些国家和地区的民法学者关于法人民事法律制度的研究通常并非从营利或非营利的目的视角进行，而是从社团和财团的组织结构视角进行。大陆法系根据法人的目的不同进行基本分类的立法例较少，2008 年法人制度改革之前的日本民法属于该种法例。① 日本民法学者在著作中通常将法人分为公益法人与营利法人展开介绍和讨论。但由于该种法人基本分类模式存在逻辑不周延的问题，没有涵盖所有的法人类型例如中间法人，因而日本处于"非营利法人"名义下的民事法律制度的讨论也不多见。

二　研究意义

2016 年中共中央、国务院制定发布了《关于改革社会组织管理制度促进社会组织健康有序发展的意见》，明确指出：

　　以社会团体、基金会和社会服务机构为主体组成的社会组

---

① 　日本 2006 年制定《一般社团法人・一般财团法人法》并于 2008 年实行，原来《日本民法典》法人制度仅保留 5 个条文，其余的大部分规定被同时废除。《日本民法典》所规定的法人制度虽存在重大缺陷，但属于为数不多的目的视角的法人类型化立法模式，对关于法人目的的学术讨论仍有重要意义。本书中在论及日本民法法人制度时，如未特别说明是 2008 年法人制度改革之后的新法，一般都是指改革之前《日本民法典》的规定，本书以下简称"日本旧民法"。

织，是我国社会主义现代化建设的重要力量。党中央、国务院历来高度重视社会组织工作，改革开放以来，在各级党委和政府的重视和支持下，我国社会组织不断发展，在促进经济发展、繁荣社会事业、创新社会治理、扩大对外交往等方面发挥了积极作用。同时也要看到，目前社会组织工作中还存在法规制度建设滞后、管理体制不健全、支持引导力度不够、社会组织自身建设不足等问题，从总体上看社会组织发挥作用还不够充分，一些社会组织违法违规现象时有发生。当前，我国正处于全面建成小康社会决胜阶段，改革社会组织管理制度、促进社会组织健康有序发展，有利于厘清政府、市场、社会关系，完善社会主义市场经济体制；有利于改进公共服务供给方式，加强和创新社会治理；有利于激发社会活力，巩固和扩大党的执政基础。各地区各部门要站在战略和全局高度，充分认识做好这项工作的重要性和紧迫性，将其作为一项重要基础性工作来抓，主动适应新形势新任务要求，全面落实相关政策措施，扎扎实实做好各项工作。

在这样的背景下，按照政事分离、政社分离的原则，从私法规制的角度来研究非营利法人的内涵外延、立法体例和具体制度构建的意义和应用前景在于：

第一，深化对非营利法人的理论认识。根据前述国内外研究现状简介可知，国内民法学界缺乏对非营利法人私法规制的系统理论研究，缺乏对分散存在于非营利法律制度、行政法规和部门规章中的各种具体非营利民事法律制度的整理。因此对非营利法人民事法律制度进行深入系统研究，对已有零星存在的规则进行全面整理和检讨，有助于深化这一方面的理论认识。

第二，促进非营利法人法规制度建设。立法本应以成熟的法学理论为基础，而我国《民法总则》虽已采用"非营利法人"的概念类型，但缺乏成熟理论指导，有关非营利法人私法规制的具体制度构建远未完成。现有的范式民法典如法国民法典、德国民法典制定之初，非营利组织作为社会的第三部门并未形成，这些范式民法典自然也就无法反映非营利法人的特殊民事法律制度。而随着社会的发展，非营利组织在我国已经成长为一类重要的社会组织，民法典中必须对非营利组织做出制度安排，此种制度安排无法经由对范式民法典的比较法借鉴来获取。按照立法规划，我国应于 2020 年制定民法典，相对如今如火如荼的民法典编纂工作，学界对非营利法人制度的理论认识显得零星、薄弱，因此对非营利法人制度开展深入、系统理论研究不仅意义重大而且迫在眉睫。本书的研究拟为民法典和各非营利特别法中的非营利法人制度建设提供理论支持，具有重要的实践指导意义。

第三，深化对营利法人的理论认识。通过对比分析，对非营利法人的深入系统的理论研究，有助于从侧面加深对营利法人、公益信托、无权利能力的公益组织（非法人组织）等相关制度的认识。①

三　研究思路

本书的基本写作思路是按照概念探讨、体例分析、制度构建三个部分依次展开，制度构建部分又分为组织法与行为法两块，组织法再进一步分为设立制度、运营制度、终止制度。

首先，结合《民法总则》关于非营利法人内涵和外延的规定，通过对国内外现有的有关"非营利"的理论学说进行比较研究，相对确定非营利法人的内涵；在此基础之上对可能符合这些属性的社会组织进行考察，确定非营利组织的外延；根据有关外延的进一步研究再反思有关非营利法人内涵的认识。

其次，探讨非营利法人法律制度的立法体例问题。有关非营利法

---

① 我国继在《信托法》规定公益信托外，2016 年制定的《慈善法》又专门规定了慈善信托，二者虽不完全相同但在目的、功能上并无实质区别。本书中一般采用"公益信托"概念，如未特别申明，"公益信托"一般包含慈善信托。

人立法体例的研究以哲学上内容与形式的辩证关系为理论根据。除了民法典中的非营利法人法律规定之外，更加具体的规定将分布在不同的非营利法人特别法中。民法典中非营利法人法的存在形式问题实际上就是民法典法人基本类型模式的选择问题。

　　最后，探讨非营利法人民事基本法律制度的建构问题。目前国内外关于非营利法人民事基本法律制度的研究主要从组织法的角度出发，围绕组织结构问题讨论居多，而组织结构上无法构建社团性非营利法人与财团性非营利法人的统一规则。除需结合《民法总则》的规定具体研究非营利法人的设立、运营、解散等组织法问题外，非营利法人的行为法也值得系统深入研究。

第一章　非营利法人的概念探讨

第一节　概念与理念

一　"非营利组织"及相关概念

我国《民法总则》第87条已经明确规定，"非营利法人"是指"为公益目的或者其他非营利目的成立，不向出资人、设立人或者会员分配所取得利润的法人"，"包括事业单位、社会团体、基金会、社会服务机构等"。此种界定无论是在概念内涵外延的精确性还是在与既有相关概念的衔接上均不无可议之处。例如稍早制定的《慈善法》第8条明确规定"慈善组织"是指"依法成立、符合本法规定，以面向社会开展慈善活动为宗旨的非营利性组织。慈善组织可以采取基金会、社会团体、社会服务机构等组织形式"。本章拟对"非营利法人"这一概念进行探讨。

我国在改革开放和社会主义市场经济建设进行到一定的阶段之后，学界、政府的注意力所及不再限于营利性组织例如公司及其相关行为。"非营利组织"作为一个舶来概念，作为一种新的社会组织，开始进入我国社会、学界和政府的视野，并引起越来越广泛的讨论。作为一个外来概念，非营利组织的英文表述一般是 *nonprofit organization* 或者 *not-for-profit organization*（*sector*），即许多人简称的 NPO。在大众和学者的话语环境中，与之相关的概念还有很多，例如简称

NGO 的非政府组织（non-governmental organization）、简称 TSO 的第三部门组织（the third sector organization）。除此之外，还有非商业组织（non-commercial organization）、社会性组织（social organization）、志愿组织（voluntary organization）、免税组织（tax-exempt organization）、慈善组织（charitable organization）等。与非营利组织相关的更加具体的概念是社团（association）、财团或者基金会（foundation）、社会性企业（social enterprise）、公益信托（public-benefit trust）等。国内学者和官方的语境中还有草根组织与民间组织的概念。这么多的概念，往往被学者、媒体甚至官方不加区别地使用，只是在不同的情形下，其含义、语气可能略有不同，而这种区别一般只能通过与其相对应的概念之间的不同才能反映出来。①

一般认为，非营利组织是相对于营利组织而言的，包括公益组织（为社会不特定多数人谋利益的组织）与互益组织（为特定集体的成员、会员谋利益的组织），日本民法学上就有公益法人、中间法人、营利法人的分类，前二者被概括为非营利组织，其要点在于该类组织不以营利为目的。非政府组织是相对于政府及其设立的组织而言的，但不包括企业，其要点在于强调该种组织相对于政府的独立性。第三部门是相对于政府和企业而言的，曾经的理论认为社会是由政府和企业组成的二分的结构，后来的研究表明政府和市场均有"失灵"的时候，需要第三部门来填补政府和市场之不足。

对非营利组织或者非政府组织开展介绍、研究的国内学者中，管理学和社会学的学者起步要早于法学学者、也多于法学学者。诸多的管理学、社会学相关著述中，非营利组织、非政府组织和第三部门这三个概念均使用较多；而法学学者的著述中，非营利组织被使用较

---

① 在日本，非营利组织和非政府组织是严格区分的。所谓非营利组织（NPO）是指致力于日本国内以社区为基础的各类公益活动的社会组织，所谓非政府组织（NGO）是指致力于日本国外以开发援助、国际协力、灾害救助、扶贫环保等公益活动为主的社会组织。具体一点，业务超出了本国范围的是 NGO，在本国社区范围活动的组织是 NPO。

多，非政府组织和第三部门的用法较少。其原因或许在于法学学者天然地对于非政府组织中"非政府"二字的敏感。法学学者中，有关的研究主要是社会法、行政法、经济法的研究，其关注的焦点在于非营利组织的合法性问题、监管问题和税收问题等，而私法学者关注的重点是非营利组织的设立程序问题、组织形态问题、行为效力问题和治理结构问题，且一般不使用非营利组织的概念，而是非营利法人的概念。"组织"并非严格民法意义上的民事主体概念，法人才是一种重要的民事主体以及被严格定义的法律概念。这也是本书确定题目时采用"非营利法人"概念的主要考虑之一。

对此，国内官方包括有关法律文件中一般不采用"非政府组织"或者"第三部门"的称谓，而是采用"民间组织""非营利性社会组织""非营利性法人""慈善组织"等。目前我国对非营利组织进行管理登记的最高行政主管部门是民政部下设的"民间组织管理局"，其监管的对象主要包括四类：社会团体、社会服务机构（民办非企业单位）、基金会、境外基金会的代表机构。民政部民间组织管理局开办的专门网站则名为"中国社会组织网"。而在《社会团体登记管理条例》第 2 条中规定："本条例所称社会团体，是指中国公民自愿组成，为实现会员共同意愿，按照其章程开展活动的非营利性社会组织。"在《基金会管理条例》第 2 条中规定："本条例所称基金会，是指利用自然人、法人或者其他组织捐赠的财产，以从事公益事业为目的，按照本条例的规定成立的非营利性法人。"《民办非企业单位登记管理暂行条例》第 2 条规定："本条例所称民办非企业单位，是指企业事业单位、社会团体和其他社会力量以及公民个人利用非国有资产举办的，从事非营利性社会服务活动的社会组织。"

二 概念背后的价值理念

到目前为止，与西方社会非营利组织的兴起密切相关的价值理念主要是公民社会理念、政府失灵理论、市场（合约）失灵理论、结社自由理念等。

（一）公民社会、政府失灵和市场失灵

"公民社会这个概念起源并流行于近代西方17—19世纪期间，它以社会应独立于国家而存在或国家与社会应分离的思想为理论基础。"① 这也就是我们所熟知的政治国家与市民社会、公共领域与私人领域的二分观念。② 而这一理念又是以市场失灵和政府失灵为前提的。按照传统的观念，市场是资源配置的最有效率的手段，由于市场上存在"看不见的手"发挥着调节作用，市场竞争本身即足以实现社会的最大福利。但是这一自由竞争资本主义时期的基本理论早已被理论和实践反复证明是存在缺陷的，这也是垄断资本主义时期应由国家对市场进行宏观干预的原因之所在，这一点本毋庸多言。不过这还不是此处所说的"市场失灵"的重点，市场失灵是指：作为市场主体的营利企业以利润的最大化为目标。按照投入产出理论，对于那些需要高投入但是低收益甚至是无收益的事业，市场化运作的营利企业是不愿意从事的。特别是在今天受功利主义的影响和支配，许多企业不仅关注赢利，而且追求迅速赢利，不愿意从事那些虽然有一定的利润但是回报期限较长的事业。而从事涉及不特定多数人的公益事业往往没有利润，即便是一个好名声的"回报"也是需要时间累积的，因而公益服务无法完全依靠市场来提供。

那么，企业所不愿意从事的这些事业或者服务理应由政府来从事或者提供。但政府有时也是失灵的，美国经济学家伯顿·韦斯布罗德便提出了著名的政府失灵理论（government failure theory），其主要的

---

① 王建芹：《非政府组织的理论阐释》，中国方正出版社2005年版，第58—59页。

② "civil society"可以译为公民社会，也可以译为市民社会。姑且不论在西方社会的语境下二者语气上有无差别，至少在我国目前似应译为"公民社会"更为可取。中文中，公民指具有一国国籍的人，享有宪法规定的基本权利；而市民往往特指城市居民，农村居民一般称为农民，不包括在市民之列。虽然城市市民比农村居民对于"civil society"的参与度要高一些，但是仍然不可完全否认农村居民的慈善、公益、志愿精神和力量。今日之"civil law"不再称为市民法而是民法，或许暗合了此种考虑。

论证思路是这样的："每个人在收入、财富、宗教、种族背景、教育水平等方面都有着一定程度的不同，这直接导致了个人对于税收制度等公共物品需求的差异性。而政府提供的任何商品的数量和质量都是由政治决策过程决定的，对于公共物品的提供也不例外。在不存在投票交易的简单多数模型中，投票结果往往反映了中位选民的需求，而留下了大量的需求没有得到满足的选民群体。这就为其他组织机制的介入提供了前提条件。"①当然，政府失灵理论是以西方代议制政治制度为前提的，因而这一理论中的论证思路能否移植到我国不无疑问。不过即使这一论证逻辑不成立，也不意味着政府失灵的结果不存在。因为除了代议制的弊端——少数服从多数往往不可能反映所有人的意见——可以导致政府失灵之外，其他的客观制约例如经费缺乏、人才缺乏等也可能导致政府提供的公共服务无法满足民众的需求；而民间力量也并非全部是利己主义者，实践早已证明民间蕴含着丰富的志愿公益慈善力量，可以在一定程度上弥补政府财力、人力之不足。这也就是非营利组织与政府的所谓补充或者伙伴关系。

（二）结社自由

结社自由不仅是一项价值理念，更是一项早已被多国宪法和国际条约确定下来的基本人权。全球范围内的公民社会运动和非营利组织的蓬勃发展均与结社自由有着密切联系。作为非营利组织的两种最为重要的形式之一，社团的存在及其合法性就是以结社自由为基础的。②虽然资本主义国家的学者也广泛承认，结社自由包括政治结社的自由并不是绝对无限制的自由③，但是在国家和法律允许范围内的

---

① 田凯：《西方非营利组织理论述评》，《中国行政管理》2003 年第 6 期。

② 财团没有社团一样的会员，因此一般认为财团的存在基础与结社自由没有多少关系。

③ 托克维尔认为："不能否认，政治方面结社的无限自由，是一切自由当中最后获得人民支持的自由。即使说这种自由没有使人民陷入无政府状态，也可以说它每时每刻都在使人民接近这种状态。因此，我认为一个国家永远不会让公民享有政治结社方面的无限权利；我甚至怀疑，在任何国家，在任何时代，不对结社自由加以限制是明智之举。"［法］托克维尔：《论美国的民主》（下），董国良译，商务印书馆 2009 年版，第 650 页。

结社自由确实助长了非营利社团组织的成长壮大，结社自由的理念一方面在鼓励、引导着人们自愿结社，另一方面当某种自愿结社遇到阻力时，人们可以运用结社自由作为武器来进行斗争并寻求合法存在。我国《宪法》第35条规定："中华人民共和国公民有言论、出版、集会、结社、游行、示威的自由。"结社自由是我国公民享有的一项基本权利。不可否认，除了政府引导成立的非营利社团之外，我国的许多非营利社团正是由结社自由的理念引导着，由具有相同爱好、志向的人们自愿组成的。

（三）其他理论

西方学者在解释非营利组织或第三部门的生成与运作时所运用的理论，除了前面介绍的几种影响较大且被广泛认可的之外，还有第三方管理理论、政府—非营利组织关系的类型学以及政府、市场、志愿部门相互依赖理论等。[①] 也有学者认为，在拥有世界上最有影响的非营利组织部类和最富足的非营利组织资源的美国，与其非营利组织的迅速成长最为密切的理念其实不是结社自由而是表达自由。美国宪法第一修正案所确立的表达自由，保障了非营利组织的资源筹措，排除了官方对非营利组织的表达活动的任意限制，提高了官员及公众人物对非营利组织提起诽谤诉讼的门槛，因而堪称美国非营利组织发展的宪政基石。[②] 对于非营利组织而言，以言论自由、出版自由和和平集会请愿自由为核心的表达自由，远比结社自由更加重要。当然，美国宪法第一修正案所确立的表达自由的基本权利不仅适用于非营利组织，社会的任何个体或者团体都可以得到该项法案的保护，因而很难说是专用于解决非营利组织的生存合法性的。

（四）我国非营利组织发展背后的理念

我国非营利组织的发展历程与西方社会不同，相应地非营利组织发展背后的理念也与上述西方非营利组织不同。以慈善事业为例，从

[①] 田凯：《西方非营利组织理论述评》，《中国行政管理》2003年第6期。
[②] 刘太刚：《表达自由：美国非营利组织的宪政基石》，《法学家》2007年第2期。

20 世纪 50 年代开始的国家福利取代民间慈善的运动，使得我国慈善性公益法人一度断裂。① 其他领域的非营利法人，往往也具有浓郁的官方色彩。改革开放以来，我国民间慈善事业逐渐复苏；进入 21 世纪以来，更是呈迅猛发展之势。以人为本与建设社会主义和谐社会、社会主义核心价值观当属 21 世纪以来我国非营利组织的发展背后最为重要的价值理念。"和谐社会意味着各种社会力量的合理存在和利益都应当被尊重"。② 同时，与扶贫、救灾、济困、助残等事业相关的非营利组织有利于直接促进社会和谐，与教育、医疗、科研、体育、环境保护等事业相关的非营利组织有利于增进社会公共服务供给从而间接促进社会和谐。在国家层面，促进社会组织的发展与规范运作，已经被提升到全面深化改革、实现社会治理体系和治理能力现代化的高度。以社会团体、基金会和社会服务机构为主体组成的社会组织，被党和国家认为"是我国社会主义现代化建设的重要力量"。在这样的理念指导下，我国非营利法人必将进一步有序发展、逐步实现规范运作。

第二节　内涵与外延

我国《民法通则》第 36 条、《民法总则》第 57 条均规定："法人是具有民事权利能力和民事行为能力，依法独立享有民事权利和承担民事义务的组织。"从逻辑上说，社会组织根据是否具有权利能力和行为能力、能否独立享有民事权利和承担民事义务，可以分为法人和非法人组织。因此界定非营利法人概念的难点不在于界定"法人"二字所决定的内涵与外延，而在于"非营利"所决定的内涵与外延。由于下文的探讨涉及管理学等其他学科，而法学甚至私法之外的探讨

---

① 李芳：《慈善性公益法人研究》，法律出版社 2008 年版，第 80 页。
② 陈金罗等：《中国非营利组织法的基本问题》，中国方正出版社 2006 年版，第 32 页。

均不太注意区分非营利法人与非营利组织，因此下文对非营利法人内涵与外延的探讨是按照这样的思路：在涉及其他学科的观点时，重点关注非营利组织的"非营利性"。通过界定非营利组织的内涵与外延，然后在外延上去除非法人的非营利组织部分，也即在内涵上增加"法人性"属性，从而完成对非营利法人的界定。在涉及法学特别是私法学者的观点时，直接探讨非营利法人的内涵与外延。

一　非营利法人的内涵

（一）关于非营利法人内涵的主要观点

1. 萨拉蒙对"公民社会部门"的界定。目前国内在管理学、社会学、法学等学科领域中能够被较为广泛接受的关于非营利组织的属性描述是由美国约翰·霍普金斯大学主持"非营利部门比较研究项目"的莱斯特·M. 萨拉蒙教授及其研究团队做出并在世界范围内广为推介的。他们认为公民社会部门由具备如下五个特征的实体组成：（1）组织性（organized），即他们都有某种结构，运作有一定规律，但不考虑它们是否有正式建制或者是否登记注册；（2）私立性（private），即它们不是国家机器的一部分，即使他们可以从政府方面获得支持；（3）非利润分配性（not profit-distributing），即从目的上讲，他们主要不是商业性的，董事、股东和经理并不从机构利润中分配红利；（4）自治性（self-governing），即它们有自己的内部治理机制，自己有权停止活动，能完全控制其自身事务；（5）志愿性（voluntary），即成为会员或参与其中既非法律要求亦非强制。此种对非营利组织的定义方式被称为"结构—运作式"定义。[①] 管理学界关于"公民社会部门"的这一定义被国内学者包括法学学者不加说明地直

[①]　［美］莱斯特·M. 萨拉蒙等：《全球公民社会——非营利部门视界》，贾西津等译，社会科学文献出版社2007年版，第3页。

接移植过来成为"非营利法人"的经典定义。①

2. 美国国内税收法典（IRC）对"免税组织"的界定。国内学者包括管理学、社会学和法学学者在论及非营利组织或非政府组织的定义或范围时广泛借鉴美国国内税收法典（*Internal Revenue Code*）第501条（c）款（3）项关于"免税组织"（tax-exempt organization）的定义。② 该法典第501条的标题为"社团、某些信托机构的税收免除"（Exemption from tax on corporations, certain trusts, etc.），501条（C）款的标题为免税组织一览（List of exempt organizations），其第（3）项规定的内容是：专门为了宗教、慈善、科学、公共安全测试、文学、教育之目的，或者为了促进国内或国际间的业余体育竞技（与运动器材和装备的提供无关）、防止虐待儿童或动物而成立并运作的社团（corporation）以及任何社区福利基金（community chest）、基金（fund）、基金会（foundation），且组织的净收入不得使任何股东或者个人受惠，也不得以政治游说或竞选、影响立法为实质活动，不得参与或者干预（包括发表或者传播有关声明）任何支持或者反对公职候选人的政治运动。虽然从列举的各种目的事业来看均符合非营利的特征，但该项规定中没有出现"非营利"的字样。上述规定严格来说实际上只是关于免税组织的一种列举式界定，但往往也被不加特别说明地当作了美国非营利组织或者非政府组织的官方定义。③ 这样的混用不仅存在于日常生活中，甚至在美国的学术著作中也很常见。美国国内税收法典第501条仅（c）款便共有28项，除第（3）项外还有很多项规定，例如第（4）项为将净收入完全用于慈善、教

① 参见税兵《非营利法人概念疏议》，《安徽大学学报》（哲学社会科学版）2010年第2期；金锦萍：《非营利法人治理结构研究》，北京大学出版社2005年版，第6页。

② 美国法上的免税组织（exempt organization）并非绝对地不需要缴纳税收，而且免除的主要是指收入税（income tax）。免税组织的运营和财务等如果不能符合美国国内税收法典的规定同样要征税，例如私人基金会在每一纳税年度的支出过小并超过税法规定的比例，导致有资金越积越多的可能且妨碍公益目的事业时，将会被课以重税。

③ 陈昔武：《非营利组织治理机制研究》，中国人民大学出版社2008年版，第20页。

育、康乐目的而非使个人受惠的公民联盟、纯以促进社会福利为目的的非营利组织、地区工会；第（5）项为劳工、农业和园艺组织；其他如退役或现役军人组成的某种组织、某些信托机构、教师退休基金协会、某些俱乐部等等。此外，501（d）款是关于宗教组织的免税规定，501（e）款是关于合作医疗服务组织的免税规定，501（f）款是关于教育机构组成的合作服务组织的免税规定……可见，美国国内税收法典（IRC）关于免税组织的列举性规定具有非常详细、直观的特征，注重实践可操作性，其对免税组织进行界定的方法、风格与大陆法系法律制度中对于概念的精确抽象定义相去甚远。我们只能从该法典的501条（c）款第（3）项和第（4）项及其他条款的规定中按照我们预想的某些特征去进行探求和印证，即基本上可以概括出免税组织具有以下三个方面的特征：第一，组织设立和运作的目的必须完全符合税法的规定；第二，组织的净收入不能用于与组织目的无关的私人利益；第三，不从事与政治有关的活动。2008年再次修订之前，美国虽然有1987年修订的非营利法人示范法，但该法未对非营利法人进行定义且被大多数州批准采纳①，这大概就是学者的注意力转到国内税收法典的原因。美国芝加哥肯特法学院的 Evelyn Brody 教授认为，用美国国内税收法典501（c）（3）项所列举的组织类型来界定慈善机构或非营利组织实际上存在很大的问题。首先，非营利组织中的互益组织也可以获得免税待遇，但是互益型组织并非仅仅存在于501（c）（3）项，还存在于501（c）款中的其他项规定中；其次，501（c）（3）项区分了"私人基金会"（private foundations）和"公共慈善"（public charities），而事实上并不存在所谓的公共基金会和私人慈善；最后，一些根据州法设立的非营利机构常常费力地去争取满足501（c）（3）项的要求以获得免税地位，但事实上这些机构本来就满足501（c）（4）项可以获得免税地位。国内有学者认为，

①　参见美国《统一非法人非营利社团法》（1996年）的序言部分。

免税组织是一个美国法上的专属性概念，且免税组织与非营利组织的范围并不完全重合，二者的关系是："免税组织都是非营利法人，但非营利法人并非一定就是免税组织。非营利法人要获得税收豁免资格，取决于联邦税法所订立的标准，但一些州又同时规定了一些附加标准，使得非营利法人不能当然地成为免税组织。"① 此种观点在逻辑上虽不无值得商榷之处，但结论值得赞同。严格来说，美国法上的免税组织是指根据联邦税法可以获得免税待遇的组织，而非营利组织是指根据州的非营利法设立的组织。至此，我们发现美国国内税收法典的相关规定特别是第501（c）（3）条款对于我们确定美国法上的非营利组织或者非营利法人的内涵仅具十分有限的意义。②

3. 美国《非营利法人示范法》和《统一非法人非营利社团法》对"非营利"的界定。通观1987年修订的美国《非营利法人示范法》，在该法中无法找到关于非营利法人或者非营利组织的定义，但是该法第一章第四节标题为"定义"，其中第1.40条"本法中的定义"下的第六项为：""法人'指公益法人（Public Benefit Corporation）、互益法人（Mutual Benefit Corporation）以及宗教法人（Religious Corporation）。"由此我们所获得的十分有限的信息是：有关公益、互益以及宗教目的的法人属于美国法上的非营利法人。虽然该条随后也对公益法人、互益法人以及宗教法人进一步做了解释，但这种解释仅仅涉及设立程序和法律依据，而不涉及法人的任何实体性要求和特征。而且根据该法第2章第2.02条关于法人章程的规定，法人的性质，即属于公益法人、互益法人或者宗教法人系章程必须记载的事项之一；而法人设立的目的，可以是从事任何的合法活动，无论是

---

① 税兵：《非营利法人概念疏议》，《安徽大学学报》（哲学社会科学版）2010年第2期。

② 不仅"免税组织"和"非营利组织"的概念存在混用的现象，"慈善机构"也可能被混用。受数百年来普通法历史的影响，美国跟英国一样在极为宽泛的意义上使用慈善机构（charity）的概念。

单独的还是与其他目的相结合，而且属于可以记载事项，即非必要记载事项。也就是说，美国法上的某一非营利法人可以从事任何不以营利为目的的事业。在有的情况下，章程记载的法人目的虽然在形式上对法人的事业范围施加了限制但实质上未加任何限制，例如规定法人的目的是从事"任何有助于促进人类福祉和进步的事业"。这样的非营利法人在美国仍然可以成立，而这在对非营利法人采用双重管理体制的许多国家是不可想象的。许多国家都要求非营利法人在成立之前找到一个主管单位负责监管，但事实上不存在一个政府主管机关可以对任何方面的非营利业务活动进行监管并且负责，这样的法人也就无法获得设立许可或者完成设立登记。

根据美国《统一非法人非营利社团法（1996 年）》起草者的意见，非营利组织"至少有三种形式：公益信托、非营利法人和非法人非营利社团"。"非营利组织，例如教会，可以由两个法律主体构成：涉及它的建筑物及其使用时，是一个公益信托，而涉及其他活动时是一个非营利法人。"① 这实际上是根据组织形式是否为社团以及是否具备法人资格来分类的。此处的公益信托相当于大陆法上的无权利能力的财团。在 1987 年版的《非营利法人示范法》中，其第 5 节即以"私人基金会"（private foundation）为题，法人型的基金会属于前述类型中的非营利法人。

在由美国统一州法委员会（NCCUSL）于 2008 年修订的《统一非法人非营利社团法》的序言部分有这样的表述："非法人非营利社团经常被分为公益组织、互益组织或宗教组织，或者是分为可以免税或不可以免税的组织（may or may not be tax-exempt）。""美国可能存在数十万的非法人非营利社团，包括不以营利为目的的、非法人的慈善、教育、科学、文学俱乐部、体育组织、联合会、商业联合会、政治组织、教堂、医院、公寓住户和邻里协会。它们的成员可以是个

① 参见《美国统一非法人非营利社团法（1996 年）》的序言部分，该种意见在 2008 年被修订后的新版序言中已经见不到了，但不妨碍我们继续依此来认识美国的非营利组织。

人、法人或二者之外的其他法律实体，或者是三者的混合。"

2008 年修订的美国《非营利法人示范法》第 1.40 条第 6 款中有关于"慈善目的"（charitable purpose）的规定：（本法中的）慈善目的意味着那些：1. 根据美国国内税收法典第 501（c）（3）和第 501（c）（4）条款获得免税地位的组织的目的；以及 2. 本法或者国内税收法典之外的其他法律认可为慈善目的的目的。[①] 至此我们更有理由相信，美国法上非营利组织的范围应比免税组织的范围更为宽泛。美国的此种法律规定深层次的原因或许在于实用主义，因为在法律上具有首要意义的不是营利组织与非营利组织的区分，而是免税组织与非免税组织的区分。

4. 其他有关非营利法人的法律定义。1998 年制定的《日本特定非营利活动促进法》第 2 条第 2 款规定："本法律中，所谓'特定非营利法人'是以进行特定非营利活动为主要目的、符合以下所有各条的团体、根据本法规定成立的法人。（1）符合以下各条不以营利为目的的团体。①对成员资格的得失不附加不合理的条件。②董事中接受报酬者的人数在董事总数的三分之一以下。（2）其从事的活动符合以下任何各条的团体。①不以从事普及推广宗教的教义、举行仪式活动以及教化培养信徒为主要目的之团体。②不以推进、支持或反对政治上的主义为主要目的之团体。③必须不是特定的公职的候选人或在公职上的人或以推荐、支持或反对政党为目的者。"而根据该法第 2 条第 1 款的规定，第 2 款中所称"特定非营利活动"是指"符合列表所列举的活动，是有助于增进不特定多数人利益为目的的活动"。同时，该法附则列举了 17 项"特定非营利活动领域"，值得注意的是，其第 14 项为"搞活经济的活动"。

1996 年制定通过的《爱沙尼亚非营利社团法》第 1 条规定："非营利社团是数人自愿组成的、其目的或者主要业务活动不是通过经济

---

① *Revised Model Nonprofit Corporation Act*（2008）。

活动获得收入的社团。非营利社团的收入只能用于实现章程所规定的目的。非营利社团不得对社员分配利润。"从该项规定中可以看出，爱沙尼亚的非营利社团的"非营利性"表现在三个方面：第一，目的或者主业不是从事经济活动并赚取利润；第二，收入的使用符合章程的规定；第三，禁止分配利润，禁止的分配对象是社团成员（社员）。

5. 国内的代表性观点。国内法学界对非营利组织或者非营利法人的概念专门进行探讨的学者应以金锦萍和税兵为代表。金锦萍关于非营利法人的核心观点有二：其一，应以法人的终极目的来判断法人的性质；其二，应以"经济关系方法"而非"功能主义方法"为路径来界定非营利法人。所谓功能主义方法是指通过限定非营利法人可以从事的活动领域来界定非营利组织（法人），而所谓经济关系方法是指不再具体罗列非营利法人的活动领域，而是从界定法人与其成员之间的经济关系来界定非营利目的。具体而言，非营利法人的"非营利性"应包含以下三层含义："第一，从法人的目的上来说，是不以营利为目的，也就是非营利法人的宗旨并不是为了获取利润并在此基础上谋求自身的发展壮大，而是为了实现某种公益或者一定范围内的公益。""第二，不能进行剩余收入（利润）的分配。非营利法人可以开展一定形式的经营性业务而获得剩余收入，但是这些收入不能作为利润在成员之间进行分配。""第三，不得将非营利法人的资产以任何形式转变为私人财产"。非营利法人终止解散时的剩余财产"只能转交给政府或其他非营利法人。"[①] 税兵在论文中先是对"非营利法人"的定义思路进行了反省：从"不是什么"到"是什么"的困惑。其次则是受美国萨拉蒙教授及其团队的影响和启发，将非营利法人的定义进行范式分类并概括为"结构—运作"定义范式、"收入—成本"定义范式、"功能—利益"定义范式、"目的—利润"定

---

① 金锦萍：《论非营利法人从事商事活动的现实及其特殊规则》，《法律科学》2007年第5期。

义范式四种。在比较分析的基础上，税兵认为"如果以定义的可规则性为中心，应采取'目的—利润'范式，将非营利法人界定为'不以营利为目的，排斥利润分配请求权的法人组织体'。"而且，"利润禁止在法人成员中进行分配"就是"不以营利为目的"的"判断标准"与"外在标尺"。①

对比上述二位学者的观点，我们不难发现二者的观点有相同之处，但也有不同。意见完全一致的是都认为非营利法人应满足禁止在法人成员中分配利润之属性。意见略有不同的是，金锦萍将"不以营利为目的"解释为"为了实现某种公益或者一定范围内的公益"，大致相当于我们所说的"公益"和"互益"目的，税兵则未循此方向作进一步说明，而是以禁止分配原则作为非营利性的标准和尺度。明显的不同之处在于，金锦萍认为非营利性还要求非营利法人终止解散时的剩余资产"只能转交给政府或其他非营利法人"，而税兵的定义中未提及这一属性。

财政部2004年制定了《民间非营利组织会计制度》，其第2条规定："民间非营利组织包括依照国家法律、行政法规登记的社会团体、基金会、民办非企业单位和寺院、宫观、清真寺、教堂等。适用本制度的民间非营利组织应当同时具备以下特征：（一）该组织不以营利为宗旨和目的；（二）资源提供者向该组织投入资源不取得经济回报；（三）资源提供者不享有该组织的所有权。"这一财会视角的概念界定包含以下4项明显特征：民间性、非营利性、禁止分配利润、禁止分配剩余财产。

从以上关于"非营利法人"和"非营利组织"内涵的有关观点介绍，特别是结合我国目前的学术语境来看，以下五个问题值得探讨：第一，"禁止分配原则"的含义究竟是什么？第二，非营利组织解散时剩余财产可否分配？第三，"不以营利为目的"的"目的"具

---

① 税兵：《非营利法人概念疏议》，《安徽大学学报》（哲学社会科学版）2010年第2期。

体包括哪些？第四，民间性也是非营利组织的属性吗？第五，政治及宗教目的是否符合非营利特征？

（二）禁止分配原则

禁止分配原则目前在国内外被认为是非营利法人或者非营利组织的核心特征。特别是国内的理论曾经认为"非营利"是指相关组织不从事以赚取利润为目的的活动，非营利也不等同于"非盈利"或者"非赢利"。后来经过一些学者典型的如金锦萍、税兵的努力，强调法人的非营利性系就终局的目的而言，非营利组织同样可以从事营利性活动，至少可以从事与特定组织的非营利目的相关的营利活动，只要将所获得的利润用于相应的目的事业，而非分配给非营利法人的成员，即满足"非营利"特征。① 税兵进一步区分非营利组织与非营利行为，严格来说前者在英文上的表述为 nonprofit，后者在英文上的表述为 not-for-profit。非营利组织在一定范围内的营利活动不会影响其非营利属性。② 在另外一篇论文中，税兵区分了教育活动的公益性与教育产业的非公益性，直指我国民办学校曾有的"合理回报"规则，认为创办人收取回报的民办学校应属于营利法人。③ "禁止分配"原则之所以成为非营利法人的核心属性，一个事实性的前提是国内外的许多非营利法人都面临运营经费缺乏的压力，为了筹集足够的经费不得不从事若干营利事业。于是，对于非营利法人的要求也就只能退而求其次，即只要非营利法人不将所赚取的利润分配给其成员，国家、社会及法律均承认其非营利组织的地位。

然而在实践中这样的理论并不完美。非常明显的问题是：第一，禁止向谁分配？第二，禁止分配什么？从现有的有关理论来看，学界对这两个问题还没有非常深入具体的研究。就第一个问题而言，一般

---

① 金锦萍：《论非营利法人从事商事活动的现实及其特殊规则》，《法律科学》2007年第5期。

② 税兵：《非营利法人概念疏议》，《安徽大学学报》（哲学社会科学版）2010年第2期。

③ 税兵：《民办学校"合理回报"之争的私法破解》，《法律科学》2008年第5期。

的看法是禁止向非营利法人的"成员"分配利润。① 不过税兵在同一篇论文中引用美国联邦最高法院的判决时写道："按通常理解，非营利实体与营利法人的区别在于，非营利实体不能向任何控制它的自然人，包括成员、管理人员、董事或托管人分配净利润。"② 在另外一篇论文中，税兵在介绍美国法上的"禁止个人图利（private inurement）"规则时，将其解释为"该规则要求按照《国内税收条令》510（c）（3）条款（《国内税收条令》即本书前已提及的《国内税收法典》，具体条文应为 501（c）（3）条款，美国《国内税收法典》目前没有第 510 条——笔者注）成立的非营利组织不能将净收入（net earnings）分配给创立人、理事、官员等内部人员"。该处的原文是："……no part of the net earnings of which inures to the benefit of any private shareholder or individual"。可见，税兵将"the benefit of any private shareholder or individual"解释成了"非营利组织的创立人、董事会成员、官员等内部人（insider）"，然而美国《国内税收法典》501（c）（3）条款本身并非如此精确的表述。而"随着非营利组织愈来愈企业化，美国联邦税法上的禁止'个人图利'规则发展成为禁止'个人利益'（private benefit）规则"，二者的区别在于"禁止个人利益规则中的'个人'不限于内部人，还包括组织成员以外的人"。③ 那么，禁止分配原则中的分配对象究竟是"成员"、内部人还是不限于内部人？"成员"是否就是"内部人"？这样的问题很容易为管理学和社会学的学者所忽视，没有相应的私法学术背景的学者很难注意到这些问题。"成员"一词在大陆法系的私法学术话语环境中是一个有着特定含义的概念。在论及社团法人与财团法人的区别时，

---

① 金锦萍：《论非营利法人从事商事活动的现实及其特殊规则》，《法律科学》2007年第 5 期；税兵：《非营利法人概念疏议》，《安徽大学学报》（哲学社会科学版）2010 年第 2 期。

② 税兵：《非营利法人概念疏议》，《安徽大学学报》（哲学社会科学版）2010 年第 2 期。

③ 税兵：《非营利组织商业化及其规制》，《社会科学》2007 年第 12 期。

一般认为社团法人有成员或会员而财团法人则没有，这也是日本、我国台湾地区学者以及深受二者影响的大陆学者普遍认为财团法人天然地限于公益法人的原因。作为社团法人与财团法人在组织结构上的根本性区别原因，"会员"或"成员"一语其实有特定含义，即指非营利社团法人的会员或营利社团法人的股东，其与法人的管理人员包括董事、监事、高管以及法人的雇员均不同，因为后者在财团法人中也存在。社团法人的"成员"或"会员"可以组成会员大会，对社团的章程等重要事项进行决策，包括变更社团的目的事业范围；而财团法人中不存在这样的机构。

这样看来，在私法语境中，包括了组织的创立人、理事或董事、官员等所谓的"内部人"与"成员"应严格区分开来，不能混用。"创立人"可能是组织的成员，也可能不是。至于"组织成员以外的人"，是一个范围非常宽泛的概念，税兵博士举例说明如"具有非营利组织性质的医院，因向推荐病人来就医的医生支付报酬，而被美国国内税务局取消了免税组织资格"。[①] 该例子中未说明获利的医生是医院本院的医生还是其他医院的医生。不过笔者以为，据此认为该医院的行为会导致其非营利属性的否定性评价是不妥当的。该非营利组织性质的医院向医生支付报酬的行为，在目前非营利组织的运作中是一种并不少见的现象：许多非营利组织迫于经费不足、业务规模不大的压力，向一些中介人员支付一定的报酬（回扣）从而获得资金、业务——这是一种典型的违规行为，可能在一定期限内会导致免税资格的丧失，但并不能据此否认该组织的非营利性。例如某学术研究机构为了解决经费不足的问题，被迫支付给推荐、介绍并最终成功获得某基金会100万元捐款的某中间人3万元的"酬谢费"，其余97万元全部被投入学术研究，该研究机构的发起人和管理者分文不取地义务工作，其他科研人员均只领取最低标准的基本工资，克服重重困难之

---

① 税兵：《非营利组织商业化及其规制》，《社会科学》2007年第12期。

后推出一系列的高水平科研成果——谁又能说这个组织不是一个公益组织呢?

实践中还有另外一种可能,非营利组织没有成员(如财团法人),或者不向其成员分配任何利润,只是向其管理人员支付高额的薪酬,这是否会影响其非营利属性呢?不得不承认,此种组织有很大的嫌疑在以非营利组织的形式掩盖其营利组织的真实面目。特别是当组织的管理人员本就是组织成员的时候这种嫌疑就会成为事实。《南非1997年非营利组织法》第1条第10项就规定:"'非营利组织':指符合下列要求的信托机构、公司或者其他团体: 1. 为了公共目的而设立;并且 2. 其收入和财产不得分配给成员或者其负责人,除非是作为对他们所提供服务的合理补偿。"《吉尔吉斯斯坦非商业组织法》第2条规定:"非商业组织……所获得的利润不对成员、发起人或者管理人员分配。"① 但实践层面的问题在于,如何判断非营利组织管理人员的薪酬究竟是合理还是过高呢? 主要有以下三种模式: 第一,参照同类型的商业公司相应职务的薪金标准;第二,具体考虑工作职责、经验背景、服务时间、组织规模、同类组织的待遇等因素综合进行判断;第三,设立专门的独立委员会批准非营利组织管理人员的薪酬使之具备程序上的合理性。② 笔者认为,第二种模式和第三种模式均具有相当的合理性,惟第一种模式不仅缺乏合理性而且在实践中也不具有可操作性。试问,非营利组织何来"同类型的商业公司"? 具备志愿精神的非营利组织管理者在收入上为何要攀比商业公司的"高管"? 本身千差万别缺乏确定性的商业公司薪酬如何能够成为其他事物的参照系?如果非营利组织管理人员的薪酬制度非要寻找一个参照系的话,比商业公司更具有参照意义的应为当时当地类似事业单位工作人员的薪酬标准,这一套标准相对要确定一些。或许相对

---

① 金锦萍、葛云松主编:《外国非营利组织法译汇》,北京大学出版社2006年版,第279、297页。

② 税兵:《非营利组织商业化及其规制》,《社会科学》2007年第12期。

合理的做法是，以当时当地事业单位工作人员的薪酬制度为基准，适当考虑各非营利组织的具体情况，再加上专门独立机构的审批制度，如此方能使非营利组织管理者的薪酬不至于遭受过多的非议和责难。

当然，尽管有上述的分析，但笔者还是坚持认为，管理者薪酬过高的问题多数情况下仅仅是一个财务运营不当的问题；这种财务运营的不当只有在非常严重、在极端的情况下才会导致非营利组织性质的改变。这一点对于自律法人的社团和他律法人的财团都是适用的。同样的问题也可能存在于面向非营利组织职员的分配。某个非营利组织可能因为对职员发放高福利包括修建奢华的办公场所而遭受质疑，但这同样一般不应导致其非营利组织属性的否认。

禁止分配原则中的第二个非常现实的问题是禁止分配什么？或者说什么在被禁止之列？美国国内税收法典中一般使用"net earnings"来描述①。国内学者一般称之为"利润"或"剩余收入"②，还有的称为"利润"或"净收入"③。"利润"和"净利润"是财会制度上的专业术语，利润减去所得税即为净利润。如果非营利组织能够享受免除所得税的待遇，那么利润也就等于净利润。至于"剩余收入"、"净收入"则是未加定义的名词，这样的表述在以准确著称的财会制度上显然是不妥的。当然，从中文语词本身所传达的意思来看，"剩余收入"的表述或许更加准确，即指在一定的会计周期（通常是一年）内收入减去支出（费用）的余额。但由于非营利组织收入来源较一般的商业公司更广，在非营利组织也可以开展一定的经营活动的前提下，除了经营所得利润外，还有捐赠所得、政府资助和其他收入，许多收入就各单项来看都是零成本的，同时有些开支又很难精确地分摊到每一笔收入中去。应该说，非营利法人存续期间任何一笔收

①　See *Internal Revenue Code* § 501（C）（3）.

②　金锦萍：《论非营利法人从事商事活动的现实及其特殊规则》，《法律科学》2007年第5期。

③　税兵：《非营利组织商业化及其规制》，《社会科学》2007年第12期。

入汇成的总收入，都不应该被不当地分配、使用，而只能用于必要的运营开支，在支付管理者和职工的薪酬时同样如此。但这在一般情况下仍然只是一个运营是否规范的问题，而不会影响非营利组织的属性。只有在对运营开支与用于目的事业的开支、私人获利的金额等方面进行比较后才能具体判断。我国《慈善法》第 60 条已经规定慈善组织的"年度管理费用不得超过当年总支出的百分之十"。

除此之外，严格坚持"禁止分配"原则还可能导致将某些特殊的社会组织排除在非营利组织之外。就连对"禁止分配"原则极为推崇的萨拉蒙教授也认为，"显然，和所有的定义一样，这个定义也不能消除所有'灰色地带'或'擦边情况'……'非利润分配'标准把公民社会组织和许多营利组织区分开来，但是在拉丁美洲及其他发展中国家里，有一批重要的实际从事反贫困事业的社区合作社。对他们来讲，这个标准明显会将这类组织排除在外。此时，我们要添些文字，以确保这类组织被计算在公民社会部门内。"① 在后面论及非营利组织的外延问题时，我们会讨论一类特殊的组织，其很可能构成非营利组织禁止分配原则的例外。由此可见，禁止分配原则在是否绝对禁止分配、禁止分配的对象的确定上并非是绝对的尺度统一，而是有严格或宽松的不同模式，这本质上体现了国家对非营利事业的一种价值判断。

我国《民法总则》第 87 条规定："为公益目的或者其他非营利目的成立，不向出资人、设立人或者会员分配所取得利润的法人，为非营利法人。"根据该条规定，禁止分配原则被表述为"不向出资人、设立人或者会员分配所取得利润"，也就是禁止向内部人分配，至于是否禁止向外部人分配则完全没有提及。在解释适用上，虽然向特定外部人分配通常只是财务违规行为，但在此种违规行为非常严重的情形下也可能害及非营利法人的性质，因而不应绝对地排除。

---

① ［美］莱斯特·M. 萨拉蒙等：《全球公民社会——非营利部门国际指数》，陈一梅等译，北京大学出版社 2007 年版，第 13 页。

根据我国 2003 年制定的《民办教育促进法》第 51 条的规定，民办学校在扣除办学成本、预留发展基金以及按照国家有关规定提取其他必需的费用后，出资人可以从办学结余中取得合理回报，具体办法由国务院规定。该项规定系 21 世纪初为鼓励发展民办教育事业的权宜之计，2016 年在修订《民办教育促进法》时已经被删除，同时该法现第 19 条进一步明确规定："民办学校的举办者可以自主选择设立非营利性或者营利性民办学校。"也就是说，营利性民办学校属于投资办学，可以获取利润并向投资人分配所获利润；典型的非营利性民办学校应属于捐资办学，不得获取利润或者即便获取利润亦应用于办学，不得向出资人分配利润。非营利性民办学校在禁止分配的对象问题上，应采与前述《民法总则》第 87 条相同的解释。

民办学校的章程中如果规定出资人不从民办学校分配利润，但获取的利润达到一定程度后允许出资人收回成本，民办学校成为完全独立的法人（财团法人）。按照现行《民办教育促进法》的规定，此种民办学校在性质上究竟属于营利法人还是非营利法人仍不无疑问，因此存在设立上的障碍。由此折射出现行目的视角的法人类型化体系以及关于非营利法人定义的规定尚存不足。如果此种民办学校得以设立，出资人无疑有权收回成本。

（三）非营利组织"剩余财产"的分配

剩余财产是指非营利组织解散清算完毕，在偿付债权人的债权之后所剩余的财产。在商业公司的非破产清算中，剩余财产一般是按照股权比例、或者按照公司章程的规定、或者按照清算时清算组制定并报股东会或股东大会同意后的方案进行分配。但不管按照何种方式，剩余财产的分配是在股东也就是公司的投资人之间进行。在这个问题上非营利组织显然不能照搬商业公司的做法。如果某非营利组织在大规模的募捐获得巨额资产，或者享受国家给予的种种优惠特别是税收优惠后，仅将部分甚至是小部分资金用于目的事业，累积并保有大量资产后随之解散，此时如果允许将剩余财产分配给发起人或者管理人、职员或者目的事业受益人之外的任何个人，其与存续期间的利润分配又有何区别？这也应是某些学者主张非营利组织不得在解散时将剩余财产以任何形式转变为私人资产的主要原因。但是，前面的例子只能说明在该种情形下禁止分配剩余财产十分的必要，至于能否推广适用于全部的非营利组织则是不无疑问的。

如果进行比较法的考察，我们会发现在这个问题上存在两种态度迥异的立法例。第一种立法例可以称之为禁止分配剩余财产主义，即非营利组织解散后的剩余财产只能转交给其他非营利社团、基金会、权力机构或公共机构。《澳大利亚首都直辖区社团法人设立法》第92条第1款规定："在社团的解散活动完结后，社团的任何剩余财产，因有影响财产或部分财产的信托存在，将被：（一）归属于另一个社团（不论该另一社团是否设立为法人），该社团要符合本条第二款的规定之外（有与原社团实质上相同的宗旨或者，不再继续开展为其成员进行交易或获取金钱利益的活动或者，在它的内部规则中有规定要求在社团解散或终止以后将其任何剩余财产交给另一个符合前两种情形的社团——笔者注），还要符合以下条件之一：（1）该社团在原社团的内部规则中已被做了合于本段的提名；（2）如果在那些内部规则中没有社团被提名，则该另一社团将由原社团通过特殊决议提名。（二）归属于一个《1936年所得税评估法》第七十八条第一款第一项中列明的澳大利亚的某一基金、权力机构或公共机构，需要符合以下条件之一……"① 需要说明的是，根据1991年的《澳大利亚首都直辖区社团法人设立法》第14条第1款和第2款的规定，该法中的社团应指非营利社团。

第二种立法例可以称之为有限制的允许分配剩余财产主义，即并不绝对禁止非营利组织解散时分配剩余财产给发起人、成员、管理者等私人，而是区分不同的非营利法人适用不同的法律。1987年版的

---

① 参见金锦萍等译《外国非营利组织法译汇（二）》，社会科学文献出版社2010年版，第76页。

美国《非营利法人示范法》第 13.01 条规定："除第 13.02 条授权外，法人（指非营利法人，包括公益法人、互益法人和宗教法人——笔者注）不得进行任何分配。"该法第 13.02 条第 1 款规定："互益法人可以购买其成员资格，如果完成购买后：（一）法人在其日常业务活动中能在债务到期时履行债务；和（二）法人总财产至少等于总责任的数额。"该法第 13.02 条第 2 款规定："根据本法第十四章，解散后，法人可以进行分配。"而根据该法第十四章的规定，非营利法人解散的原因有三种：自愿解散、行政解散和司法解散。其中仅自愿解散形式下有关于分配的规定，即第 14.01 条（标题为发起人、董事或者第三人解散法人）第 3 款规定："批准解散的发起人或者董事应当通过解散计划，以指明法人所有或拥有的财产（在向所有债权人履行后）的分配对象。"另外，其第 14.06 条（标题为解散的效力）第 1 款第 6 项规定为："公益法人和宗教法人的章程和相关细则中没有就法人解散时的财产分配问题做出规定的，应当按照有关协议或者法律的要求，将剩余财产移转给一个或者数个《美国国内税收法典》第 501（c）（3）条款中所描述的团体；如果被解散的法人本身并不是《美国国内税收法典》第 501（c）（3）条款中所描述的团体，则应将剩余财产移转给一个或者数个公益或者宗教法人。"同一条款第 7 项规定为："互益法人的章程和相关细则中没有关于法人解散时剩余财产的分配规定时，应将剩余财产移转给其成员；如果没有成员，则移转给原来法人所服务的对象。"① 从这些规定可以看出，美国法上虽然也确立了禁止分配剩余财产作为一般原则，但只有公益法人和宗教法人绝对不允许在解散时将剩余财产分配给任何个人，只能是移转给其他公益法人或者宗教法人（法人章程中即便有关于剩余财产分配的规定，其内容也不可能规定将剩余财产分配给特定私人，包含此种条款的章程在法人设立时将难以获得通过）。对于

---

① *Revised Model Nonprofit Corporation Act*（1987）。

互益法人的财产分配则较为宽松：首先，允许存续中的互益法人在满足一定条件时，通过购买其成员的资格，即对法人进行清算并支付相应的财产使其退会；其次，允许互益法人在自愿解散时将剩余财产分配给其成员，没有成员时剩余财产将被分配给原来的受益人。

需要进一步说明的是，在2008年修改后的《美国非营利法人示范法》中，以上规定均有所变化。首先，1987年示范法中的第13章关于分配（Distribution）的一般规定被删除了。也就是说，包含禁止分配剩余财产的一般原则和例外情形下允许分配的规定都已不复存在。其次，在关于解散的效力条款中，2008年新示范法的14.05条的规定和1987年旧示范法的14.06条的规定也有所不同。2008年新示范法第14.05条第1款第4项规定："（清算中的法人可以从事的行为包括）按照法律、章程及其细则的要求分配剩余财产（remaining property），或者按照决议解散时会议所通过的财产分配方案分配；或者在每个成员中按人头平分。"2008年新示范法第14.05条第3款规定："非营利法人解散时，通过公益信托持有的财产，或者致力于慈善目的的财产的用途不得改变，除非并且仅仅在法人取得了法院或者总检察长根据本州关于'最近原则'（cy pres）的法律或者关于慈善资产非转换的法律颁发的令状。"[①] 2008年新示范法第14.05条第4款规定："隶属于慈善型非营利法人的人或者其成员不得接受任何直接或者间接的与法人解散相关的财产利益，除非这个'人'是一个慈善型的非营利法人或者以慈善为目的的非法人团体。本款不适用于非营利法人因接受服务而向对方提供合理补偿的情形。"[②] 以上两款规定在1987年示范法中是没有的，属于2008年增补的两项规定，从体系上来看，起草者似乎是想以此代替原来第14.06条第1款第6项和第7项的规定。但是二者在内容、原则上均有明显区别。第一，旧

---

① 即衡平法上的"尽可能相近原则"，指原定的信托目的不可能实现、不具有可操作性或者变为非法之后，信托财产的目的应变更为与原来的目的最相接近的目的。

② *Revised Model Nonprofit Corporation Act*（2008）。

法是以禁止分配剩余财产为原则，例外允许互益法人在满足一定条件下向个人分配财产，包括存续中的分配和解散时的分配；新法并没有禁止分配的一般原则，而是笼统规定分配剩余财产的依据，至于分配的对象不作一般限制。第二，旧法中规定公益法人和宗教法人的剩余财产不得分配给个人，而是应移转给其他税法规定的非营利法人，至于接受移转的法人的目的与被解散的法人的目的是否相同则未作要求；新法中在分配剩余财产时受限制的是慈善性法人（charitable corporation），而非一般的公益法人（public benefit corporation）和宗教法人（religious corporation），且要求解散时只能将财产移转给目的最相近的其他慈善法人。总而言之，新法仍然属于有限制地允许分配主义。

类似的立法例如《爱沙尼亚社团法》第 50 条分 5 款也对"分配剩余财产"做出了规定："一、清偿了所有债务和提存了金额后，剩余财产应当分配给章程规定的权利人。二、章程可以规定由社员大会决议指定有权接收剩余财产的人。三、章程或者社员大会决议未指定有权接收非营利社团剩余财产的人的，如果根据章程社团的设立只是为了其社员的利益，应当将剩余财产平均分配给非营利社团解散时的社员。四、如果无法根据本条第一款至第三款的规定分配剩余财产，由国家接收该财产并且尽可能根据非营利社团的目的使用财产。五、非营利社团由于其目的或者事业活动违反宪法秩序、刑法或者善良风俗被强制解散的，清偿债务后的剩余财产移转于国家。六、清算公告后六个月内不得将财产分配给权利人。"[①] 根据该条规定，理论上社员或者私人在非营利社团解散时取得其财产的情形有以下几种：第一，章程规定分配给社员或者私人；第二，社员大会决议分配给社员或者私人；第三，互益性法人的社员可以平均取得剩余财产。当然第一种情形和第二种情形在实践中发生的可能性较小，公益法人章程中

---

① 金锦萍、葛云松主编：《外国非营利组织法译汇》，北京大学出版社 2006 年版，第 231 页。

不可能规定法人解散时剩余财产归属于个人；也不可能在为解散法人召开的社员大会上决议分配给个人；可能这样规定的仅限于互益法人，而这与第三种情形实际上没有区别。同时，该法中明确规定非营利社团被强制解散时剩余财产归属于国家，不得进行任何分配。

笔者认为，非营利组织解散时的剩余财产是否可以分配给组织的成员、发起人、管理者等，取决于组织的目的（公益与互益、宗教）、财产来源（互益社团是否享受国家的优惠），以及组织的法律形式（法人与非法人、社团与财团），决不是一个简单的允许或者禁止的问题。首先，就目前制定了非营利组织法和公益法人法的相关国家的立法例来看，一般区分公益组织（有的国家规定还包括宗教组织）和互益组织而有不同的法律规定，公益组织的财产无论来源如何，原则上均不得在解散时将剩余财产分配给私人，使之成为私人（自然人、法人、合伙等）之财产，更不得在组织存续过程中在成员退出时分配部分财产，因为这将严重损及公益事业的力量。对于以团体或者特定集体成员利益为目的的互益法人，则一般规定在满足一定条件时可以将剩余财产分配给团体成员，个别立法例甚至允许在满足一定条件时存续中的法人也可以将部分财产分配给退会的成员。其次，是否允许分配剩余财产还取决于财产的来源。无论是公益法人还是互益法人，其财产来源渠道都是多种多样的。特别在一个对非营利组织持越来越宽容和鼓励态度的国际和国内大环境下，非营利组织从事经营活动以获取活动经费的合理性得到了社会和国家法律的理解和支持。这样，非营利组织的收入可能包括接受捐赠、国家财政支持、有偿服务收费、经营活动所得、成员缴纳会费、既有资产稳健投资所得等等。社会捐赠和国家拨款等无偿形成的剩余财产显然不能分配给私人，其他收入能否分配给个人值得进行深入探讨。此外，这与国家税收政策也有一定的关系。公益组织可以享受税收减免在理论上已经基本取得了共识并且早已付诸实践，但对于互益组织能否获得税收优惠则不无疑问，这也是一个值得进行深入探讨的问题。如果非营利组织取得的某项收入对于相关人而言可以获得税收优惠，然后该笔财产又允许分配给个人，则非营利组织将难免沦为一个规避税收的工具。最后，非营利组织剩余财产能否分配给个人，还取决于法人的组织形式。这具体又可以分为两个方面。一方面，非营利组织是否具有法人资格，对于其是否可以分配剩余财产有一定影响。因为法人型的非营利组织（即本书所探讨的非营利法人）可以独立享有权利负担义务，非营利法人名下的财产是归法人所有而非成员、发起人或者管理者所有，因此这种分配是真正的权利移转问题。而非法人的非营利组织，包括公益信托、非法人非营利社团、无权利能力的财团等由于不具有权利能力，因而不能独立地享有权利承担义务，此种情形下许多立法例不允许将财产登记在不具备法人资格的非营利组织的名下，而是登记在全体、某个或部分会员、或者管理人员、或者发起人、或者信托受托人的名下，最后如果这些人又是剩余财产分配的对象，此时是否存在"分配"并移转财产权的问题在法律上面临解释上的困难。另一方面，非营利组织可以分为社团和财团。社团法人的设立可以分为捐赠和出资两种方式，而财团法人的设立只有捐助一种方式。因此财团特别是财团法人设立后是不可能再将剩余财产分配给发起人、管理者的，也不可能将财团法人的基础性财产分配给受益人。当然，财团法人本身即以长期甚至永续性地从事特定事业为目的，只要基础性财产存在，绝少出现解散的情形。即便财团目的已经实现、目的不可能实现，一般的法律后果不是解散法人而是按照"最近原则"转换法人的目的。确需解散财团的，剩余财产的处理方法也是移转给目的相近的其他财团或收归国家所有而非分配给个人。无论是从私法的角度理解还是根据朴素的生活观念，设立法人的出资行为和捐赠行为存在明显不同，显著的区别之一在于出资行为是以寻求回报为目的，或者说出资人对出资的财产仍然享有某种权利，而发起人对捐赠、捐助出去的财产是不享有任何权利的。由此我们得出的结论是，如果是以出资的方式设立的非营利组织，在满足一定条件时应可以将全部或部分剩余财产分配给出资人；而捐助或捐赠设立的非营利组织是不得分配剩余财产的。①

有鉴于此，既然非营利组织并非绝对禁止在解散时分配剩余财产，因此"禁止分配剩余财产"不应成为适用于所有非营利组织的一项属性。我国《民法总则》第 95 条规定："为公益目的成立的非营利法人终止时，不得向出资人、设立人或者会员分配剩余财产。剩余财产应当按照法人章程的规定或者权力机构的决议用于公益目的；无法按照法人章程的规定或者权力机构的决议处理的，由主管机关主持转给宗旨相同或者相近的法人，并向社会公告。"该项规定明确了公益法人终止时剩余财产的禁止分配原则，但没有规定互益法人或其他目的的非营利法人终止时的剩余财产处理规则。解释上应该认为公益法人之外的非营利法人可以分配剩余财产，但需满足前文讨论的条件和规则来分配剩余财产。目前我国《民办教育促进法》第 59 条第 2 款规定"非营利性民办学校清偿上述债务后的剩余财产继续用于其他非营利性学校办学"，且在第 51 条规定"教育用地不得用于其他用途"。非营利性民办学校实际上属于公益法人，因此剩余财产的处理实际上是服从《民法总则》第 95 条所规定的禁止分配原则的。

（四）不以营利为目的

目前国内外在关于非营利组织、非营利法人的概念界定或者特征分析时，"不以营利为目的"几乎是非营利组织一项公认的属性。但正如税兵博士所言，这样的特征界定只告诉了我们非营利组织"不是什么"，而没有告诉我们非营利组织"是什么"。"要完成非营利法人概念从'不是什么'到'是什么'的转换，还有许多工作要做。"即便这样，税兵博士在其文章的结论中也还是以"不以营利为目的"作为非营利法人的特征之一。②

---

① 至于以出资的方式设立非营利组织的问题，后面将会具体探讨。

② 税兵：《非营利法人概念疏议》，《安徽大学学报》（哲学社会科学版）2010 年第 2 期。

许多学者或者立法者都无法接受对此种定义方式的批评，因为有关的界定并非仅仅是"不以营利为目的"这一"不是什么"的表述，而是往往还包含了"是什么"的表述：例如列举科学研究、教育、慈善、文学、青年培训、老人和儿童关爱、环境保护、公共医疗卫生等多种目的事业。只是此种列举在逻辑上确如盲人摸象般只告诉了我们哪些目的是非营利目的，而仍然没有告诉我们"非营利""是什么"。比较接近非营利组织"是什么"的立法，例如美国1987年版的《非营利法人示范法》第1.40条第六款规定："（非营利）'法人'指公益法人、互益法人以及宗教法人"。① 可见美国法上的"不以营利为目的"的目的可以是公益目的、互益目的以及宗教目的。

论及法人目的的分类，我们不得不介绍日本法的规定。大陆法系国家的法人制度一般将法人分为社团法人和财团法人，并以此作为民法典中法人的基础性分类。而日本民法却没有落入这一窠臼。日本旧民法第2章"法人"内分五节，依次为"法人的设立"、"法人的管理"、"法人的解散"、"补则"和"罚则"。在"法人的设立"部分，日本民法区分了公益法人和营利法人。日本旧民法第34条规定："有关祭祀、宗教、慈善、学术、技艺及其他公益的社团或财团且不以营利为目的者，经主管官署许可，可以成为法人。"又同法第35条第1款规定："以营利为目的的社团，可以依商事公司设立的条件，成为法人。"正因如此，日本民法学者有关法人制度的著述中一般以营利法人与公益法人作为基础性分类。但随后日本学者便发现公益法人和营利法人的分类存在一个明显的逻辑问题，公益目的之外并非都是营利目的，还有一些组织既不以公益为目的也不以营利为目的。于是日本学者便创造了"中间法人"概念来弥补这一逻辑缺

---

① 金锦萍、葛云松主编：《外国非营利组织法译汇》，北京大学出版社2006年版，第5页。

陷。① 这样，在日本学者的相关论述以及在理论上师法日本学者的台湾地区学者、师法台湾地区学者的大陆学者的相关论述中，法人就会出现公益法人、营利法人和中间法人的三分法。也就是说，日本法上的非营利法人包括公益法人与中间法人。除此之外，"非营利目的"对于确定某个组织是否属于"非营利法人"的作用十分有限。

我国《民法总则》第 87 条关于非营利法人的定义也强调"非营利目的"，且没有列举任何具体的"非营利目的"，这导致我们对非营利目的的判断更为不易。按照现代汉语词典的解释，"营利"是指"谋求利润"。至于利润是分配给法人的组成成员还是用来从事公益活动，则已经超出营利的本来含义。这样的话，凡是从事谋求超出资本的利润的组织运作就是营利。如果是在这样的意义上理解"非营利目的"，那么以此作为非营利法人的内涵属性，将会对非营利法人做出不当限制。目前《社会团体登记管理条例》第 4 条第 2 款规定"社会团体不得从事营利性经营活动"。但不管是理论上还是非营利法人的实际运作中，都允许非营利法人包括社会团体法人从事一定的商业行为也就是营利行为来适当获取事业运营经费。因此对非营利法人的"非营利目的"属性必须做出合理解释，方能实现法律、理论、实践的统一和自洽。可能的办法是将"非营利目的"解释为并非以营利或谋取超出资本的利润作为法人的最终目的。但如果这样解释，那么这一属性事实上又可以为禁止分配利润的属性所涵盖。如欲使"非营利目的"有独立存在意义，就不能将其解释为最终意义上的目的。

目前实践中非营利组织可以从事的营利活动并非毫无限制，主要是与其最终目的、主要事务有密切关系的附属性收费或有偿业务，例如培训、售卖门票和纪念品等。"非营利目的"只能解释为不以营利事业或赚取利润的事业为主要业务范围，或者虽然从事经营活动但是

---

① 经常被学者们用来解释说明"中间法人"这种既不以公益为目的又不以营利为目的的例子是：校友会是以促进校友的感情为目的，因此既非公益目的又非营利目的。

却以面向公众提供相应服务而非赚取利润为主要目的。

（五）自治性与民间性

前面三个方面的问题其实最终都指向非营利法人的"非营利性"。除此之外，法学界还往往借鉴管理学界关于非政府组织定义中的若干属性，例如组织性、志愿性、私立性、自治性等。这些性质在理论界和实务界均没有引起明显争议，因而基本上是可以接受的。不过这些属性毕竟本属于非政府组织，能否完全移植到非营利法人理论中来还需检讨。特别是其中的志愿性、私立性和自治性主要针对与政府的关系，对于非政府组织是十分重要且需要强调的特征，但是对于非营利组织而言，特别是从私法的角度理解则需要说明两点：第一，非营利组织中的社团法人是自律法人，而财团法人是他律法人。社团法人的社员组成社员大会可以自主决定社团的存亡、变更；但是财团法人的管理机构只能忠实地执行捐助章程，原则上无权修改财团章程和决定财团的存亡。依据私法设立的社团法人和财团法人都独立于政府，因而其"自治性"（self-governing）如果改为"独立性"（independent）的话或许更能避免误解。第二，非政府组织强调民间性，因而设立上必须具备"私立性"；但是现实生活中存在由政府出资或捐助并主导设立的一些组织，这些组织在设立后与政府并无直接关系，更不能行使行政管理权限，只从事一些章程或法律规定的、政府不便从事的事务，将其归入非营利法人本无不可。例如由台湾当局提供 6.7 亿新台币设立的财团法人海峡交流基金会（俗称"海基会"），由台湾地区行政当局设立，从事促进海峡两岸交流的工作，该基金会唯以捐赠基金的孳息运作，台湾当局在设立后不再支付费用。我国《民法总则》规定事业单位法人属于非营利法人，而之前的《征求意见稿》甚至将国家机关法人亦列入非营利法人中，则不无可议之处。国家机关法人虽然也不以营利为目的，但在社会部类划分中属于第一部门"政府"，明显不属于非营利法人。我国将国家机关法人最终定性为"特别法人"而非"非营利法人"，这意味着我国承认非营利法人的民间性。事业单位法人虽然与国家机关法人不同，但具体情况较为复杂。我国的事业单位法人系国家或其他组织利用国有资产出资设立并实行编制管理的机构。目前事业单位法人的分类改革要求"在清理规范基础上，按照社会功能将现有事业单位划分为承担行政职能、从事生产经营活动和从事公益服务三个类别。对承担行政职能的，逐步将其行政职能划归行政机构或转为行政机构；对从事生产经营活动的，逐步将其转为企业；对从事公益服务的，继续将其保留在事业单位序列、强化其公益属性。今后，不再批准设立承担行政职能的事业单位和从事生产经营活动的事业单位"。因此对于当前那些虽然不享有国家机关的公权力但是其官方性极为浓厚或者名为事业单位实为营利企业的机构，显然不应列入非营利法人之列。

（六）宗教与政治目的

宗教法人主要包括教会和宗教活动场所（教会财团）两种类型，前者为社团，后者为财团。多数国家立法例认为，宗教目的不仅属于非营利目的，而且属于可以获得特别支持和保护的公益目的，因此宗教组织应该被纳入非营利组织。美国法上宗教目的与公益目的并列属于非营利目的。德国《巴伐利亚州财团法》规定，公益财团法人是指不专以实现私人利益为目的的财团法人。服务于宗教、科研、教育、课程、教养、艺术、文物保护、民俗风情保护、自然生存环境保护、体育运动、社会福利或者其他公益活动之目的，视为公共目的。[①] 而日本法上的典型的公益法人是指有关祭祀、宗教、学术、技艺的法人。[②] 在我国台湾地区，寺庙宫观的财产性质存在一些争议，一般主张为公益财团法人，实行许可主义。[③] 从实际存在形态来看，我国台湾地区公益财团的最主要形式仍然是文教、学校、医疗、科学

---

① 王名、李勇、黄浩明：《德国非营利组织》，清华大学出版社 2006 年版，第 154 页。

② ［日］森泉章：『公益法人の研究』，劲草书房昭和 54 年版，第 3 页。

③ 王泽鉴：《民法总则》，中国政法大学出版社 2001 年版，第 157 页。

研究、宗教以及社会福利机构。① 《韩国民法典》第32条规定："关于科学、宗教、慈善、艺术和社会交往的社团、财团以及非营利企业的设立,都必须获得相应主管部门的批准。"

有一些立法例将教会财团视作世俗社会之外的财团形式,其设立、运作的法律依据不是世俗社会的民法典或者其他特别法而是教会法(Canon Law)。教会财团的目的可以是与教会有关的或者超越个人目的的目的,具体而言可以是精神的或者世俗的与虔诚的信教、传教以及慈善事业相关的目的。② 东方最有影响的宗教不是天主教而是佛教,我国大量存在的寺庙宫观就相当于外国法制上的教会财团。也有一些立法例把教会财团当作公益财团,在世俗社会的法律中加以规定,例如《瑞士民法典》第87条就规定了教会财团。我国《宗教管理条例》第6条规定:"宗教团体的成立、变更和注销,应当依照《社会团体登记管理条例》的规定办理登记。"因此我国宗教团体属于社会团体法人,从而也就是非营利法人。另外我国《民法总则》第92条第2款规定,依法设立的宗教活动场所经登记可以成为捐助法人。因此,宗教目的属于非营利目的,依法登记的宗教团体或宗教活动场所均属于非营利法人。

与宗教法人不同,以政治为目的的法人不管是社团还是财团一般都不被纳入非营利组织中或者非政府组织中,更不能成为享受税收优惠的免税组织。前文关于美国法上的免税组织的介绍即美国国内税收法典第501(c)(3)项对此就有明确规定。不仅不能将政治团体纳

---

① 林诚二:《民法总则》(上),法律出版社2008年版,第182页;陈惠馨:《财团法人监督问题之探讨》,台湾"行政院研究发展考核委员会"编印1995年版,第53—55页。

② Can. 114 §1. Juridic persons are constituted either by the prescript of law or by special grant of competent authority given through a decree. They are aggregates of persons (*universitates personarum*) or of things (*universitates rerum*) ordered for a purpose which is in keeping with the mission of the Church and which transcends the purpose of the individuals. §2. The purposes mentioned in §1 are understood as those which pertain to works of piety, of the apostolate, or of charity, whether spiritual or temporal. Download from: http://www.vatican.va/archive/.

入非营利组织或非政府组织，即便是其他的非营利组织也不得从事政治性活动（political activity）。目前这在许多国家的非营利组织法中都有明确规定，其原因在于把非营利组织定位为独立于政府和个人之间的第三部门。如果非营利组织介入政治事务，将导致第三部门丧失独立性而不能充分发挥其优势。而且非营利组织享有的免税待遇需要正当的基础——公益性，从事政治活动会被认为丧失了这一基础。而对于财团法人从事政治性活动，政府往往更是持严格禁止态度。因为一个规模很大的财团足以影响一定时间的民意，也就足以使财团所支持的政党在政治上胜过对手，西方国家认为这样容易引起弊案：政党与财团相勾结，政党在取得国家政权后，可能为曾经支持过自己的财团谋取不正当利益；甚至将政府的资金以扶持公益事业的名义转入财团，再由财团用来扶持政党，这样就使国家的财产变成了政党的党产甚至政党内部个人的财产。德国《税法》（AO）第52条明确规定政治目的不属于公益目的。该法律对"政治性目的"的界定比较狭隘，尽管特别地说明了试图影响公众的意见和对政党提供支持属于政治性活动，但又规定了对公众观念一定程度上的影响是允许的。事实上，只要财团的目的与政治性活动相关，财团的设立就不会被允许，也就是说不能直接把政治目的写进财团的章程作为财团的目的。[①]

美国政府和国会针对基金会开展的几次调查，大都起因于政府怀疑基金会从事政治性活动。例如"帕特曼调查"起因于国会怀疑基金会介入政治，借扶贫之名支持某些政治团体进行竞选；当时美国最大的基金会福特基金会就被指责大力资助黑人民权组织和支持黑人参加竞选而被调查。[②] 在我国台湾地区，长期以来财团法人基金会即因成为"政治黑金"一方面不当介入了政治，另一方面危及了财团的

---

① *Germany——The Status of Political Activities of Association and Foundation*，download from：www. icnl. com.

② 资中筠：《财富的归宿——美国现代公益基金会述评》，上海人民出版社2006年版，第53页。

公益目的，因而饱受争议甚至批评。

我国《宪法》序言部分规定："全国各族人民、一切国家机关和武装力量、各政党和各社会团体、各企业事业组织，都必须以宪法为根本的活动准则，并且负有维护宪法尊严、保证宪法实施的职责。"宪法上区分国家机关、武装力量、政党、社会团体、企业、事业单位六类组织，《民法通则》将法人分为机关法人、事业单位法人、社会团体法人、企业法人四类，与宪法的规定并没有对应。《民法总则》将法人分为营利法人、非营利法人、特别法人三类，鉴于政党的特殊地位，个人认为以政治为目的的政党不宜归入非营利法人中，而应归入特别法人中。

二　非营利法人的外延和类型

界定非营利法人的外延或类型主要有两种思路，一是从法人目的的角度，目前学界一般认为非营利法人概念的外延包括公益法人和中间法人或者互益法人，但"公益法人""中间法人"或"互益法人"本身的范围不够确定，不同立法例的差异较大，而且还涉及纯以特定私人利益为目的但不从事营利事业的组织是否属于非营利法人的问题。二是从法人的组织形式角度将其分为社团法人和财团法人。有人认为，"在普通法系，它（指非营利法人——笔者注）既包括了公益型法人，又包括互益型法人；在大陆法系，它既包括非营利性社团法人，又包括财团法人"。① 此种观点有一定的道理，但还没有涵盖全部问题。现实中可能以及应该纳入非营利法人的组织有哪些呢？

（一）公益法人

公益法人属于非营利法人当无异议。问题在于如何界定公益法人，或者说如何界定"公益"二字，对此世界上存在不同的立法例，不同的国家关于公益的含义理解大相径庭，相关的法律包括民法和税

---

① 税兵：《非营利法人概念疏议》，《安徽大学学报》（哲学社会科学版）2010年第2期。

法以及关于财团的特别法等法律。①

    1. 德国法。《德国民法典》将法人分为社团和财团,其中社团又进一步分为非经营性社团(或译为非经济性社团)与经营性社团(或译为经济性社团)。《德国民法典》第 21 条规定:"不以经营为目的的社团,通过在主管初级法院的社团登记簿上登记而取得权利能力。"《德国民法典》第 22 条还规定:"以经营为目的的社团,在帝国法律无特别规定时,因邦的许可而取得权利能力。许可权属于社团住所所在地的邦。"区分两种社团的旧学说认为,区分的标准是社团的目的或主要目的是否通过经济性经营活动以获取经济利益并将之归属于社团本身或者以某种方式归于其社员所有;而新的学说认为区分的标准在于社团是否从事企业性活动,即在市场上有计划长期地和有报酬地提供产品或者劳务。如果社团的企业活动在依社团宗旨所进行的全部活动中仅占次要的地位,则不予考虑认定其为经济性社团。②"非经济性社团是指以教育、体育、社交、慈善、政治、地方自治或者社会福利等为目的的社团。这些社团的主要作用是维护一定的职业群体或者因一定共同利益而联合的社会群体的利益。"③ 非常明显,德国民法上的经济性社团与非经济性社团的区分与我们此处所要探讨的公益社团没有直接关系,但是与营利社团或非营利社团的区分直接相关。新的区分观点认为营利与否只是对于事业范围、经营范围而非组织目的的描述,这值得我们深思。《德国民法典》第 80 条第 2 项

---

    ① "公益或者公共利益(public interest)概念的最特别之处,在于其概念内容的不确定性。这种内容不确定性,可以表现在其利益内容的不确定性及受益对象的不确定性两个主要方面。……变迁中的社会,亦表示价值的变迁。在公益的概念亦然。"虽然公益概念不确定,但是行政部门、司法部门还是必须贯彻依法行政、司法的原则,必须就公益的含义在个案中作出解释和适用。当然,相关的制定法的列举和概括会成为重要的参考对象,因此仍然有必要探讨法律关于公益的具体态度。陈新民:《德国公法学基础理论》(上册),山东人民出版社 2001 年版,第 206 页。

    ② 〔德〕卡尔·拉伦兹:《德国民法通论》(上),王晓晔等译,法律出版社 2003 年版,第 203—204 页。

    ③ 同上书,第 205 页。

规定，只要实现财团目的不损害公共利益，财团就可以被承认为具有权利能力，但没有就何为公共利益做出进一步的解释。《德国巴伐利亚州财团法》第 1 条第 3 款规定："本法所指之公共财团，包括民法上不专以实现私人目的之具有权利能力的财团，与公法上具有权利能力的财团。服务于宗教、科研、教育、艺术、文物保护、民俗风情保护、自然环境保护、体育运动、社会福利或者其他公益活动之目的，视为公共目的。"

根据德国税法的有关规定，能够获得税收减免待遇的 TSO（第三部门组织）必须是追求慈善目的（charitable purpose）、公益目的（purpose of public benefit），以及促进宗教团体的目的（aim for the promotion of religious entities）。其中慈善的目的是指向那些在心理上或者精神上、经济上需要帮助的人提供支持，这是一种较为宽泛的慈善定义。下列活动可以被认定为慈善活动，例如慈善住宿、通过电话的精神安慰、困难照顾、对癌症、精神病或者艾滋病患者进行照顾、女性受害者救助、向无家可归的人提供住处以及公共营养中心。公益目的是指那些支持科学和研究、教育和塑造、艺术和文化、宗教、国际间的理解、对发展中国家的经济援助、保护环境、风景名胜和纪念物、爱国情操、青年、老年人、公共卫生体系、福利体系、体育、对民主的一般支持、栽种植物和饲养动物、充当园丁、传统习惯、照顾士兵和预备役军人、业余电台、航模活动以及赛狗。在某些情况下，慈善和公益目的表现得完全相同。促进宗教团体的目的是指建造、装饰和保养教堂和郊区房屋、执行神的服务、牧师的培训、宗教使命的执行、葬礼和墓地看护、教会财产的管理、付款给牧师和雇员、向这些人提供养老津贴和困难津贴以及向他们的寡妇和孤儿提供照顾。[1]

① Michael Ernst："Third Sector Organization in Germany：Legal Forms and Taxation"，*International Charity Law*：*Comparative Seminar*，Beijing，China，October 12 – 24，2004，Download from：www. icnl. com.

2. 日本法。日本旧民法第34条规定："有关祭祀、宗教、慈善、学术、技艺及其他公益的社团或财团且不以营利为目的者，经主管官署许可，可以成为法人。"该条是关于公益法人设立程序的规定，其中提到的"有关祭祀、宗教、慈善、学术、技艺及其他公益的……且不以营利为目的"即日本民法关于公益法人目的的规定。在日本民法制定之后，对于公益性的判断主要是依据民法典第34条上述规定中的列举性规定，再结合公益和非营利双层标准考察。后来随着社会生活情事的变化，实务中法人目的的公益性的认定，要求团体积极地以实现不特定多数人的利益为目的。而按照这个基准，下列情形的公益性将被否定：第一，以组成人员的亲善、联络、意见交换等为主要目的，例如同窗会、同好会等；第二，仅以特定团体的组成人员、特定职业的人为对象的福利、相互救济等为其主要的目的；第三，以对特定个人的精神和经济支援为目的，例如后援会。[1] 日本法对公益法人进行如此严格的解释，其原因在于税法规定对公益法人给予税法上的特殊优待，而要使这种优待具有合理基础，公益法人就必须维持名符其实的公益性。为了解决根据民法典和各种特殊法人法仍然有许多非营利组织难以设立并取得法人资格的问题，经过长时间的国会讨论和各方面的不懈努力，日本于1998年通过了《特定非营利活动促进法》。所谓"特定非营利活动"包括17个领域：保健医疗或福利、社会教育、城市建设、学术文化艺术或体育、保护环境、灾害救援、地区安全、维护人权或和平、国际合作、男女共同参与社会、培养孩子茁壮成长、信息化社会、科学技术、经济活动、开发职业能力或扩充雇用机会、保护消费者、从事前面各项活动的团体的运营或关于活动的联系、建议或援助。总而言之，系"为增进不特定多数人的利益作贡献"。[2]

---

① ［日］山本敬三：《民法讲义 I·总则》，解亘译，北京大学出版社2004年版，第301页。

② 参见王名等编著《日本非营利组织》，北京大学出版社2007年版，第55页。

3. 我国台湾地区。我国台湾地区"民法典"并没有对何为公益进行界定，但该法典将社团法人分为了公益和营利两种目的。另外虽然该法典没有限定财团为公益法人，但是行政、司法部门却往往在实务操作中将财团限定为公益法人，于是，实务和学理上对于何为公益性的探讨并不少见。一般认为，公益应该是就组织体终局的目的而言，如社团或财团投资于营利事业但仍然将所得利益用于公益事业，这并不会损害法人的公益性。

台湾地区司法实务一般还认为公益是指社会不特定多数人可以分享之利益。但是，对于何为社会不特定的多数人，则缺乏进一步的明确意见。例如，同一地区的人、同一行业的人、同一学校的学生或者老师是否属于不特定的多数人？对此我国台湾地区存在相关判例。台湾地区"财团法人浩然基金会"的章程第3条第2款规定：出国深造奖学金之设置（暂限在大陆工程股份有限公司服务十年以上职员之子女）。法院认为该财团法人的目的局限于奖助捐助人在大陆工程股份有限公司的子女出国深造，受益人只是特定少数人，不符合为不特定多数人谋利益的公益目的。[①] 从这个判例我们只能得出捐助人的职工子女不属于不特定的多数人、该财团法人不属于公益法人的结论，我们仍然无法准确界定财团的受益人应该具有多大程度的普遍性才能被称之为"不特定的多数人"以及该财团法人究竟是互益法人还是私益法人。上述案例中，其实台湾地区"司法行政部"与该财团最初办理法人登记的法院就存在意见分歧，法院为"财团法人浩然基金会"办理法人登记就说明登记法院认为其目的是符合公益性的。所以这个问题在台湾地区也没有得到妥善解决。

根据以上论述可知：第一，德国的公益概念与日本、台湾地区不同，德国法上将一般所称公益目的（广义）分为慈善目的、公益目的（狭义）和宗教目的，同时公益目的的范围包括纯粹的公益目

---

① 杨建华、郑玉波、蔡墩铭：《六法判解精编》，（台北）五南图书出版公司1996年版，第73页。

与公私兼顾的公益目的。这说明不同国家关于公益的认定不仅仅在具体类型上有一些差别，甚至在大方向上也有不同；第二，公益的内容随着社会的发展在不断变化，19世纪、20世纪初的公益经常与慈善、宗教、祭祀、学术等联系在一起，而现在发展到环境保护、精神抚慰、国际或者区际交流和加强理解等；第三，公益事业受益主体的普遍性程度至今都是一个让人十分困惑的问题。"不特定多数人"的含义很难准确把握，需要立法加以类型化列举，否则行政主管机关和法院的解释权太大。

4. "授人以鱼"与"授人以渔"两种公益思路。"授人以鱼"与"授人以渔"代表了两种公益思想，同时也会导致不同重点的公益目的。"授人以鱼"是指对需要帮助的人进行直接的救济，而"授人以渔"则是指帮助他人提高自身素质从而获得好的工作机会等，是一种间接的公益思路。前者的典型例子是福利院，而后者的典型例子是学校、图书馆等。英语有两个含义十分接近的词：charity 和 philanthropy，其含义实际上有所重叠也有所区别。二者都是指出自爱心而帮助有需要的人。不过前者的原意是基督之爱，在行动上表现为以宽厚仁慈之心乐善好施。后一词由两个拉丁字根"phil"和"anthropy"组合而成，意思是"爱人类"，引申下去就是促进人类的福祉。后者较前者社会性更强、覆盖面更广，更侧重长远效果。① 或者说，"charity"相对接近或者包含了"授人以鱼"，而"philanthropy"更接近于"授人以渔"。目前在欧洲和美国，存在所谓的"科学的公益事业"的说法，其实就是指区分授人以渔与授人以鱼，针对不同的对象采取不同的行动，授人以鱼效果明显，但不解决根本问题；授人以渔能够从根本上解决问题，但是效果较缓慢。这两类公益事业对社会的发展或者说改良都是十分必要的。我国慈善法采用了一种广义的慈善概念，《慈善法》第3条规定："本法所称慈善活动，是指自然

---

① 资中筠：《财富的归宿——美国现代公益基金会述评》，上海人民出版社 2006 年版，第 10 页。

人、法人和其他组织以捐赠财产或者提供服务等方式，自愿开展的下列公益活动：（一）扶贫、济困；（二）扶老、救孤、恤病、助残、优抚；（三）救助自然灾害、事故灾难和公共卫生事件等突发事件造成的损害；（四）促进教育、科学、文化、卫生、体育等事业的发展；（五）防治污染和其他公害，保护和改善生态环境；（六）符合本法规定的其他公益活动。"该条规定所列举的前三项慈善事业属于典型的"授人以鱼"，而后两项慈善事业属于"授人以渔"。

5. 我国的公益法人。我国《公益事业捐赠法》第3条所规定的公益事业包括：（一）救助灾害、救济贫困、扶助残疾人等困难的社会群体和个人的活动；（二）教育、科学、文化、卫生、体育事业；（三）环境保护、社会公共设施建设；（四）促进社会发展和进步的其他社会公共和福利事业。我国《慈善法》第3条有类似规定，可见扶贫济困、救灾助残、教科文卫体、环境保护属于典型的公益目的事业。根据《民法通则》和相关法律法规的规定，我国的公益法人在外延上包括事业单位法人、公益性社会团体法人、公益性捐助法人等。

我国《事业单位登记管理暂行条例》第2条规定："本条例所称事业单位，是指国家为了社会公益目的，由国家机关举办或者其他组织利用国有资产举办的，从事教育、科技、文化、卫生等活动的社会服务组织。"我国《事业单位登记管理暂行条例实施细则》第4条进一步规定事业单位的业务范围具体包括"教育、科研、文化、卫生、体育、新闻出版、广播电视、社会福利、救助减灾、统计调查、技术推广与实验、公用设施管理、物资仓储、监测、勘探与勘察、测绘、检验检测与鉴定、法律服务、资源管理事务、质量技术监督事务、经济监督事务、知识产权事务、公证与认证、信息与咨询、人才交流、就业服务、机关后勤服务等"。以上列明的业务范围非常广泛，甚至许多业务对于营利法人同样可能适用，例如物资仓储、法律服务、新闻出版、广播电视等。此外前已述及，现有事业单位法人中的部分类型明显有悖于非营利法人的民间性和非营利性，实不宜纳入非营利法人中。因此以上业务范围对于我们确认某一社会组织的性质仅具有限参考意义。

我国事业单位分类改革完成之后，现在名为事业单位但承担行政职能或从事经营活动的应各归其位；只有那些从事公益服务的事业单位将继续保留在事业单位序列并进一步强化其公益属性。我国事业单位的分类改革还包括将公益服务事业单位的类型进一步细分。根据职责任务、服务对象和资源配置方式等情况，将从事公益服务的事业单位细分为两类：承担义务教育、基础性科研、公共文化、公共卫生及基层的基本医疗服务等基本公益服务，不能或不宜由市场配置资源的，划入所谓的"公益一类"；承担高等教育、非营利医疗等公益服务，可部分由市场配置资源的，划入所谓的"公益二类"。此种对公益事业的进一步划分主要是在能否引入市场机制配置资源问题上具有典型意义，并不影响非营利法人的私法规制。

由于社会团体本来就不限于公益法人，还包括"为了会员共同利益"的互益法人或中间法人，因此《社会团体登记管理条例》并未对公益目的进行列举，仅仅规定"社会团体不得从事营利性经营活动。"

捐助法人包括基金会、社会服务机构和宗教活动场所。根据《基金会管理条例》第2条的规定，基金会属于公益法人。但根据《民办非企业单位登记管理暂行条例》第2条的规定，民办非企业单位（社会服务机构）属于非营利性法人，《社会服务机构登记管理条例》（《民办非企业单位登记管理条例》修订草案，以下简称《社会服务机构登记管理条例》征求意见稿）第2条采用相同的观点。但是《民法总则》第92条将捐助法人界定为"为公益目的以捐助财产设立的基金会、社会服务机构等"。按照《民办教育法》等法律的规定，将来我国的民办学校典型地分为以营利为目的的投资办学与不以营利为目的的捐资办学两种类型。投资办学设立的民办学校属于营利法人，而捐资办学设立的民办学校属于公益法人，不仅不得分配利润，终止时还禁止分配剩余财产。社会服务机构究竟限于公益法人还是包含其他非营利目的的非营利法人，需要《社会服务机构登记管理条例》做出相应修改，以与《民法总则》的规定完全保持一致。

由于《民法总则》第 87 条第 2 款就非营利法人的外延规定"非营利法人包括事业单位、社会团体、基金会、社会服务机构等"。此处采用"包括"而非"分为"，再加上一个"等"字，足以说明《民法总则》对非营利法人的外延采用了开放式的规定，因此公益法人的外延实际上也是开放式的。

（二）中间法人或互益法人

前已论及，"中间法人"本是日本学者为了弥补日本旧民法公益法人与营利法人二分的逻辑缺陷而创造的概念。根据这样的背景可知，"中间法人"概念在内涵上指既不以公益为目的又不以营利为目的的法人，在外延上应指公益法人与营利法人之外的其他私法法人。日本旧民法第 34 条和第 35 条第 1 款分别规定了公益法人和营利性社团法人的设立原则、设立依据。日本旧民法关于法人的规定主要是针对公益社团和财团也就是公益法人，营利社团主要适用商法的规定。依日本旧民法第 33 条规定，法人非依日本民法以及其他法律的规定，不能设立。因此中间法人，也就是既不以营利为目的又不以公益为目的的法人，因缺乏民法上的设立依据并不能依日本旧民法设立而获得法人资格。中间法人只能依据民法之外的特别法设立。① 日本社会的劳动组合、协同组合、医疗法人以及其他的一些法人通常被认为是所谓的中间法人而非公益法人，这些组织既可以采用社团的形式也可以采用财团的形式。② 2001 年日本制定了《中间法人法》并于 2003 年开始实施。

---

① 日本民法依据法人目的的不同来对法人进行分类，而没有采用大陆法系的德国民法、瑞士民法等的社团/财团的区分，因此创造中间法人概念来弥补民法典法人分类的缺陷是一个典型的日本法问题。

② 日本法上医疗法人的性质存在一些争议，有中间法人、公益法人、准公益法人等不同观点。参见罗昆《财团法人制度研究》，武汉大学出版社 2009 年版，第 37 页。

民法理论一般认为，社团法人既可以营利为目的，也可以公益为目的，还可以为了既非营利又非公益的中间性目的而设立；而财团法人只能是为了公益目的设立，所以财团法人只能是公益法人。① 从世界范围来看，此种观点并不成立。中间法人在组织结构上可以分为中间社团法人与中间财团法人。虽然不同国家对于中间性质的财团态度各异，但相对比较一致的看法是指那些为了特定多数人利益的财团，这特定多数人的集体可以是同一个行业的人，例如日本的劳动组合、协同组合；也可以是特定宗族的人，例如家族祠堂；还可以是同乡会会馆等。② 这些财团主要是为财团所能够覆盖到的特定多数人服务，例如职业培训、维护职业团体内的个体的权利，或者祭拜祖先，或者联络同乡的感情。由于仅为特定私人利益而设立的财团法人缺乏设立依据，因此日本民法上所称"中间法人"应不包括不从事营利事业的私益财团法人。

有学者认为，"中间法人概念的提出，为那些既非以社会公益为目的，又非以营利为目的的法人找到了相对准确的定位。但是用'中间'这一空间性的语言来对一类法人组织进行界定是极不严谨的，也没有概括出这类法人的本质特征。"③ "与中间法人的概念相比，互益性法人的概念对于这类既非公益又非私益的法人的概括则更加准确、科学。"④ 笔者认为，此种观点有一定道理但仍未全面概括二者的关系。⑤ 互益法人本是美国非营利法上的概念，并非大陆法系

---

① 参见马俊驹、余延满《民法原论》，法律出版社 2005 年版，第 116 页。

② 台湾地区"司法院"院字第 507 号解释认为："各省会馆及各县同乡会，各县会馆及其他各种团体，如其组织合于财团之规定皆得申请为财团法人之登记。"会馆的目的应不属于公益目的，通常被认为属于公益、营利之外的"中间"目的。

③ 陈晓军：《互益性法人法律制度研究——以商会、行业协会为中心》，法律出版社 2007 年版，第 3 页。

④ 同上。

⑤ 陈晓军博士的这一结论中，无意中将"既非公益又非营利"表述成了"既非公益又非私益"，但在客观上却使这一表述变得更加准确了。事实上"既非公益又非营利"与"既非公益又非私益"还是有所区别的。具体分析参见下文关于财团法人类型的实证考察部分。

法人理论所固有。将互益法人与公益法人进行概念上的、理论上的区分较为简单，但在实践中具体面对一个社会组织需要对其定性时，问题可能会比较复杂。互益性法人在追求、维护某一群体利益的过程中，往往是通过对群体成员的利益进行保护来实现的。因此互益法人在法律允许的限度内一般有助于促进社会公共利益，这也是互益法人有可能获得国家税收优惠的原因之一。公益法人的实际受益对象在特定时空条件下，往往并非社会全体成员，而是部分人甚至个别人，这时难以与互益法人这种仅为特定群体的利益而存在的法人相区分。

关键的问题在于互益法人本身的内涵如何界定。互益法人的目的中必须包含"相互性"要素，也就是要求受益对象共同"出钱"或"出力"。例如在某大学设立的一个奖教基金会，面向的受益对象只能是该大学的教师；或者一个资助治疗癌症的科研基金会，其可能受资助的对象只能是医学科研人员群体。这样的例子中，我们无论如何不会将有关的组织认定为互益法人。倒不是受益的对象不符合特定多数人的标准，而是奖金的来源不符合"相互性"。对这些组织的目的和性质的认定，只能扩大解释为促进教育和医学进步的公益事业。但如果上述例子中的奖教基金会是由该学校自己设立而奖助的面又比较宽，则该基金会难逃系该大学为自己的职员谋求福利之嫌。就此而言，中间法人因并无"相互性"要求，因此其外延比互益法人要稍广一些，可以涵盖那些并非由受益对象出钱出力来维护特定群体利益的组织，这一点主要是对于财团法人具有意义。

我国《民法总则》将法人分为营利法人、非营利法人、特别法人，在一定程度上避免了日本旧民法采用营利法人、公益法人所带来的外延明显不周延之问题，似乎没有必要再采用中间法人或互益法人之概念。但是从我国《民法总则》的相关规定来看，"中间法人"虽非法律概念，但在理论上和实践中或者还是有一定意义。《民法总则》第87条关于非营利法人的定义中本来就已经有公益目的之外的"其他非营利目的"的表述，在第90条关于社会团体法人的规定中有公益目的之外的"会员共同利益等"非营利目的的表述，而第 95 条关于禁止分配剩余财产的规定仅适用于公益法人，不适用于其他法人。因此在非营利目的内部，以公益目的之外的其他目的例如会员共同利益等目的的法人尚需概念来指代。另外因《民法总则》规定我国捐助法人在目的上仅限于公益目的包括宗教目的，不承认其他非营利目的包括中间目的的捐助法人，因此用中间法人或互益法人来指代公益法人之外的社团性非营利法人均无不可。

我国《社会团体登记管理条例》第 3 条规定"参加中国人民政治协商会议的人民团体"和"国务院机构编制管理机关核定免于登记的团体"无需登记即可取得社会团体法人资格。这两类团体均具有一定的官办背景，多少会损及其"民间性"，但是与事业单位毕竟不同，还是可以纳入非营利法人中。在我国，人民团体主要包括工会、共青团、妇联、科协、侨联、台联、青联、工商联等 8 个单位。这些团体固然代表了特定群体、特定行业，是人民群众自己的组织，但还是党联系人民的桥梁和纽带，因此这些单位以归入公益法人为妥，不应与一般的互益社团法人混同。

（三）私益财团法人

从组织结构来研究非营利组织的外延，一般认为非营利法人既包括非营利性社团法人，又包括财团法人。[①] 此种观点实际上认为财团法人限于公益财团法人或中间财团法人。然而就世界范围来看，此种观点不能成立。一些国家还存在以特定私人利益为目的的私益财团法人，其最典型的形式是家族财团。

1. 德国法上的私益财团法人。在德国，财团的目的可以是慈善方面的、学术方面的、社会方面的或其他广泛意义上的公益目的，也可以是其他的目的，只要该目的不违反法律的禁止性规定或（《德国

---

① 税兵：《非营利法人概念疏议》，《安徽大学学报》（哲学社会科学版）2010 年第 2 期。

民法典》第 138 条意义上的）善良风俗。① 虽然绝大部分财团的目的是公益性的，但是德国的财团并不都是为了公益目的设立，也有为了私益目的而设立的财团。立法上明确区分公共财团（公益财团）与私益财团的例如德国《巴伐利亚州财团法》与《莱茵兰—法尔兹财团法》。依《巴伐利亚州财团法》第 1 条第 3 款的规定，公共财团包括民法上不专以实现私人目的的具有权利能力的财团，以及公法上具有权利能力的财团。由此可见，德国法上的公益财团并不要求财团的目的纯粹是为了实现公共目的，只要不专为私益目的即可被称为公共财团。从逻辑上理解，私益财团就是指"专为私益"目的的财团。但是对于"专为私益"的理解也比较广泛，应该是指为特定人群服务。而此种特定人群的形成，可能是由于家庭关系或者家族关系、特定的社团或共同归属于某企业。因此在德国民法上有所谓家族财团，专为特定家族或家庭成员的利益服务。也有由社团的成员捐资设立的财团，其目的是专为社团成员服务。这样的财团都被认为属于私益财团，后一种也有被称为互益性财团的。区分公益财团和私益财团的意义主要在于公益财团可以享受税收方面的优惠。由于并非所有的财团都是公益财团，因此德国对于财团法人的租税优惠是采取实质审查主义。只有公益财团而且其目的符合德国税收法关于公益目的的规定，财团才可以获得税收减免待遇。

2. 我国台湾地区的私益财团法人。台湾地区"民法"《立法理由书》中明确规定："谨按财团者，因为特定与继续之目的，所使用财产之集合而成之法人是也。其目的有公益目的（如学校病院等）、私益目的（如亲属救助等）之二种。"② 从该立法理由书可知，台湾地区的财团应该包括公益财团与私益财团。所谓私益财团是指为了特

---

① ［德］卡尔·拉伦兹：《德国民法通论》（上册），王晓晔等译，法律出版社 2003 年版，第 248 页。

② 杨建华、郑玉波、蔡墩铭：《六法判解精编》，（台北）五南图书出版公司 1996 年版，第 73 页。

定人的利益而设立的财团，例如为了救助亲属而设立的财团。台湾地区"民法总则施行法"规定："民法总则"施行前具有财团及以公益为目的的社团之性质而有独立财产者，视为法人，但应该自"民法总则"施行后六个月内，申请主管机关审核并办理法人登记。而这一规定并不适用于祠堂、寺庙及以养赡家族为目的的独立财产。

财团法人的目的是否以公益为限，台湾地区司法实践早已有明确的态度。法院在前涉"财团法人浩然基金会"一案中认为："一、查财团法人之成立须以公益为目的，所谓公益系指社会不特定之多数人可以分享之利益而言。本件财团法人浩然基金会捐助章程第三条第二款规定：出国深造奖学金之设置（暂限在大陆工程股份有限公司服务十年以上职员之子女），其目的既局限于捐献人大陆工程股份有限公司之子女出国深造之奖助，受益者仅为特定之少数人，此项规定，显于财团法人性质不合，原法院未认真审查，命其修正，遂准登记，殊欠妥当。二、次查一般奖学金性质财团法人，极易流为图利少数特定人之工具，与公益目的有违。各地方法院受理此类奖学金性质之财团法人登记时，应劝导当事人在捐助章程中订明，奖学金之分配委托教育主管统筹办理，否则须从严审核其发给标准，追综考核其绩效，勿使财团法人制度徒具公益之名，而有图谋私利之实，各地方法院受理此类法人登记事件时，务须从严审查，其不合规定者，应命补正，否则不准其登记。"① 由此可见，作为财团法人登记机关的法院应严格维护财团的公益目的，不允许为特定人的利益或名为公益实为特定人谋利的财团设立登记。另外，我们通常所理解的公益目的是指终局的目的而言，台湾地区民法学说也认同这一点，但是司法实践对财团法人投资设立公司以营利，认为"与其以公益为目的之本质相抵

---

① 台（68）函民字第 03294 号函。参见台湾"司法"当局民事厅编辑《民事法令释示汇编》1994 年版，第 62 页。

触"。① 显然台湾地区司法行政部门对于公益采取了较严格的解释。

从台湾地区司法实践来看，以养赡家属为目的的独立财产例如"养庄"，司法判例依据其独立程度不同，有时认为属于养赡设定人所有，有时认为属于家庭全体成员的公同共有。史尚宽先生认为，"此等独立财产非当然可视为法人，惟于'民法总则'施行后，得依'民法'关于社团或财团的规定，申请为中间社团或财团之登记而已。"② 史尚宽先生认为以养赡家属为目的的财团应属于公益、营利之外的目的即中间财团，与台湾地区"民法"立法理由书中提及的"私益"颇不相同。③ 但是仍然有许多台湾学者主张财团法人限于公益法人。④ 台湾地区的《财团法人法》（草案）（送"行政院"后退回"法务部"2006年重行检讨版本）第2条明确规定："财团法人指以从事公益为目的，由捐助人捐助一定财产，经主管机关许可，并向法院登记的私法人。"该草案代表台湾地区"法务部"的立场：财团法人只是公益财团，不包括中间及私益财团。这应该也代表了台湾地区目前实践中财团的类型。

台湾地区的财团立法与现实生活脱节最显著的例子就是非公益财团的有无及存废问题。为什么学者间对于台湾到底有无中间财团或者私益财团争议那么大呢？笔者在接触这个问题之初较为困惑，因为这

---

① 台湾地区行政当局1991年台厅一字第06868号函。参见台湾司法当局民事厅编辑《民事法令释示汇编》，1994年版，第71页。

② 史尚宽：《民法总论》，中国政法大学出版社2000年版，第147页。

③ 史尚宽先生同时认为，社团有必要区分公益社团与中间社团，而财团没有必要区分公益财团与中间财团，因为公益社团的设立需经过审批（主管官署的许可），而中间社团不需要；公益财团和中间财团均需要经过审批，则在民法上没有必要区分。参见史尚宽《民法总论》，中国政法大学出版社2000年版，第144页。

④ 例如林诚二教授就否认在台湾地区存在中间财团法人。在"我国究竟有无中间法人"的题下，林诚二教授认为："关于此点，本书认为，法人不论社团或财团，一经依法设立登记即成为法人，无所谓既非法人亦非非法人，仅生该法人系以公益为目的之公益社团法人或财团法人，与以营利为目的之营利社团法人之分，只是社团法人中常有非以营利为目的，亦非以公益为目的之中间社团法人。至于人之集合体，未依法设立登记者，或以经营共同事业为目的之合伙，或为人民团体法之人民团体，要均无所谓中间法人之概念。"参见林诚二《民法总则》（上），法律出版社2008年版，第184页。

是一个从事些许调查研究就可以解决的实证性问题，但后来发现问题并非如此简单。笔者认为，或许真正的原因在于我国台湾地区的"民法"本颁行于中国大陆，后来才施行于台湾地区。而台湾地区在"光复"之前为日本占领，长期执行日本民法的相关规定，此种做法具有一定的惯性。所以"民法"、习惯均承认非公益财团，而司法、行政、学说多否认之。

除了德国和我国台湾地区外，瑞士、意大利等国家也有家庭财团存在。《瑞士民法典》第87条规定，家庭财团和教会财团不受监督官厅的监督，但有关私法上的纠纷，由法官裁判解决。《意大利民法典》第28条第3款规定："仅为一个或几个家庭的利益设立的财团，不适用本条第1款和第26条的规定。"某些企业财团其实也属于私益财团。个人或者企业设立私益企业财团的目的在于，捐助人拥有大量的财产，他（她）并不想通过赠与的方式或者继承的方式使其子女获得财产，因为捐助人担心自己的子女根本就不善于经营管理巨额财产，甚至可能在短期内将这些财产挥霍一空。与其这样还不如设立一个财团法人，将财团的目的确定为每个月或者每年付给捐助人的子女一定的财产作为生活费，这种思路也就是国人所说的"细水长流"。

至此我们可以发现，私益财团法人与我们以社团法人为原型所描绘的营利法人明显不同。营利法人除了要谋取超出资本的利润之外，还要将所获利润分配给投资人，也就是说投资人的主观目的上存在"赢利"的愿望。而私益财团法人的典型例子——家庭财团并不以壮大财团的基础财产为目的，而是以在尽可能长的期限内保留基础财产并赡养家族成员为目的。就此而言，"积极进取"和"消极保守"可以作为营利社团法人和私益财团法人本真的写照。

除了不从事营利事业、不以营利为目的的家庭财团外，实践中也不乏从事营利行为的财团法人，这就是所谓的企业财团。德国法上的企业财团有两种基本形式，一种是企业载体财团，另一种是参股载体财团。① 对前者而言，财团本身就是企业的载体，企业的不动产和机器都直接属于财团所有；财团是债权的权利人和债务的义务人。这一方面能够严格防止他人对于企业经营管理施加的影响，同时也会导致筹措资本的困难，因为企业载体财团不可能通过增发股份而募集新的资本。这种财团在德国比较少，而且关于其存在的合理性面临很大争议。因为企业载体财团是以经营企业作为财团的唯一目的，经营赚取的利润仍然用于企业经营而不会分配给出资人，当然也不会以经营企业所得作为从事公益活动的经费。有一种重要的反对意见认为，如果允许以经营企业作为财团的唯一目的，则会出现公司法的规定，而丧失了为大众谋利益的思想，而正是为大众谋利益的思想才可为该资本的"长期"投资作为辩护。② 虽然企业载体财团在德国是客观存在的一种财团形态，但是德国的学界与实务界一般认为这是对于财团制度的滥用。③

对参股载体财团而言，企业的真正载体是一家商事公司，公司的董事会领导着企业，财团只是对这个载体公司的资本进行参股。④ 财团能否对企业的经营活动施加影响，取决于企业所持有该公司的股份的多少以及股份的种类。如果财团所持股份太少或者财团持有的都是无表决权的股份，则财团对于参股的企业不能施加什么影响。这种财团实践中比较多，其优点和缺点与企业载体财团恰恰相反。参股载体财团可以通过其他的、财团之外的股东的参股来筹措额外的自有资本，但是往往也打开了财团股份转让或者股权稀释的大门，从而为其他人参与企业的经营并且向企业施加违反企业创立人的意愿的影响提

---

① ［德］迪特尔·梅迪库斯：《德国民法总论》，邵建东译，法律出版社 2001 年版，第 868 页。

② ［德］卡尔·拉伦兹：《德国民法通论》（上册），王小晔等译，法律出版社 2003 年版，第 250 页。

③ 陈惠馨：《财团法人监督问题之探讨》，台湾"行政院研究发展考核委员会"编印 1995 年版，第 201 页。

④ ［德］迪特尔·梅迪库斯：《德国民法总论》，邵建东译，法律出版社 2001 年版，第 868 页。

供了可能性。

我国实践中还没有企业载体财团，但已有参股载体财团存在。福建福耀玻璃股份有限公司的创始股东曹德旺家族已经捐出其持有的大部分"福耀玻璃"股份成立"河仁慈善基金"，该基金会的基础财产是当时市值超过 35 亿元人民币的上市公司股份。"河仁慈善基金"就是一家典型的参股载体财团，也是一家公益慈善基金会。目前该基金会作为上市公司的股权人、大股东将参与重大决策和选择管理者等权利仍然委托曹德旺先生行使，基金会实际享有收益分配权，并以股权收益作为从事公益事业的运营经费。随着社会财富形态的变迁，此种参股载体财团会成为我国将来基金会的主要形态。

无论企业载体财团还是参股载体财团，均不必然属于私益财团法人。企业载体财团虽然经营企业并赚取利润，但所获利润并不用于分配而是投入产品研发，此种财团法人显然与我们通常所言及的营利性企业法人完全不同，不属于营利法人。参股载体财团并不直接从事企业经营，甚至因持有无表决权的股权而与企业经营行为完全无关，但是否属于私益财团，还取决于其章程所记载的具体目的。

《民法总则》第 87 条第 2 款规定："非营利法人包括事业单位、社会团体、基金会、社会服务机构等。"私益财团法人符合非营利法人"禁止分配"的属性，家庭财团甚至还符合"非营利目的"的属性，但是私益财团却不在我国《民法总则》明确规定的非营利法人类型之中。从法人外延体系的逻辑周延性来看，如果要为私益财团法人保留存在空间，我国的非营利法人应解释为包含私益财团法人。《民法总则》第 87 条第 2 款通过一个"等"字采用了一种开放式的规定，因此这种解释在法条文意范围之内，是一种可行的解释路径。但是这样一来，与《民法总则》第 92 条关于捐助法人限于公益或宗教目的的规定相冲突，也会与外国法和其他学科将"非营利组织"（NPO）定位为第三部门出现体系冲突。此时必须反思禁止分配的含义，禁止分配的范围应不限于《民法总则》第 87 条所规定的内部人。外国法上的私益财团法人在我国只能通过信托的方式设立，无法取得法人主体资格。

（四）公益企业

通常情况下，企业总是与营利或者经济活动联系在一起，是指能够用经济核算的原则来评价其业务活动绩效的组织，与一般的非营利组织不能通过投入—产出—利润的模式来衡量绩效不同。除了营利性的社团法人——商业公司之外，以不特定多数人利益为目的的公益社团和以特定多数人利益为目的的中间社团或者互益性社团并不构成社团法人的全部，或者说营利性企业并非就是企业的全部。无论从逻辑上还是事实上，我们都可以发现企业的目的并不限于专以营利为目的。

从逻辑上说，目前有关社团法人的基本思路有以下几种：第一，营利的社团法人要求谋取超出资本以外的利润，并且在实际取得利润后应将该获得的利润部分或全部分配给投资人；第二，公益社团法人要求会员将若干财产捐给法人，且不得在法人解散时将剩余财产收回；第三，互益性社团法人不以营利为目的，但在解散时能否分配剩余财产有争议。现实中可能还有这么一种人：他们拥有巨额的资产希望从事公益事业，但是又不愿意将这笔财产捐给社会，成立公益基金会或者公益社团。他们希望在从事的事业完成之后，还可以收回他们投入的资产，但也不希望从中获得任何的报酬和利润。例如，某人希望帮贫困地区投资 10 亿元修建一条高速公路，但他希望路修好之后允许其所掌握的公司取得一定时间的收费权，直到收回 10 亿元的成本，之后将该高速公路的产权完全移交给国家或者使该高速公路成为自负盈亏的主体，该公司解散或者转向其他的项目。

目前我国的基础设施建设领域，许多地方政府迫于筹措建设资金的压力，已经广泛采用所谓 BOT 模式，即建设—经营—转让（build—operate—transfer）模式，是指政府通过合同授予商业公司一定期限的特许专营权，许可其融资建设和经营特定的公用基础设施，并准许其通过向用户收取费用或出售产品以清偿贷款、回收投资并赚取利润，特许权期限届满时该基础设施无偿移交给政府的制度。在此基础上，又演变出了许多类似形式。借用此种经营思路，如果企业自成立开始的目的就不是为赚取利润而只计划收回投资，投资人在项目建成并运营一段时间收回投资后，即捐出该项目使其成为独立的实物型财团法人，此种模式可以称之为 BOD 模式（build—operate—donate）。从客观效果上来看，一方面投资人最终并未从企业中获得超出资本的利润；另一方面社会上不特定的多数人从该企业所建设的项目中获得便利。这样的企业应定位于公益企业，应可享受政府对公益企业的扶持和优待。法律制度应该为这种具有"不太彻底的"公益心的公益模式保留可能性。①

从比较法的考察来看，外国和境外地区曾经存在另一种公益企业的先例。

1. 德国的公益住宅企业。在德国的社区建设和发展领域里，有许多致力于公益事业的各种类型的企业。柏林—孛兰登堡住宅企业联合体（BBU）就是其中的一个典型。BBU 由数百家公益住宅企业组成。每个企业所经营的公益住宅规模不等，少则数十家，多则数万家。②

德国的公益住宅建设始于 19 世纪中叶。为了改善低收入者的居住状况，在当时的社会改革家 Viktor. Aime. Huber 的大力倡导下成立了柏林公益建设合作社以及后来的小住宅改善合作社。这两个合作社当时都是依靠个人和教会的捐赠维持运转。后来由于城市人口激增，住房问题特别是低收入者的住房问题日益突出。为了推动公益住宅建设的发展，1889 年德国出台了合作社法，依据该项法律的规定，原

---

① 从媒体报道的"富豪慈善晚宴"来看，中国绝大多数富豪、企业家尚不具备比尔·盖茨和沃伦·巴菲特一样的财富观，由于惧怕被盖茨和巴菲特劝捐，许多受邀富豪都不敢赴宴。这不由得让我们思考，社会对中国富豪从事慈善和公益活动的期待是否太高了呢？这种不太彻底的公益心或许更适合中国一部分拥有巨额财富的人们去从事公益事业。

② 王名、李勇、黄浩明：《德国非营利组织》，清华大学出版社 2006 年版，第 39 页。

来的住宅建设合作社可以改制登记为有限公司，这就是后来的公益住宅企业的最初形式。第一次世界大战前，德国出现了大量的住宅建设合作社，两次世界大战期间，德国政府通过税收制度和低息贷款制度，使一大批原来的住宅建设合作社纷纷转制为公益住宅企业。"二战"后，德国的公益住宅建设再度进入高潮，以公益住宅企业为主体的建设大军在西柏林建起了成片的公益住宅区，诞生了大批卫星城市。从 20 世纪 60 年代起，以柏林为中心的公益住宅建设从新建住宅转向改造旧的住宅。[①]

公益住宅建设企业和一般的企业不同，他们作为公益组织在财产所有、利润分配及分红、租金标准、资金调剂等方面受到严格限制。例如在 20 世纪 60 年代，这些企业每年的分红比不得超过当年利润的 4%，国家制定了统一的房租标准，每年还需接受严格的会计审计。同时作为公益组织，这些企业享受税收方面的减免优惠待遇，并且得到市政方面很大的财政支持。[②]

但是后来德国的住宅建设需求发生了很大的变化，住宅需求趋向高级化和个性化，因此公益住宅企业的生存环境面临严峻挑战，其原本作为公益企业所享受的税收优惠和其他财政支持都被逐步取消。到 1982 年，德国最大的公益住宅企业 Neue Heima 宣告破产，这标志着德国公益住宅企业时代的终结。[③]

2. 意大利的社会性企业改革。随着非营利组织在意大利的发展壮大，意大利国内出现了一种要求改革 1942 年民法典关于社团和财团的规定的提议。这些提议的核心在于打破企业与公益社团之间的界限或者公益法人与商业行为之间的界限，企业也可以从事公益活动，公益社团和财团也可以从事商业和贸易活动。具体的改革途径主要有三种：第一种途径是保持民法典的规定不变，制定一部关于社会性企

---

① 王名、李勇、黄浩明：《德国非营利组织》，清华大学出版社 2006 年版，第 40 页。
② 同上书，第 41 页。
③ 同上。

业（social enterprises）的特别法；第二种途径是对民法典第一编进行修改，使社团和财团可以从事商业或贸易活动；第三种途径是对民法典第五编进行修改，使以公益为目的的公司也可能设立。①

基于前面对两种公益企业的介绍，并对比彻底捐出大额资产设立财团法人从事公益事业的模式，可以得出这么几点启示：

第一，公益企业的存在有特定背景，那就是已有的公共服务体系的供给不能满足社会对公共服务的需求。在这种情况下，需要吸引大量的民间资本进入公共服务领域，而财团法人制度由于其运营相对僵化和一些特别的设立要件而难于设立，于是人们开始寻求其他的公益组织形式。

第二，公益企业与财团法人相比，除了前面已经论及的作为社团法人的优点之外，还有两项优点：首先，财团法人的设立要求捐助人捐出财产，财团设立后捐出的财产就永久性归属于财团法人而与原来的所有人无关了。这在客观上导致财团法人的设立受到限制。前已述及，有的人愿意出资从事公益事业但又不愿意捐出财产，而是希望在公益事业完成后能够收回投资或者在收回投资之外可以多少获得一点报酬。对于这一类人来说，公益企业比财团法人更具吸引力，因为公益企业解散后还可以将剩余财产分配给出资人。其次，财团法人设立之后，主要靠本金的孳息和投资收益维持财团运转，通常难以扩大规模；且财团法人的目的由捐助人确定，而让财团的财产大规模增加通常并不在捐助目的之中。公益企业在吸引融资方面比财团法人更有吸引力，而这正好满足了特定时期对于公益资金的大规模需求。

第三，对公益企业公益性的认定，立法政策上比财团法人可能更为宽松。公益财团法人严格遵从设立人的意志，完全遵守不分配利润的限制。但是这一点对于公益企业可能宽松一些。公益企业虽系以公益事业为目的，但在特定历史时期，国家可能允许公益企业按照一定

---

① Alceste Santuari, *The Italian Legal System Relating to Not-for-profit Organization: a Historical and Evolution Overview*, Download from: http://www.icnl.com/.

比例赚取利润，而且可以将一定比例的利润分配给投资人。只是法律对于公益企业的财产所有、利润分配及分红、租金标准、资金调剂等方面进行严格限制。我国2003年制定的《民办教育促进法》即曾允许民办学校的投资人通过办学适当获取利润。

第四，公益企业实际上是将企业与公益事业结合起来，以企业的组织形式从事公益事业。大部分公益企业其实兼具公益和营利双重性质。因为相对于纯粹的公益组织而言，公益企业不但谋取利润而且将一定比例的利润分配给成员；相对于一般的企业而言，公益企业所获得的利润和可以分配的利润率都受到法律的严格限制。

第五，公益企业所从事的事业一般都是特定时期的。等到特定目的实现后，公益企业就会被依法勒令解散。从长远来看，混淆公益事业与营利事业对于公益事业和营利事业将来的健康发展都是不利的。因为这种做法导致公益事业不再纯粹，可能导致人民对于公益捐赠不再热心甚至持怀疑的态度，也导致营利部门之间的不公平竞争。德国在它的社会公益部门发展起来并且已经能够满足社会的需求之后，其主要的公益企业都解散了。意大利是因为历史的原因，导致社会的NPO部类相对于与其处在同样经济水平的其他欧洲国家要落后，因此目前在大力发展NPO，于是出现了呼吁发展公益企业的声音，但同时也有学者认识到"但从长远来看这或许不是一件好事情"。因此对于这一担心的回应，笔者认为如果立法者认为有必要鼓励公益企业的发展，不妨将公益企业的限制适当放宽，即可以分配较微薄的利润；如果立法者认为没有必要鼓励公益企业的发展，可以执行严格的禁止利润分配政策，并辅以严格的成本收益审计制度。但在公益资金缺乏的今天，似应鼓励公益企业的发展。正因为如此，我国《民办教育促进法》第51条曾规定："民办学校在扣除办学成本、预留发展基金以及按照国家有关规定提取其他的必需的费用后，出资人可以从办学结余中取得合理回报。取得合理回报的具体办法由国务院规定。"而《民办教育促进法》实施条例第37条规定："在每个会计年度结束时，捐资举办的民办学校和出资人不要求取得合理回报的民办学校应当从年度净资产增加额中、出资人要求取得合理回报的民办学校应当从年度净收益中，按不低于年度净资产增加额或者净收益的25%的比例提取发展基金，用于学校的建设、维护和教学设备的添置、更新等。"据此可以认为，我国民办学校本来主要有三种：捐资办学、不要求合理回报的投资办学和要求合理回报的投资办学。后两种均属于公益企业。① 该项规定在《民办教育促进法》2016年修订时已被删除，但这种制度变化不应被过度解读。2015年颁布的《中共中央、国务院关于深化国有企业改革的指导意见》要求"分类推进国有企业改革"，明确提出国有企业应该划分为"商业类"和"公益类"两大类别，此种提法既打破了以往关于企业都属于营利组织的惯常印象，也是对"公益"概念的更新。其中关于公益类国有企业有如下表述："公益类国有企业以保障民生、服务社会、提供公共产品和服务为主要目标，引入市场机制，提高公共服务效率和能力。这类企业可以采取国有独资形式，具备条件的也可以推行投资主体多元化，还可以通过购买服务、特许经营、委托代理等方式，鼓励非国有企业参与经营。对公益类国有企业，重点考核成本控制、产品服务质量、营运效率和保障能力，根据企业不同特点有区别地考核经营业绩指标和国有资产保值增值情况，考核中要引入社会评价。"由此可见，《民办教育促进法》原第51条被废除并不意味着公益企业制度在我国不可行，前述不以赚取利润仅以收回投资成本的公益企业和国企改革目标中的"公益类国有企业"可以成为将来我国公益企业的主要发展方向。如果一个企业只是将赚取的利润全部或部分固定地捐给其他非营利组织或个人从事公益慈善事业，这样的企业仍属于营利

---

① 税兵博士认为，获取合理回报的民办学校属于营利企业，而不以回报为目的的民办学校为公益法人。笔者认为，这主要是一个价值判断的问题，即对民办学校是持鼓励还是放任的态度。将获取合理回报的民办学校界定为公益法人的目的在于对其给予若干公益法人才得享有的特殊资助、扶持。参见税兵《民办学校"合理回报"之争的私法破解》，《法律科学》2008年第5期。

法人，其公益捐赠行为应由相应特别法进行调整。前已述及，《民法总则》第 87 条第 2 款对非营利法人的外延采用了开放式的规定。因此在符合该条第 1 款对非营利法人属性的规定时，可以将公益企业纳入非营利法人中。

（五）合作社

根据 1995 年国际合作社联盟（ICA）代表大会通过的《关于合作社界定的声明》，合作社的定义应为："合作社是人们自愿联合、通过共同所有和民主控制的企业，来满足社员经济、社会和文化方面的共同需求和渴望的自治组织。"合作社可以分为生产合作社、消费合作社、信用合作社和服务合作社等。我国法律、行政法规中没有关于合作社的定义，但是在不同层面的法律中还是有关于合作社的法律规定。我国《宪法》第 8 条规定："农村中的生产、供销、信用、消费等各种形式的合作经济，是社会主义劳动群众集体所有制经济……城镇中的手工业、工业、建筑业、运输业、商业、服务业等行业的各种形式的合作经济，都是社会主义劳动群众集体所有制经济……"由此可知，宪法作为国家的根本大法确立了合作经济属于集体所有制经济（公有经济）的原则。这一原则当然地在长时间内影响了我国关于合作社的民商事立法，并成为我国合作社发展的法律障碍。[①]《民法通则》第 74 条第 2 款规定："集体所有的土地依照法律属于村农民集体所有，由村农业生产合作社等农业集体经济组织或者村民委员会经营、管理。已经属于乡（镇）农民集体经济组织所有的，可以属于乡（镇）农民集体所有。"我国《农业法》第 2 条第 2 款规定："本法所称农业生产经营组织，是指农村集体经济组织、农民专业合作经济组织、农业企业和其他从事农业生产经营的组织。"该法第 11 条还规定："国家鼓励农民在家庭承包经营的基础上自愿组成各类专业合作经济组织。农民专业合作经济组织应当坚持为成员服务的宗

---

① 唐宗焜：《中国合作社立法导向问题》，载梁慧星主编《民商法论丛》第 26 卷，香港金桥文化出版有限公司 2006 年版，第 332—335 页。

旨，按照加入自愿、退出自由、民主管理、盈余返还的原则，依法在其章程规定的范围内开展农业生产经营和服务活动。农民专业合作经济组织可以有多种形式，依法成立、依法登记。任何组织和个人不得侵犯农民专业合作经济组织的财产和经营自主权。"

现行法律法规或政策中虽然没有关于合作社的统一定义，但是针对各种具体的合作社的定义却并不少见。我国 2006 年颁布的《农民专业合作社法》第 2 条规定："农民专业合作社是在农村家庭承包经营基础上，同类农产品的生产经营者或者同类农业生产经营服务的提供者、利用者，自愿联合、民主管理的互助性经济组织。"该法第 3 条明确规定农民专业合作社须遵循五项原则，分别是："成员以农民为主体；以服务成员为宗旨，谋求全体成员的共同利益；入社自愿、退社自由；成员地位平等，实行民主管理；盈余主要按照成员与农民专业合作社的交易量（额）比例返还。"该法第 4 条规定："农民专业合作社依照本法登记，取得法人资格。"据此可知，我国的农民专业合作社是以谋求成员共同利益为目的的法人。

除了农民专业合作社，我国社会生活中较为常见的合作社还有供销合作社、信用合作社、住宅合作社。

1. 1995 年由中共中央、国务院联合发布的《关于深化供销合作社改革的决定》第 1 条中规定："供销合作社是农民的合作经济组织。"其第 5 条对供销合作社的经营机制有如下规定："供销合作社的经营机制必须建立在对社员不以营利为主要目的，其他经济活动实行企业化经营，提高经济效益，不断增强自身为农服务实力基础上。各级供销合作社是自主经营、自负盈亏、独立核算、照章纳税、由社员民主管理的群众性经济组织，具有独立法人地位，依法享有独立进行经济、社会活动的自主权。""供销合作社内部应实行多种形式的经营责任制，不断增强市场竞争意识，搞活企业经营，加强企业管理，提高经济效益。无论实行哪一种经营责任制，都不得改变它的集体所有制性质，都必须确保资产的保值增值，确保社员的经济权益……"从上述规定可以看出，供销合作社的法律主体地位应属于企业法人。但是因名义上"对社员不以营利为主要目的"，因此也有人认为"长期以来，供销合作社没有明确的法律地位，在民法通则规定的四类法人框架内，难以归入任何一类，不仅自身权益得不到有效保护，也制约其事业更好发展"。① 2015 年制定的《中共中央、国务院关于深化供销合作社综合改革的决定》指出："在长期的为农服务实践中，供销合作社形成了独具中国特色的组织和服务体系，组织成分多元，资产构成多样，地位性质特殊，既体现党和政府政策导向，又承担政府委托的公益性服务，既有事业单位和社团组织的特点，又履行管理社有企业的职责，既要办成以农民为基础的合作经济组织，又要开展市场化经营和农业社会化服务，是党和政府以合作经济组织形式推动'三农'工作的重要载体，是新形势下推动农村经济社会发展不可替代、不可或缺的重要力量。为更好发挥供销合作社独特优势和重要作用，必须确立其特定法律地位，抓紧制定供销合作社条例，适时启动供销合作社法立法工作。"此种认识的形成，与现实中"政事分离、社企分离"改革思路、合作社兼具社有企业的行政管理职能有关。

2. 有关信用合作社的定义和性质的规定主要是中国人民银行制定颁布的《城市信用合作社管理办法》和《农村信用合作社管理规定》两个部门规章。1997 年颁行的《城市信用合作社管理办法》第2 条明确规定："本办法所称城市信用社是指依照本办法在城市市区内由城市居民、个体工商户和中小企业法人出资设立的，主要为社员提供服务，具有独立企业法人资格的合作金融组织。"几乎同时颁行的《农村信用合作社管理规定》第 2 条规定："本规定所称农村信用社，是指经中国人民银行批准设立、由社员入股组成、实行社员民主管理、主要为社员提供金融服务的农村合作金融机构。农村信用社是

---

① 李适时主编《中华人民共和国民法总则释义》，法律出版社 2017 年版，第 318 页。

独立的企业法人，以其全部资产对农村信用社的债务承担责任，依法享有民事权利，承担民事责任……"

3. 1992年，国务院住房制度改革领导小组、建设部、国家税务局联合印发了《城镇住宅合作社管理暂行办法》，该暂行办法第3条规定："本办法所称住宅合作社，是指经市（县）人民政府房地产行政主管部门批准，由城市居民、职工为改善自身住房条件而自愿参加，不以盈利为目的的公益性合作经济组织，具有法人资格。"

从上述规定来看，官方关于合作社的性质认识可以概括为两点：第一，供销合作社、信用合作社和住宅合作社均具有法人资格；第二，供销合作社性质存疑，信用合作社属于企业法人，住宅合作社属于公益法人。由于上述规定均制定颁行于20世纪90年代，且一直没有形成统一的法律制度，因此有关认识在理论视野更为开阔的今天看来可能不无问题。例如1992年的《城镇住宅合作社管理暂行办法》中所谓"不以盈利为目的的公益性合作经济组织"的表述就颇值得进一步研究。目前法学界对合作社的组织形式和性质的认识与上述规定有一定差距。梁慧星教授认为，合作社的宗旨与企业法人的本质和公益法人的本质，均不完全契合。合作社既不符合企业法人的营利性要件，也不符合社会团体法人的公益性要件。作为自助性经济组织并对社员实行非盈利原则的各种合作社，应属于非营利法人中的中间法人。① 更有学者对合作社的非营利性做了深入阐述，认为合作社的经营活动虽然也会有盈利，并以分配该利益于社员为目的，但这只是为了避免中间盘剥以谋求共同利益的手段，与公司的营利性有区别，因而应肯认其互助合作性，而不应认其为营利法人。② 还有学者认为，鉴于合作社的类型多样，规模不一，不宜将合作社一概定义为法人，合作社的主体地位可由合作社发起人自行确定，其可以选择为有限责

---

① 梁慧星：《合作社的法人地位》，载梁慧星主编《民商法论丛》第26卷，香港金桥文化出版有限公司2006年版，第347—348页。

② 张俊浩主编：《民法学》（上），中国政法大学出版社2000年版，第186页。

任性质合作社、股份合作社等法人形式，也可以选择合伙组织、合作社分社等非法人组织形态。① 此种观点较为有理，但没有涉及合作社的营利性或者非营利性。

就经营形式而言，部分合作社确实符合企业的组织形式，也符合大陆法系国家所谓社团法人的要求。规范的合作社应由社员组成社员大会，且原则上实行一人一票的表决规则来决定合作社的重大事务。② 但是从我国的合作社运动及其改革过程来看，实践中一些合作社并未严格按照这样的原则组织运作，而是摆脱社员及社员大会，成了"官办"机构或者"民办"企业。这样的"变异"可能会影响合作社的定位和性质评价。但就规范运作的合作社而言，其确实与我们通常理解的企业法人或公益组织的判断有所抵牾。一方面合作社不仅可能开展交易活动，而且就获得的利润向社员按照一定的规则（股金比例、交易额等）分配红利。这与商业公司的运作几乎没有区别；另一方面合作社例如供销社主要是与自己的社员（"股东"）开展经营活动，也就是说所获得的利润本就来源于社员（"股东"）；那么这种由合作社再分配下去的利润与一般营利企业向投资者分配的利润还是有所不同。③ 此外，合作社与一般的公益组织似乎也有区别。公益组织也可以从事营利活动，但是除了公益性企业外，一般该营利活动不应成为主要业务，公益组织从事营利活动的合理性在于该种营利活动是为了给公益事业"造血"。而合作社的业务主要就是生产经营活动，甚至以此作为唯一业务。但是，如果认为企业的性质并不限于营

---

① 谭启平：《民事主体标准与其他组织类型化研究》，博士学位论文，武汉大学，2005 年，第 103 页。

② 我国《农民专业合作社法》第 17 条规定：农民专业合作社成员大会选举和表决，实行一人一票制，成员各享有一票的基本表决权。出资额或者与本社交易量（额）较大的成员按照章程规定，可以享有附加表决权。本社的附加表决权总票数，不得超过本社成员基本表决权总票数的百分之二十。享有附加表决权的成员及其享有的附加表决权数，应当在每次成员大会召开时告知出席会议的成员。

③ 合作社的这一特征可以让我们回过头来重新审视"禁止分配"原则之于非营利组织概念界定的意义。

利，如果我国合作社能够采用企业化管理模式，合作社以定位为中间性或互益性的企业法人为宜。①

为什么我国在 20 世纪 90 年代对合作社的定性要么为企业法人（我国法律语境中的企业法人为营利法人），要么为公益组织呢？笔者认为主要是因为从 20 世纪 80 年代开始的农村改革包括合作社改革，以及后来对供销、信用两社的恢复，导致"两社早已摒弃了自己的社员"，已经严重名实不符，与营利企业没有什么区别了。而住宅合作社一方面被定义为公益组织，另一方面目前在我国的生存空间十分有限，部门规章、地方法规往往对合作建房给予许多限制。例如1996 年《武汉市城镇合作建设住房管理办法》第 6 条规定："合作建房的主要组织形式是住宅合作社。住宅合作社是城镇居民、职工组建的，并经房地产行政管理部门批准的，按规定从事合作建房的，具有法人资格的公益性组织。"该管理办法第 7 条规定："居民职工申请加入住宅合作社应具备以下条件：（一）有本市城镇户口；（二）家庭收入居于中低水平；（三）住房条件低于政府规定的标准；（四）自愿按规定的标准出资。家庭中低收入水平标准，由市房地产行政管理部门会同有关部门制定。"除此之外，该管理办法还要求"组建住宅合作社应向房地产行政管理部门提出书面申请，经审查合格，方可从事合作建房"。而地方政府出于"土地财政"的考虑，对于诸如经济适用房、住房合作社等均缺乏足够兴趣，因此实践中组建住宅合作社在程序上很难获得审批，而且符合政府规定的"中低收入群体"很可能根本没有能力参与合作建房。② 如果说将住宅合作社定性为公益组织是政府对设立住宅合作社进行诸多限制的原因，那么我们不得不说"公益组织"这一角色过于拔高了住宅合作社的定位，反而不

---

① 《中共中央、国务院关于深化供销合作社综合改革的决定》要求"创新联合社治理结构"，"允许不同发展水平的联合社机关选择参公管理模式或企业化管理模式"。

② 实践中有的住宅合作社管理不规范导致项目流产，甚至引发大规模的法律诉讼等问题，也是导致其难以获得政府支持的一个原因。

利于住宅合作社的生存发展。就此而言，将住宅合作社定义为互益性的企业法人或许更为合理。城镇居民、职工组成住宅合作社集资建房的目的无非是避免开发商垄断提供房屋的渠道，从而避免被迫接受由开发商所主导的高房价的盘剥，这是完全符合合作社的宗旨的。当然，如何积极规范引导合作建房，使住宅合作社制度兴利除弊、规范运作，是一个还值得深入探索和研究的重大课题。政府主导的公益住宅企业制度、城镇居民作为社员自主的住宅合作社制度与开发商主导的商品房制度相结合，或许对缓和我国部分地区已成社会问题的"房价畸高"现象有所裨益。

对于城镇农村的合作经济组织法人应当归入营利法人还是非营利法人，抑或是特别法人，在《民法总则》立法过程中存在营利法人、非营利法人、既不属于营利法人又不属于特别法人三种不同意见。立法机关经研究认为，"供销合作社等合作经济组织对内具有共益性或者互益性，对外也可以从事经营活动，具有相当的特殊性"。[①] 因此我国《民法总则》第 96 条规定，城镇农村的合作经济组织属于特别法人，不属于非营利法人。此种立法性质定位是在固守企业法人的营利性，有关公益企业、社会性企业包括互益性企业等观念尚未形成共识时的一种相对合理又务实的处理办法。我国将来的合作社综合改革如果不能对合作社特别是联合社的人员管理制度、合作社对社有企业的经济管理职能有所变革，那么合作社的特别法人定位或许才是一种真正合理的性质定位。[②]

（六）公益信托

信托本系英美法系的法律制度，从不同角度有不同的定义，甚至于不同时代其定义不同。[③] 我国 2001 年制定了《信托法》，其第

---

① 李适时主编《中华人民共和国民法总则释义》，法律出版社 2017 年版，第 318 页。

② 在"参公管理"与"企业化管理"两种模式兼有选择可能性时，参照公务员的管理模式或许更受欢迎。供销合作社作为一个全国性的系统，对于政策制定以及将来的法律落实的影响不容轻视。

③ 方嘉麟：《信托法之理论与实务》，中国政法大学出版社 2004 年版，第 27 页。

2 条规定："本法所称信托，是指委托人基于对受托人的信任，将其财产权委托给受托人，由受托人按委托人的意愿以自己的名义，为受益人的利益或者特定目的，进行管理或者处分的行为。"信托依所涉法律关系的不同可以分为民事信托和商事信托；依受益人的不同可以分为公益信托和私益信托，私益信托又可以分为自益信托、他益信托。①

公益信托是指为促进社会公共利益的发展而设立的信托。例如为促进社会科学技术、社会文化教育事业、社会医疗卫生保健事业的发展等为目的而设立的信托。公益信托的受益人不确定，凡符合公益信托受益人资格的人均可成为受益人。我国《信托法》第 60 条规定："为了下列公共利益目的之一而设立的信托，属于公益信托：（一）救济贫困；（二）救助灾民；（三）扶助残疾人；（四）发展教育、科技、文化、艺术、体育事业；（五）发展医疗卫生事业；（六）发展环境保护事业，维护生态环境；（七）发展其他社会公益事业。"

私益信托是指委托人为了特定受益人的利益而设立的信托。所谓特定的受益人是就委托人与受益人的关系而言的，如果受益人与委托人之间存在经济利害关系，委托人为受益人设立的信托可以使委托人为此而获取一定利益，那么这种信托可视作私益信托，例如雇员受益信托。

自益信托是指委托人将自己指定为受益人而设立的信托。他益信托是委托人指定第三人作为受益人而设立的信托。信托早期主要是他益信托，后因社会的发展，委托人开始利用信托为自己谋利益，也就出现了委托人将自己定为受益人的情形。通过这种形式，委托人可以把自己不能做、不便做的事项委托给信托机构去做，利用信托机构的专门人才和专业设施使财产保值增值。

---

① 赖源河、王志诚：《现代信托法论》，中国政法大学出版社 2002 年版，第 36—40 页。

虽然有学者主张，由于信托财产有其独立性，独立于受托人的自有财产，也独立于委托人和受益人的财产，因此在理论上甚至可以认为其具有实质的法律主体性。[①] 但在美国，法律还是规定公益信托属于一种非法人组织（不是非法人非营利社团）。[②] 信托将财产的所有权分割为形式所有权（legal title）与实质所有权（equity title），其中受托人享有形式所有权而受益人享有实质所有权。

现在大陆法系设有财团法人制度的国家纷纷制定信托法引进英美法系的信托制度，关于信托与财团法人的关系，主要有两种观点，一种观点认为二者功能是重合的，台湾地区学者郑玉波教授认为，英美法系的信托制度"既可与财团制度同样达成其目的，故我们与日本虽采大陆法系之财团制度，但同时亦皆承认英美法系信托制度之存在"。[③] 此种观点似乎认为大陆法系的财团法人制度与英美法系的信托制度具有同样的制度价值。另一种观点认为，信托相对于财团法人具有以下三项优点：第一，成立方式简便，无需受财团法人必须取得法人资格的限制；第二，无需受财团法人需设专职人员及固定事务所的限制，有助于节省营运费用；第三，不受捐赠规模与存续期间的限制，因此所捐赠的信托财产可以尽量用于公益目的。相反，财团法人由于基本财产不可动用所以其规模不得太小，否则收益太少不仅财团法人难以运作而且将使其组织流于形式。此外由于财团法人在成立后不得任意解散，因此在存续上也较公益信托缺乏弹性，对于无需永久存续性质的活动并不适合。因此，我们可以将信托定位于财团法人的简易型。"公益信托与公益法人二者的关系，犹如车之二轮，为现代

---

① ［日］四宫和夫：『信托法（新版）』，有斐阁，平成六年，第195页。转引自赖源河、王志诚《现代信托法论》，中国政法大学出版社2002年版，第92页。

② "6. A charitable trust is a form of an unincorporated nonprofit legal organization." *Uniform Unincorporated Nonprofit Association Act*（1987）第一条的注解（comment）。本条中没有使用"unincorporated nonprofit association"（非法人非营利社团），而是使用的"unincorporated nonprofit legal organization"。

③ 郑玉波：《民法总则》，中国政法大学出版社2003年版，第176页。

公益活动不可或缺的制度。"① 德国法上的信托基金是没有法律人格的基金会（无权利能力的财团），受托人是其所有人。被授予托管职责的受托人通常是一个法人而很少是一个自然人，而由两个以上的人担任受托人的则更少。对于拥有流动资产的中小型捐赠发放型慈善机构来说，信托基金是一个很合适的法律组织形式。因为这些信托不受民法规范，所以他们只需要一个适中的捐献即可，而通常没有繁琐的议事和表决程序。②

　　信托与财团法人相比，其优点在于信托灵活多变、多种多样，因此总的来说信托的功能比财团法人丰富。例如信托有自益信托，财团法人中就没有单纯为捐助人自己利益的财团。但是信托财产没有独立的法人资格，因此一方面设立简便易行，另一方面却无法成为权利义务的主体，有关的权利义务和责任还是需要归属于信托关系人。大陆法系国家目前一般把信托当作无权利能力的财团对待。我国《信托法》第15条和第16条分别规定了信托财产应与委托人的其他财产以及与受托人的固有财产相区分的原则，未明确规定信托财产归委托人所有或者归受托人所有。《信托法》第21条还规定，受托人应当是具有完全民事行为能力的自然人、法人。因此，在我国的法制语境中，单纯就"信托"而言，一般是指信托行为或者信托关系；不会用来指称某种组织。信托财产是一笔用于特定目的的独立财产，不具有主体资格；具有独立主体资格的是信托机构或者受托人。因此，公益信托不属于非营利法人。③ 值得注意的是，信托没有所谓中间信托

---

　　① 赖源河、王志诚：《现代信托法论》，中国政法大学出版社2002年版，第210—211页。

　　② 王名、李勇、黄浩明：《德国非营利组织》，清华大学出版社2006年版，第161页。

　　③ 现实中，信托制度被引入大陆法系国家，主要是为了解决商事信托问题而非民事信托。大陆法系国家和地区在制定信托法时往往对商事信托规定较为详细而对公益信托较为简略。日本在信托立法初期甚至法律草案中都没有出现关于公益信托的规定，我国的信托法中关于公益信托的规定也就是区区15个条文。但《慈善法》和《慈善信托管理办法》对慈善信托做出了非常细致的规定，或许将会有力地促进我国公益信托事业的发展。

或者互益信托。

第三节 结论与反思

一 非营利法人的内涵与外延

内涵与外延的关系十分密切且相互影响。在对外延有了比较充分的认识之后，有必要反思原来对非营利法人内涵的认识。

对非营利法人下一个准确的定义确实十分不易。很难用凝练的语言概括足以涵盖公益社团、互益社团、公益财团、中间财团、公益企业、合作社的若干一般属性、特征。由于不同学科之间对于术语精确性的要求不同，管理学或者社会学甚至是理论法学上的相关理论也很难直接照搬到民法中来描述非营利法人的内涵。民法学者关于非营利法人所关注的若干特征，包括不以营利为目的、禁止分配利润和禁止分配剩余财产均值得检讨。而且由于社会生活实践的复杂性和语言本身表达功能的有限性，有关的特征描述都需进一步解释或限制。

"不以营利为目的"应该解释为不以赚取超出资本的利润为主要目的。另外在语法上，传统的表述也不无问题。"营利"指行为而"赢利"指结果。我们所说的营利组织，不只是指从事营利行为的组织，而是指通过营利行为赚取利润再分配给投资人的组织。就目的而言，商事公司及其投资者不是以行为意义上的营利为目的，而是以结果意义上的赢利（盈利）为目的，至于是否实际赢利则在所不问。基于这样的考虑，在承认非营利组织也可以从事经营活动获取利润的情况下，将其称为"不以赢利（盈利）为目的"的组织或更加准确。一些学者只能强行将"不以营利为目的"解释为所谓的"终极目的"来勉强解决这些问题。当然，"非赢利（盈利）组织"却可能引发误解，可能被误以为是有亏损的组织，因而仍应采用更为中性的"非营利组织"或"非营利法人"概念。

"禁止分配利润"对于一般的公益或者中间性社团法人是妥适

的，但是适用于财团法人和合作社时需要做出特别解释说明。私益财团法人也符合通常理解的禁止分配利润的原则，此时必须说明所谓禁止分配利润是指不能将利润分配给发起人指定的特定人或与发起人有利害关系的不特定人。这样可以排除私益财团法人被列入非营利法人中，例如以赡养家庭成员为目的的家庭财团，或者以避税且为企业员工提供福利为目的的财团。一个规范运作的合作社法人可以被归入中间法人，但是如果按照通常理解的禁止分配利润原则，则合作社将被排除在非营利法人的范畴之外。对此进一步的解释是：合作社这种主要通过与社员交易来获取并最终再按一定规则分配给社员的所谓利润，不在禁止分配利润原则的限制之列。

"禁止分配剩余财产"难以适用于互益社团法人，且会不当地排除一种重要的公益事业方式，即迫使人们在捐资行善与投资营利两个极端之间二选一。如果有人愿意以公益企业的方式投资行善，即仅以收回成本或者获取极微薄利润的方式投资从事公共服务事业，我们的法律在当前的社会实际情况下或许仍应该提供这样的制度选择，为此种"不彻底的慈善愿望"留一条出路。

"民间性"和"独立性"本应属于非营利法人的属性。

实证考察表明，大陆法系的财团法人绝非如许多学者长期认为的那样仅限于公益法人。财团法人虽然较少直接经营营利事业，但可以为特定多数人或者特定人的利益设立和运作，德国法上的家庭财团便是明证。财团法人公益法人说的出现，应溯源到日本法在学习借鉴欧洲法律时的类型过滤，日本民法的法人制度以公益法人与营利法人的分类作为基础性分类，在公益法人中再分为社团法人和财团法人，而营利法人限于社团法人。这一观点极大地影响了日本学者、师法日本的台湾地区学者以及师法日本、台湾地区学者的中国大陆民法学者，以至于流毒甚广。财团法人是否限于公益法人，是一个立法选择问题或者价值判断问题而非事实性问题。

源于英美法系、基于双重所有权理论的公益信托制度，天然地在大陆法系水土不服，本身面临诸多的理论难题尚待解决，实践中也较少运用，大陆法系国家一般不将其视为一种具有主体资格的法人。

从目的来看，非营利法人包括公益法人和中间法人或互益法人；依法登记的宗教目的组织包括宗教团体和宗教活动场所均属于非营利法人，政治目的组织不属于非营利法人，不以营利为目的的私人财团不属于非营利法人。从组织结构来看，非营利法人包括非营利社团和非营利财团，不包括非法人的公益信托。从具体类型来看，非营利法人应包括事业单位、社会团体、基金会、社会服务机构、公益企业。

二　事前判断抑或事后判断

第二个需要反思的问题是，有关特定社会组织非营利性的判断究竟是事前的（批准成立之前）还是事后的（批准成立并运营若干时间之后）。之所以有此一问而且属于"反思"，是因为一般观念认为对非营利性的判断应在法人设立之前。而在对非营利组织的内涵与外延有了较深入的探讨之后，我们发现构成非营利法人的某些要素似乎在法人设立之初很难进行判断。例如法人是否进行利润的分配，在法人设立之初其实只是写在章程上的一句话。等到运营一段时间后，我们才知道这个法人是否真的坚持了不分配利润。虽然是否完全坚持禁止利润分配通常属于运营是否违规的问题，但这只是就一般情况而言。如果对禁止分配原则的违反十分严重，以至于我们有理由怀疑该非营利组织完全是打着"非营利"的旗号行图谋个人私利之实，则难免要否认其非营利性。

因此笔者认为，有关非营利性的判断对于特定组织是伴随其始终的。只不过在不同的阶段判断的依据有所不同。作为事前判断时，主要是针对特定组织的章程来判断其是否属于非营利组织，进而确定所适用的法律，再进而确定包括组织结构等实体方面的要求和设立程序方面的要求。如果对非营利组织的设立实行许可主义，主管机关可以决定是否许可非营利组织的设立。而作为事后判断时，主要应审查非营利组织的实际所作所为是否符合章程的规定。如果实际运营符合章程的规定，则该非营利组织可以存续，甚至可以获得各种优惠包括税收方面的优惠。如果实际运作不符合章程的规定，则在极端情况下可能导致该非营利组织被责令整顿、甚至撤销，有关的违规收入将不能获得税收减免。相关信息的披露还会影响该非营利组织的外部社会环境，最为重要的一点是影响非营利组织在公众心目中的形象，进而影响其获得捐赠。

三 价值判断抑或事实判断

学者们总是试图通过比较法的考察、逻辑分析以及实证研究来清楚界定非营利法人、公益法人、互益法人等概念的内涵和外延。但是学者们往往不知不觉地把这个问题当成自然科学一样的问题来求解、求证。殊不知，有关法人性质究竟属于公益、互益或者非营利的判断并非事实判断，而是一种价值判断。特别在立法论的层面更是如此。某一种社会组织被归入非营利法人或者公益法人，不是因为它天生地属于非营利法人或者公益法人，而是因为在我们的法律制度体系中，只有非营利法人可以一般性地享受若干作为非营利法人或者公益法人的优惠。而在国家或者社会需要鼓励这一类组织的发展的时候，也就需要给予这一类社会组织相关优惠，因此将其归入非营利法人或公益法人。由于在不同的国家或同一个国家的不同历史时期，国家和政府对某一类社会组织的态度可能并不一样，对某一类行业鼓励或者限制发展的态度也有所变化，这就决定了有关非营利或者公益的判断尺度也会发生变化，非营利法人和公益法人的内涵和外延也就不可能是宇内一统或者固定不变的了。有关获取合理回报的民办学校是否属于非营利法人就是一个典型的例子。社会性企业、合作社能否被纳入非营利组织均取决于判断非营利或者公益组织的尺度的宽或严。基于这样的考虑，再加上我国社会生活实践中这两类组织数量较少，本书后面的讨论主要以事业单位、社会团体、基金会、民办非企业单位为对象展开。

四 非营利法人定义之规范意义

第四个需要反思的问题是，界定"非营利法人"内涵和外延的意义何在？在立法层面有什么实际意义？这本来是本书绪论部分就应该交代清楚的问题，也是本项研究的意义之所在。之所以称为反思，是因为绪论部分仅有关于此项研究的一般意义的认识，在对非营利组织的内涵与外延有更深认识之后，有关本项研究的制度规范方面的意义也有待重新检讨。

由于非营利法人本身也是一个种概念，其本身包含诸多类型，从目的上看有公益法人与中间法人或互益法人之分，从组织结构上看有社团法人与财团法人之分，因此能否抽象一套统一适用于非营利法人而又有别于营利法人的制度，确实不无疑问。这样一来，非营利法人作为一个统率诸多形式各异的法人的种概念，其规范意义就会大打折扣。这些具体的问题将在后面继续进行探讨。

第二章 非营利法人的立法体例

第一节 非营利组织法的立法模式

一 基本思路

不管将来我国的非营利组织法以何种面目出现，目前至少可以确定的是，基本的架构必定是民法典中的一般规定与非营利特别法相结合的形式。这一点在采民商合一立法模式的国家表现得尤其充分。之所以这样认为，是基于以下理由：

第一，比较法上的启示。法典法系国家例如德国、日本等无不是采用这样一种模式。例如德国虽然实行民商分立的立法模式，但是德国民法典中有关于法人制度的一般规定，主要包括社团、财团、公法法人三部分。除公法法人仅是一种接入性的规定之外，关于社团法人和财团法人的规定均包括法人的设立、组织机构、解散清算等规定。除了民法典的规定之外，针对各类不同法人的设立、运营和解散清算的具体规定还有许多，多以特别法或者州法的形式出现。例如商事公司有相关的单行法，德国各州也制定了各自的财团法人法。日本的情况比多数国家都更加复杂。日本的法人制度除了日本旧民法中的规定之外，还有许多单行法、特别法。由于日本旧民法原以营利法人和公益法人作为法人的基本分类，其固有的不周延性更加剧了日本法人制度的混乱。除了单独的商事公司法律之外，有关非营利法人的法律名目繁多。"据介绍，日本的

NPO 的法律有 180 多部，体系非常复杂。……不同的组织有不同的法律管理制度。……因此，对日本 NPO 的法律辨析和掌握，作为外国人是很困难的，甚至可以说，要全面领悟日本 NPO 的法制体系是不现实的。"① 目前介绍得较多的有《特定非营利活动促进法》、《一般社团法人、一般财团法人法》、《中间法人法》、《学校法人法》、《宗教法人法》、《社会福祉法人法》、《医疗法人法》等。

第二，非营利组织法的发展。随着全球公民社会的兴起，非营利组织呈现蓬勃发展之势，相应地有关非营利组织的法律问题会越来越多。能够满足实践需要的非营利组织法绝非民法典中区区数十条能够涵盖。即便在一百多年前的有关立法，民法典尚不能解决全部非营利组织法的问题。在非营利组织迅速发展，甚至成为社会上仅次于政府和市场的"第三部门"之今日，更不可能期待民法典中的规定能够解决非营利组织法的所有问题。目前在我国各方面均已接受在民法通则或者民法典之外另行制定公司法的做法，现在看来非营利组织的法律问题一点也不会比商业公司少，因而也需要参照商业公司的做法制定特别法。

第三，民事基本法与特别法的内在关系。正如仅有民法典的一般规定无法满足实践需要一样，光有非营利特别法也是不够的。任何法人，包括非营利法人要想获得民事主体资格，都需要在民法典中做出一般规定，从而获得成为民事主体的依据。由于日本旧民法中原以营利法人和公益法人的二分来规定法人制度，结果导致那些既不以营利为目的又不以公益为目的的法人一度长期设立无据。《德国民法典》中虽然只有一个条文规定公法人，但却使公法人获得了私法上的主体地位。此外，不同类型的法人固然有许多不同之处，但也不是毫无共性，有些共同性规则可以在民法典中做出规定。

第四，《民法总则》的现实选择。我国《民法总则》已经规定了非

---

① 王名等编著《日本非营利组织》，北京大学出版社 2007 年版，第 45 页。

营利法人的一般规则，包括非营利法人的定义和类型，以及各类典型非营利法人如事业单位、社会团体、包含社会服务机构和基金会的捐助法人一般设立规则和组织架构规则等。这些规定主要解决两方面的问题，一是各类非营利法人的主体地位问题；二是各类非营利法人的设立和组织架构中的最重要、最一般性规定，以防非营利特别法予以突破。但是仅有这些规定无法满足实践中的法律具体适用。例如《民法总则》第93条规定："捐助法人应当设理事会、民主管理组织等决策机构，并设执行机构。理事长等负责人按照法人章程的规定担任法定代表人。捐助法人应当设监事会等监督机构。"该条规定明确了捐助法人组织架构的三项最基本规则：第一，捐助法人需要设决策机构、执行机构、监督机构；第二，三者均为必设机构；第三，理事会、民主管理组织是决策机构。那么，决策机构、执行机构、监督机构各自的法定职权如何划分？如何实现分权制衡？理事会成为决策机构后，什么机构可以成为执行机构？什么机构是监督机构？监事还是监事会？各机构如何产生？议事方式和表决程序如何？这些问题均需捐助法人特别法，包括基金会管理条例和社会服务机构管理条例等非营利特别法做出具体规定。

二 民法典中非营利组织法的存在形式

民法典中的法人制度立法从形式上来说，主要有三种模式。第一种是以德国民法为代表，不设适用于所有法人的一般规则，直接按照各类法人进行规定。民法典中只有适用于某一类法人的一般规定，例如社团法人的一般规定、财团法人的一般规定。第二种以日本旧民法为代表，依次按照法人的设立、法人的管理、法人的解散、补则和罚则进行规定。在法人的设立原则问题上区分营利法人和公益法人，在设立方式和解散事由上区分社团法人与财团法人。第三种是以我国民法通则的规定为代表的立法例，民法通则第3章第1节的标题为"一般规定"，其后各节的标题依次为企业法人、机关、事业单位和社会团体法人、联营。"一般规定"包括法人的定义、成立要件、法定代表人、住所、解散五个问题，适用于各种法人。

2002 年底公布的《中华人民共和国民法典（草案）》第 3 章以 13 个条文（未分节）对法人制度进行了规定，在设立程序问题上区分了企业法人、事业单位和社会团体法人、捐助法人以及有独立经费的机关法人，分别设专条进行了规定。

由王利明教授负责起草的《中国民法典学者建议稿及立法理由》的法人部分共分 4 节，依次为一般规定、企业法人、机关事业单位和社会团体法人、企业法人的分支机构。① 此种结构与民法通则基本保持了一致。

由梁慧星教授负责起草的《中国民法典草案建议稿附理由》的法人部分共分 5 节，依次为一般规定、法人的设立、法人的机关、法人的变更、法人的解散与清算。其中在法人的设立、法人的机关、法人的解散事由、清算组的成立问题上区分营利法人与非营利法人。②

根据哲学上关于内容与形式之间的辩证关系可知，事物的内容决定形式，但形式可以反作用于内容。随着社会的发展，未来的民法典与民法通则在法人内容上的一个重大变化是，无法纳入现行法人制度体系的基金会（财团法人）在民法典中必须进行规定。官方草案和两个学者建议稿在内容上都注意到了在现有的法人制度基础上吸收财团法人制度。法人制度内容上的这一变化必将影响民法典中法人制度的形式表达。

相比之下，2002 年民法典草案和梁慧星教授负责的民法典草案建议稿的体例形式与日本旧民法中法人制度的形式相类似，原则上是不可取的。日本正是因为民法典中的规定存在不足才会导致其法人制度的乱象。

当然，单就民法典草案而言，由于其内容极其简略，因此其形式

---

① 王利明：《中国民法典学者建议稿及立法理由·总则篇》，法律出版社 2005 年版，第 119—125 页。

② 梁慧星：《中国民法典草案建议稿附理由·总则篇》，法律出版社 2004 年版，第 86—119 页。

也不合理，根本无法满足实践的需要，在形式上相对于民法通则都是一种倒退。由于此种模式的不足实在过于明显，笔者只能尽最大的善意来理解这种处理方式——与其说是无意的疏漏，毋宁说是有意的安排。民法典草案公布的同时没有公布立法理由书，笔者只能就此揣度为：尽量简化民法典中的法人制度，或者说只将法人制度的一般规定放在民法典中，其余各类法人的具体规定放在各特别法中。这是一种小法典——大特别法的模式。这种处理不是完全没有道理，但总体上仍然是不可取的。

德国民法典的法人体例形式由于不设一般规定，固然强化了社团法人和财团法人的不同，但是也忽视了二者的共性。虽然德国民法典通过第86条关于财团法人准用社团法人部分条款的规定，避免了某些条款的重复。这样的做法也不失为一种解决问题的办法，但对于法人一般规定的概括仍然是稍显不够的。

相对而言，笔者比较赞同王利明教授负责的民法典学者建议稿中的体例形式，即在一般规定之后，对不同类型的法人再进行分类规定。一般规定中主要包括法人的定义、法人的权利能力和行为能力、法人的责任能力、申请设立法人的一般条件、法人的住所、法人的法定代表人等问题；各类法人的分别规定中主要包含各类法人的定义、设立原则、设立具体条件、组织结构、目的外行为的效力、终止解散等问题。我国《民法总则》实际上采用了此种形式。

我国《立法法》第7条规定："全国人民代表大会和全国人民代表大会常务委员会行使国家立法权。全国人民代表大会制定和修改刑事、民事、国家机构的和其他的基本法律。全国人民代表大会常务委员会制定和修改除应当由全国人民代表大会制定的法律以外的其他法律；在全国人民代表大会闭会期间，对全国人民代表大会制定的法律进行部分补充和修改，但是不得同该法律的基本原则相抵触。"某一制度究竟是放在民法典中进行规定（民事基本法）还是放在民法典之外（民商事特别法）进行规定，主要取决于三个方面的因素：第一，该制度是否普遍适用于所有法人，如果是的则可以考虑放在民法典法人制度的一般规定中；第二，该制度是否相对成熟且在相当长的时间内不应频繁被修订或改变，修改过于频繁的制度不宜出现在民法典中；第三，该制度是否非常明显地属于民事基本法律制度，如果是的，则应放在民法典中进行规定。例如有关法人组织结构的规定，明显应属于民事基本法律制度，特别法中的规定必须与民法典中的相应规定保持一致。

三　民法典外非营利组织法的存在形式

民法典之外的非营利法人立法也至少有两种可能的形式，一是制定一部统一的非营利法人法，二是就各类非营利法人分别制定数部非营利法人特别法，例如财团法人（基金会）法、非营利社团法人法、公益企业法、合作社法等。就我国目前的法制基础而言，后一种形式可能更加可行。我国目前已经制定了《慈善法》《公益事业捐赠法》《民办教育促进法》《教育法》《高等教育法》《农民专业合作社法》《事业单位登记管理暂行条例》《基金会管理条例》《社会团体登记管理条例》《民办非企业单位登记管理暂行条例》《宗教事务条例》等法律和行政法规。现有的法律法规体系主要具有三个方面的特点：第一，就这些法律法规的效力层级来看，多数是行政法规、少数是法律，甚至一些规范性文件已经被适用数十年且经修订后还只是"暂行"，因而效力层级是偏低的。第二，就这些法律法规的内容来看，多数法律法规是以管制、管理为出发点，少数是以鼓励、促进为目的。第三，就这些法律法规的覆盖面来看，基本上能够涵盖我国现实中的非营利法人组织类型，但是仍然有不够全面之处。例如，我国制定了《农民专业合作社法》，但是却没有对其他的合作社进行此种效力、层级的规定。又如我国制定了《基金会管理条例》，其第8条明确规定基金会的"原始基金必须为到账货币基金"，由此导致民办的其他不以货币为基础财产的基金会难以直接设立。

因此未来我国民法典之外的非营利法人体系固然可以在现有法律制度的基础上来构建，但同时也要对现有法制的特征和不足有清晰的认识。概括起来在体系上主要需要解决以下问题：第一，提升法律制度的效力层级，将以行政法规为主的非营利法人法律提升为若干特别法，这样同时可以解决我国非营利法人法律法规主要为"监管法"而非"主体法"或"促进法"的问题；第二，按照一定的逻辑关系，并且对照现实生活中存在的社会组织形态对非营利组织进行科学的类型化并且体系化，力图避免遗漏或者交叉重叠。

第二节　民法典中法人的基本分类

《民法总则》起草过程中，法人基本类型模式选择是一个存在极大争议的重大疑难立法问题。① 所谓"民法典中法人的基本类型模式"，是指民法典或民法总则的法人制度中对私法人所作的第一层次的分类，例如德国民法典中社团与财团的分类。② 此种基本类型模式不仅决定民法典法人制度的体系编排，也是民法典法人类型体系诸多层次的逻辑起点，极具讨论价值。我国《民法通则》的法人制度分两节，分别规定了"企业法人"与"机关、事业单位和社会团体法人"，明显源从前苏联的法人基本类型模式。③ 但鉴于改革开放以来我国社会组织形态的结构已发生巨大变化，三十年前确立的此种法人基本类型模式早已不能涵盖我国现实中的所有法人类型，将来制定的民法典应对现有的法人基本分类有所调整或者变革，早已成为官方和

---

① 参见中国法学创新网《全国人大常委会法工委举行民法总则立法座谈会》，2017年2月3日访问，网址 http://www.lawinnovation.com/html/xjdt/14729.shtml。

② 大陆法系国家基于公法与私法的二分理论，将法人也分为公法人与私法人，在私法人中再进一步进行分类。

③ 民法通则的现有法人分类究竟是企业法人与非企业法人的"二分法"，还是企业法人、机关法人、事业单位法人、社会团体法人的"四分法"，学界存在分歧，但以"四分法"较为有力。参见王利明《民法总则研究》，中国人民大学出版社2003年版，第389页；马俊驹、余延满：《民法原论》，法律出版社2010年版，第116页。

学界之共识。① 至于到底如何调整或变革，各方观点却大相径庭。《民法总则》制定之前已有的改革思路至少有类型上的二分法、三分法、四分法、五分法、六分法等不一而足；② 最为常见的二分法又有社团法人与财团法人、营利法人与非营利法人、企业法人与非企业法人等多种观点。③ 从整体上观察，这些改革思路基本上都是以涵盖社会生活中的现有全部法人组织为完善法人类型体系的主要目标，以逻辑周延为法人类型选择的主要标准，以现有法人类型模式的存废为争议焦点，但大多没有认识到有关类型化和体系化所应有的价值承载和制度表达功能。因此，在法人基本类型模式选择的目标、方法、标准

---

① 学界主要从四个方面对民法通则中的法人类型模式进行批判：未明确区分公法人和私法人、按所有制形式对企业法人进一步分类、事业单位法人包含的类型过于宽泛、没有涵盖财团法人（基金会法人）。参见马俊驹《法人制度的基本理论和立法问题之探讨》上，《法学评论》2004 年第 4 期。

② 三分法例如将法人分为营利法人、公益法人和基金会，参见龙卫球教授牵头负责的《中华人民共和国民法典·通则编》（草案建议稿），访问网址：http：//www. lawinnovation. com/index. php/home/xuejie/artindex/id/9597/tid/1. html,；四分法例如仍然坚持民法通则的法人分类模式，但将基金会法人强行归入"机关、事业单位、社会团体法人"中，参见王利明《中国民法典学者建议稿及立法理由·总则篇》，法律出版社 2005 年版，第 152 页以下；五分法例如在民法通则规定的四类法人的基础上增加捐助法人，参见 2002 年全国人大"法工委"发布的《中华人民共和国民法（草案）》第 48—51 条，访问网址：http：//www. doc88. com/p - 299299558763. html；六分法例如将法人分为合伙、公司、合作社、财团法人、社会团体、宗教团体，参见徐国栋主编《绿色民法典草案》，社会科学文献出版社 2004 年版，第 119 页以下。

③ 由中国法学会民法典编纂项目领导小组、中国社会科学院民法典立法研究课题组、中国人民大学民商事法律科学研究中心、全国人大"法工委"等单位和组织，以及梁慧星教授、龙卫球教授、李永军教授牵头的课题组各自完成的 7 个民法总则草案建议稿或征求意见稿，再加上 2002 年由全国人大"法工委"发布的民法典草案和梁慧星教授、王利明教授、徐国栋教授各自牵头完成的 3 个民法典草案学者建议稿，累计至少 11 个影响较大的民法典法人基本类型模式方案，但各方意见非常不统一。其中，中国法学会的《中华人民共和国民法典·民法总则专家建议稿（提交稿）》（以下简称"法学会版草案"）采用了社团法人财团法人基本类型模式，中国社会科学院民法典立法研究课题组的《民法总则（建议稿）》（以下简称"社科院版草案"）采用相同见解；但 2016 年全国人大"法工委"提请全国人大常委会审议并公开征求意见的草案（以下简称"法工委版草案"）则采用了营利性法人非营利性法人基本类型模式。上述"建议稿"和"草案"分别公布于中国民商法律网、中国法学网、中国人大网，网址依次为 http：//www. civillaw. com. cn/zt/t/？id = 30198；http：//www. iolaw. org. cn/showNews. aspx？id = 49193；http：//www. npc. gov. cn/npc/flcazqyj/2016 - 07/05/content_ 1993342. htm。

等基础理论问题上，已有的改革思路明显整体上意识不够、准备不足，更没有形成可为学术共同体基本接受的前提性理论。这也就决定了有关民法典法人基本类型模式的学术论争长期各执一词、经久不息。《民法总则》最终没有采纳社团法人财团法人的基本类型模式，而是抛开民法学界大多数学者的共识，采用了营利法人、非营利法人、特别法人的基本类型模式。特别法人具体是指机关法人、农村集体经济组织法人、城镇农村的合作经济组织法人、基层群众性自治组织法人四种类型。因此可以认为，我国《民法总则》就私法人采纳了营利法人和非营利法人的基本类型模式。[①] 从《民法总则》的现有规定来看，"营利法人"部分不过是摘录了《公司法》的几个条文，"非营利法人"部分不过是对事业单位、社会团体、捐助法人三种法人的定义和设立的简单规定，没有抽象出任何共同性的规则，同时还导致同为社团法人的营利法人和社会团体法人在组织结构的规定上重复。因此至少从目前来看，《民法总则》的法人基本类型模式选择并不成功。[②] 虽然《民法总则》已经将法人基本类型模式选择问题阶段性地强行画上了句号，但是民法典正在起草中，因此从理论上对此展开反思仍然十分必要。那么，民法典法人制度类型化应依循何种方法？此种类型化本身的正当性和意义何在？除了逻辑周延之外，类型模式选择是否还应兼顾其他标准？不同法人类型模式之间存在哪些民事基本法律制度方面的实质性差异？本节拟对这些问题进行探讨，并以此为基础来分析我国即将制定的民法典所应采用的法人基本类型模式并提出相关立法建议。

[①] 前已论及，非营利法人包括主要利用国有资产设立的事业单位法人。在我国，事业单位法人显然不属于民间组织而是官办机构无疑，其组织结构、监督等与其他私法人存在重大区别。

[②] 也有学者认为，《民法总则》的法人类型模式较为成功地解决了民法主体制度与其他特别法上对法人类型化的衔接。参见张新宝《从〈民法通则〉到〈民法总则〉：基于功能主义的法人分类》，《比较法研究》2017 年第 4 期；王涌：《法人应如何分类——评〈民法总则〉的选择》，《中外法学》2017 年第 3 期。

一　基础理论

（一）法人类型化的方法

由于我国《民法通则》《民法总则》以及许多外国民法典中均采用了某种特定的法人类型模式，因此法人类型化常被视为民事立法的一种普遍性做法，其是否正当和必要本身甚少受到质疑，故而也鲜见相关论证。但依比较法的考察可知，《民法总则》制定之前法人类型模式的运用其实至少存在三种立法例：一为德国模式，其民法典明确规定采用社团法人与财团法人的基本类型模式，类似立法例为葡萄牙民法典、巴西民法典。二为俄罗斯模式，其民法典列举了商合伙与商业公司、生产合作社、国有和自治地方所有的单一制企业、非商业组织四大类法人，类似立法例为埃及民法典。① 三是日本旧民法模式，日本旧民法法人制度下没有以法人基本类型划分章节，而是依次以"法人的设立、法人的管理、法人的解散、补则、罚则"划分章节，同时在某些具体制度中时而区分公益法人与营利法人、时而区分社团法人与财团法人而进行规定。②

表面上，德国模式和俄罗斯模式存在法人基本类型模式上所谓"结构主义法人类型模式"与"职能主义法人类型模式"的区别，但这种观点实际上只看到了问题的一部分。③ 以上三种法人类型模式，

---

① 《埃及民法典》第 52 条规定："法人是：1. 国家，依法律规定的条件设置的省、市、村，以及法律授予其法律人格的行政机关、服务机构和其他公共机构；2. 国家承认其法律人格的宗教团体及其派系；3. 瓦克夫；4. 商事和民事公司；5. 依本法下述规定设立的社会团体和机构；6. 任何其法律人格受法律认可的人或财产的集合。"参见《埃及民法典》，黄文煌译，厦门大学出版社 2008 年版，第 8 页。

② 日本旧民法系在"法人的设立"制度中区分营利法人与公益法人规定不同的设立原则，并在公益法人中进一步区分社团法人与财团法人规定不同的设立行为；在"法人的管理"、"法人的解散"制度中区分社团法人与财团法人。

③ 有学者将苏联的法人基本类型模式和受其影响的我国法人类型模式概括为"职能主义法人分类模式"，把德国法人基本类型模式界定为"结构主义法人分类模式"。现行俄罗斯民法典法人制度与苏联的法人基本类型模式类似，当属"职能主义法人分类模式"。参见蔡立东《法人分类模式的立法选择》，《法律科学》2012 年第 1 期。

其实质的差异不仅在于分类视角上的差别，更在于类型化方法的运用程度存在较大不同。相比之下，德国模式无疑将类型化方法运用得最为充分，而俄罗斯模式与其说是一种法人类型模式，不如说是不考虑外延周延的若干典型类型列举；日本旧民法整体上未对法人作基本分类，只是在有必要区分不同类型法人的个别具体制度上，灵活采用了不同的法人分类。

概念的类型化，存在解析性的类型化与叙述性的类型化两种方法。所谓解析性的类型化，是指在关联概念的形成过程中，由一个一般的上位概念在其可能的范围内向下枝分以获得下位概念的类型化方法。叙述性的类型化，则是指在关联概念的形成过程中，对既存之个别事物经由突出其共同特征归入集合，各集合以同样的方式利用愈来愈一般之概念，构成涵盖愈来愈广之集合的自下而上的类型化方法。① 具体到法人制度，解析性的类型化和叙述性的类型化两相比较，前者属于真正的法人基本类型划分，而后者只是对现实中若干既有典型社会组织的类型列举；前者主要按照逻辑演绎进行分类，而后者更多的依赖经验进行归纳总结；前者能够实现下位概念体系的逻辑周延，而后者往往难以保证下位概念体系的逻辑周延性。前述俄罗斯模式的法人及其下位概念的形成过程，在思维方式上当属以有限的、既有的部分社会组织为观察对象，经由突出其典型特征而归纳出法人这一上位概念，因此俄罗斯模式属于叙述性的类型化模式。此种类型模式虽然在法典的表现形式上仍属于对法人这一一般概念的解析，但所呈现的法人类型之间并不具有演绎方法下的明显规律性或逻辑关系，也不可能为随着社会发展将来可能产生的法人类型预留空间，甚至就现有法人类型都可能存在遗漏。简而言之，俄罗斯模式只不过是以解析的形式，将在归纳形成一般法人概念时曾作为观察对象的那些典型的组织类型列举出来了而已。与俄罗斯模式一脉相承的我国现行

① 参见黄茂荣《法学方法与现代民法》，中国政法大学出版社 2001 年版，第 434 页。

法人类型体系无法涵盖大量涌现的基金会法人，即为力证。相比之下，德国模式系从法人这一一般概念出发依特定标准将法人一分为二，此种经由逻辑演绎的方法所形成的下位概念通常足以涵盖现有的或将来可能出现的各种法人。①

因受到日本自身更早之民事立法的影响，日本旧民法在体例上"并没有采取德国民法那样把社团法人、登记社团法人、财团法人划分为节的做法"。② 较之于俄罗斯模式，此种缺乏法人基本分类的模式的不足之处甚至更为明显：第一，由此导致日本后来不得不在民法典之外创设大量特别法作为"中间法人"的设立依据，其整个法人制度体系十分混乱。第二，依特别法仍然不能作为法人得到承认的"中间目的"组织没有成为法人的途径，只能成为"无权利能力社团"。③ 第三，日本旧民法在公益法人的名目下进一步区分社团法人和财团法人，在不知不觉中将财团法人限定为公益法人，后来虽经"中间法人法"的努力，但私益目的的财团法人一直缺乏设立依据。长期以来日本只能通过设立私益信托来部分替代私益财团法人的功能。④ 为了从根本上解决这些问题，经 2008 年改革后的现行日本民法典法人制度仅余五个条文，依次规定法人设立的法定主义、法人的能力、外国法人、登记以及外国法人的登记，相当于法人制度的"一般规定"，其余主要为新制定的《一般社团法人·一般财团法人法》。⑤ 可以说日本民法最终还是选择了德国模式和解析性类型化

---

① 社团法人与财团法人的分类标准也存在一定争议。还有人认为社团法人与财团法人的分类模式无法涵盖一人公司，也无法解释国有企业的主体地位，此种观点是否成立容后详论。

② ［日］星野英一：《现代民法基本问题》，段匡、杨永庄译，上海三联书店 2012 年版，第 172 页。

③ 参见［日］我妻荣《新订民法总则》，于敏译，中国法制出版社 2008 年版，第119 页。

④ ［日］四宫和夫：《日本民法总则》，唐晖、钱孟珊译，（台北）五南图书出版公司1995 年版，第 87 页。

⑤ ［日］鎌田薫等编修：『デイリー六法 2015』，三省堂平成 27 年版，第 377 页。

方法。

(二) 法人解析性类型化的意义

为了充分发挥法人制度的功能，也为了维护民法典的安定性，民法典的法人体系不仅要完整更要开放。所谓体系完整，是指能够涵盖现有的全部法人类型；所谓开放，是指能够涵盖将来可能出现的新法人类型，为将来可能新出现的法人预留足够空间。[①] 单纯从保障法人体系的完整和开放的角度考虑，法人制度不设类型限制或者不予类型化或许更加合适，也更能照应"结社自由"这一民主理念和鼓励创新的时代精神。[②] 但根据前面的分析可知，以解析性类型化方法来设计民法典的法人基本类型模式对于保持法人类型体系的完整开放恰恰是必要的。实践早已证明，未采用此种类型化方法的俄罗斯模式和日本旧民法模式在实践中均无法保持法人体系的开放甚至完整，因而都是不足取的。如何理解这种矛盾呢？

笔者认为，结社自由作为宪法赋予的基本权利诚需落实；社会发展难免伴随社会组织形态的创新，法人法定主义也确需缓和。[③] 但以结社自由和鼓励创新的名义去排除法人类型化和法人法定主义，只能是一种过于理想化的愿景。现代民主社会，无论是非经济性的结社还是经济性的结社，均非绝对不受限制。就非经济性结社而言，结社自由与民主社会所必需的国家安全或公共安全、防止骚乱或预防犯罪、保护公众的健康和社会道德以及保护他人的权利与自由不受侵害等事项必须兼顾。[④] 就经济性结社而言，结社自由、

---

① 已有相关讨论主要是关于企业法定主义的，其实这对于企业法人之外的其他法人同样重要。参见徐强胜《企业形态法定主义研究》，《法制与社会发展》2010 年第 1 期。

② 结社自由的含义存在一定争议。有人认为，宪法中结社自由的概念与国内法中结社自由的民法概念并不完全相同，有关结社自由的讨论并非仅仅涉及社团法人。参见[荷] 埃弗尔特·阿尔科马《结社自由与市民社会》，毕小青译，《环球法律评论》2002 年夏季号。

③ 参见张世明《企业法律形态理论研究管见》，《法治研究》2015 年第 1 期。

④ 参见陈欣新《结社自由与司法保障》，《环球法律评论》2004 年秋季号。

鼓励创新、鼓励投资与投资安全、交易安全之间必须作出平衡。①
除了特别法的规定之外，民法典的法人制度必须就法人的设立原
则、设立条件和程序、组织结构等作出基础性的规定，而这些规定
不可能都是针对任何法人的、大一统的普适性规则，只能是针对不
同类型法人的"个性化"规定。因此出于（各种）安全的考虑，
法人法定主义包括民法典法人制度类型化势所难免。为了让既有的
和随着社会发展将来可能新出现的法人类型在民法典主体制度中都
能找到对应的存在空间，为了兼顾平衡结社自由、鼓励创新与各种
安全价值，为了充分实现民法典法人类型化所应有的价值承载功
能，完全符合逻辑周延性的解析性类型化方法和法人类型法定原则
就会成为必然选择。至于前面提及的法人三分法、四分法、五分
法、六分法等诸多观点，包括有学者主张的序列化的法人体系，②
因在类型化方法上明显不属于解析性的，也无法充分实现法人体系
的逻辑周延，因此均不足采，不复继续分别讨论。

（三）民法典法人基本类型模式选择的标准

现有的法人类型模式一般都自称以类型的逻辑周延性为类型选择标
准。如果妥为运用解析性的类型化方法，逻辑周延性自可满足。反之，
是否满足逻辑周延性也是检验法人类型方法是否真正符合解析性类型化
的手段。目前看来，在采用解析性类型化方法的前提下，民法典的可能
选择除了学者所谓的"结构主义"和"职能主义"模式外，③还有"目
的主义"模式等。④因此仅凭解析性类型化方法和逻辑周延性标准并

---

①　参见邓辉《结社自由与公司的设立》，《江西财经大学学报》2014年第6期。

②　张力：《私法中的"人"——法人体系的序列化思考》，《法律科学》2008年第
3期。

③　此处所称"职能主义"模式并非前述俄罗斯的法人类型模式，而是指从职能视角
分类并采用解析性类型化方法的法人类型模式，例如企业法人与非企业法人的类型模式。

④　还有人主张从财产性质与对外责任角度将法人分为责任独立性、责任半独立性和
责任非独立性三种类型，其本质上在于突破现行法人制度的"独立责任"要件，因超出本
书讨论范围故不予深究。参见李静传、张云《法人类型的立法模式研究与借鉴——以财产
性质与对外责任为基础》，《学术探索》2002年第6期。

不足以完全化解民法典法人基本类型模式的争议。

法人基本类型模式选择绝不仅仅意味着民法典是否应该采用某类法人的概念体系，更为重要的是其所采的法人类型体系能否担当其应有的价值承载和制度表达功能。民法典法人基本类型模式的选定，也就意味着民法典中法人制度编排形式的确定。根据内容与形式之间内容决定形式、形式可以反作用于内容表达的辩证关系，民法典法人基本类型模式应由法人制度的内容所决定，以更好地表达法人制度为目标和选择标准。采用解析性类型化方法和逻辑周延性标准只能解决价值承载和体系的完整开放问题，而体系完整开放显然并非形式合理的全部内容。有鉴于此，除了逻辑周延性标准之外，法人基本类型模式选择至少还应该遵循两项标准：①

第一，确定性标准。确定性标准是指特定类型模式下的类型区分标准本身必须明确和稳定。民法典必须保持安定性，不能朝令夕改，即便施行后必要的修改不可避免，但毕竟限于具体制度、具体内容，通常不涉及法典的编排形式。因此，作为决定民法典法人制度编排形式的基本类型模式，其类型标准本身必须明确和稳定。所谓明确，是指依据选定的类型标准，在观念上和实践中、从内涵到外延均能明确区分相关法人类型；所谓稳定，并非仅指同一类型模式下类型标准不得变换，而是指选定的类型标准的固有含义不能轻易随社会发展而变化，其典型反例如因附带了价值判断或者政策考量而导致类型标准在不同时空条件下的含义不同。② 否则，在理论上可以明确区分法人类型的模式，在实践中可能难以明确适用；在今天看来是适于表达法人制度的类型模式，在将来或许难以满足形式上的要求。

---

① 本书所设定的类型标准无法被证明为充分条件，但作为必要条件则可确定无疑。因此，通过以三项标准——检视各可能类型模式，只能排除不合标准的选项。符合三项标准的可能选项仍需进一步讨论并回应有关争议。

② 民法规范附带价值判断和利益衡量实属常见，但此处所讨论的并非一般的民法规范，而是决定民法局部章节体系的关键概念分类标准。

第二，实质性区别标准。实质性区别标准是指，法人基本类型模式的选择应该关照不同法人类型的实质区别，即在民事主体制度上有意义的区别。例如营利法人与非营利法人之间、企业法人与非企业法人之间、社团法人与财团法人之间，除了结构、职能、目的的不同外，各该类型究竟有没有、有哪些基本民事主体制度上的差异？哪一种类型模式的此种差异更为基础、重要？这应成为民法典法人基本类型模式选择的第三项标准。如果某种类型模式下的不同法人类型之间虽然存在制度差异，但不属于民事主体制度上的区别，那么也不符合实质性区别标准。

二　模式选择

营利法人与非营利法人、企业法人与非企业法人、社团法人与财团法人是我国将来制定民法典时最可能选择的三种典型法人类型化模式。按照前述标准，究竟哪一种模式更应成为我国民法典的选择呢？

（一）营利法人与非营利法人基本类型模式

《民法总则》采用了基于目的视角的此种基本类型模式，但是否符合相关标准还需深入讨论。

1. 营利法人与非营利法人类型模式的确定性问题。学界在论及企业法人的属性时通常都会用到"营利"一词，然而真正意义上的概念界定和理论探讨，却是关于"非营利"概念的。我国《社会团体登记管理条例》《基金会管理条例》《民办非企业单位登记管理暂行条例》中均有使用"非营利性社会组织"或"非营利性法人"用作社会团体、基金会、民办非企业单位的上位概念。《民法总则》第87条规定："为公益目的或者其他非营利目的成立，不向出资人、设立人或者会员分配所取得利润的法人，为非营利法人。非营利法人包括事业单位、社会团体、基金会、社会服务机构等。"但到目前为止"非营利"的概念仍然很不确定，主要表现在以下三个方面：

首先，概念界定方式不成熟。本书第一章已经详细地讨论了非营利法人的内涵和外延。目前外国存在多种关于"非营利组织"的有代表性的定义，包括美国管理学界关于"公民社会"部门五大要素的学说①、美国国内税收法典第 501 条（C）款关于"免税组织"的"定义"、日本特定非营利活动促进法第 2 条关于"非营利"的规定等。然而纵观上述所谓"定义"，要么属于相关概念之间的张冠李戴，要么采用的是一种类型列举或者列举和描述相结合的方式，均非真正的概念界定，由此折射的便是非营利法人概念界定方式之不成熟。② 日本 2006 年专门制定《公益法人认定法》，创建了"由内阁总理大臣或都道府县知事，根据民间有识之士组成的委员会的意见、认定一般社团法人或一般财团法人的公益性"的制度。③ 此种改革，实际上也是希望藉由程序的公正性权威性来弥补概念界定的不足，解决原来法人设立阶段"公益性判断不明确"的问题。④ 这一方面彰显了非营利概念界定方式之进步，但另一方面也说明法人公益性或非营利性界定之艰难。

其次，在非营利法人的主要业务是否不得主要通过经济活动赚取利润、非营利法人终止时剩余财产是否可以归于特定利害关系主体、政治和宗教目的是否属于非营利目的、非营利是否排除政府或国家出资或捐资设立等问题上，目前理论认识上还存在较大分歧。⑤

最后，即便是在意见相对较为一致的"禁止分配"原则上，其

---

① 公民社会需具备组织性、私立性、非利润分配性、自治性、志愿性五大要素。参见［美］莱斯特·M. 萨拉蒙等《全球公民社会——非营利部门视界》，贾西津等译，社会科学文献出版社 2007 年版，第 3 页。

② 《美国国内税收法典》的列举式规定对严格认定社会组织的免税地位或属正当，但可能把一些本来属于非营利组织的团体不当排除在外。

③ 周江洪：《日本非营利法人制度改革及其对我国的启示》，《浙江学刊》2008 年第 6 期。

④ ［日］伊藤塾：『民法 I 总则·物权』，伊藤真监修，弘文堂 2007 年版，第 438 页。

⑤ 参见金锦萍、葛云松主编《外国非营利组织法译汇》，北京大学出版社 2006 年版，第 231 页；金锦萍等译：《外国非营利组织法译汇（二）》，社会科学文献出版社 2010 年版，第 76 页。

实也存在很多争议。第一，在禁止分配主体上，有的认为所有非营利组织均不得分配利润，有的认为互益性法人在满足特定条件时可以向会员分配利润。① 第二，在禁止分配对象上，有的认为仅禁止向法人的设立人分配利润，有的认为向法人的董事和其他管理人员支付薪酬也违反禁止分配原则。② 第三，在禁止分配的尺度上，有绝对禁止与允许合理回报两种不同的做法。③ 鉴于实践中许多非营利组织缺乏运营经费，目前一般允许非营利组织适当开展经济活动，但是严格坚持"禁止分配"原则却可能导致某些特殊的社会组织被排除在非营利组织之外，④ 综上可知，非营利法人与营利法人的区分标准至今依然极具争议，缺乏确定性。

由于非营利的"身份"判断往往伴随国家或政府对特定类型社会组织的税收减免优待或其他政策性评价，因而在不同历史时期、不同社会背景下非营利的判断标准都会有所不同。或许是为了回应有关"非营利"概念的争议，2008 年"美国统一州法委员会"再次修改《非营利法人示范法》时，直接将原第 13 章关于"禁止分配"的规定全部删除，同时还删除了原第 1 章第 1.40（6）条关于非营利法人的列举式界定。目前的《非营利法人示范法》对非营利法人的"禁止分配"属性不再做规定，也不再列举典型的非营利法人类型。⑤ 21 世纪初期为了鼓励发展民办教育，我国制定民办教育促进法，明确允许作为非营利组织的民办高校依法将部分办学收入分配

---

① *Revised Model Nonprofit Corporation Act* sec. 13. 01, 13. 02（1987）.

② Tex. Prac. Guide Bus. & Com. Litig. § 8；1.

③ 参见金锦萍《论非营利法人从事商事活动的现实及其特殊规则》，《法律科学》2007 年第 5 期。

④ See Vladislav Valentinov, *Toward an Economic Interpretation of the Nondistribution Constraint.* 9 Int'l J. Not-for-Profit L. 65（2006）.

⑤ See *Revised Model Nonprofit Corporation Act* sec. 1. 40（6），sec. 13. 01，sec. 13. 02（1987）；*Revised Model Nonprofit Corporation Act*（2008）.

给办学投资人。[①] 为了符合原《教育法》和《高等教育法》中有关"任何组织和个人不得以营利为目的举办学校及其他教育机构"和"设立高等学校不得以营利为目的"的规定，长期以来唯有通过从宽解释禁止分配原则，将合理回报解释为"扶持与奖励"而非"利润"，从而将获取法定较低"合理回报"的民办学校勉强解释为非营利组织。[②] 直到2015年底《教育法》和《高等教育法》修订并同时删除了上述关于学校或高等学校一律不得营利的规定、仅限定"以财政性经费、捐赠资产举办或者参与举办的学校及其他教育机构不得设立为营利性组织"，并相应修改《民办教育促进法》的相关规定，我国才明确承认投资办学并获取经济利润的民办学校的营利组织属性。这说明通过从宽解释禁止分配原则而一度被认定为非营利法人的社会组织，随着社会的发展变化将来可能又被认定为营利法人。因此，营利与非营利作为法人类型模式的区分标准，缺乏稳定性。

顺便提及，"公益法人"中的"公益"概念面临同样的问题——在利益内容和受益对象两个方面都具有不确定性，其含义亦随时空不同而变化。[③] 例如在很多国家被视为典型公益事业的医疗事业，在日

---

① 《民办教育促进法》第51条规定："民办学校在扣除办学成本，预留发展基金以及按照国家有关规定提取其他的必需的费用后，出资人可以从办学结余中取得合理回报。取得合理回报的具体办法由国务院规定。"国务院《民办非企业单位登记管理暂行条例》第2条规定："本条例所称民办非企业单位，是指企业事业单位、社会团体和其他社会力量以及公民个人利用非国有资产举办的，从事非营利性社会服务活动的社会组织。"截至2015年底民办学校一般都是在民政部门登记而非作为企业在工商部门登记，出资人要求取得合理回报的民办学校可以依《民办教育促进法实施条例》第38条的规定获得税收优惠，出资人取得"合理回报"需受《民办教育促进法实施条例》第44—47条的限制，故与纯以营利为目的的企业性培训学校如"新东方"等完全不同。

② 参见税兵《民办学校"合理回报"之争的私法破解》，《法律科学》2008年第5期。

③ 参见陈新民《德国公法学基础理论》上册，山东人民出版社2001年版，第206页。

本却存在巨大争议，甚至存在中间法人、[①] 特殊公益法人、[②] "准公益法人"[③] 三种不同的观点。《中共中央、国务院关于深化国有企业改革的指导意见》要求"分类推进国有企业改革"，明确提出国有企业应该划分为"商业性"和"公益性"两大类别，此种提法打破了以往关于"公益"的惯常印象。因此，不止是营利法人与非营利法人的基本类型模式，可能整个"目的"视角下的法人基本类型模式，均难以符合基本类型模式选择的确定性包括稳定性标准。

2. 营利法人与非营利法人的实质性区别。虽然法律上区分法人目的最典型的意义应该在于公法上如税费以及外部监管等方面的制度差异，但目的视角的法人类型模式在私法上或许仍然不无意义。从比较法来看，不少立法例明确规定法人因目的的不同而适用不同的设立程序。例如，《德国民法典》第 21 条和第 22 条、《瑞士民法典》第 52 条、日本旧民法第 34 条和第 35 条以及我国台湾地区"民法"第 45 条和第 46 条，均依法人目的的不同规定了不同的设立程序。

不同的设立程序实质上反映了国家对不同团体组织的态度——许可主义代表了不信任和管制，而准则主义、自由设立主义代表了信任甚至鼓励。单就民法典的规定而言，整体上德国民法典、瑞士民法典对设立非经济社团管制较少，对设立经济社团管制较多；而日本旧民法、我国台湾地区民法则持相反的意见。导致这种态度差异的影响因素很多，经济偏好或对经济组织的过分重视可能是其中最重要的。[④]自 1804 年拿破仑法典以来，许多受其启发于 19 世纪通过的法典的商

---

① 参见［日］さくら综合事务所『社团法人财团法人实务』，中央经济社 2000 年版，第 6 页。

② 参见［日］近江幸治『民法讲义 I·民法总则』，成文堂 2005 年版，第 90 页。

③ 参见［日］林良平、前田达明『新版注释民法（法人·物）』第 2 卷，有斐阁 1991 年版，第 500 页。

④ 德国法上之所以对经济性社团采用更为严格的设立原则，主要是"为了防止设立人通过选择有权利能力社团的形式规避适用于营利联合体的债权人或股东的利益而制定的规定"，更好地维护交易安全。［德］卡尔·拉伦兹：《德国民法通论》（上），王小晔等译，法律出版社 2003 年版，第 204 页。

业精神都很明显，那些不以营利为目的的组织被认为不在"生产动力学"范围之内，因而不受重视甚至被怀疑和严格限制。① 最为明显的例子便是 1804 年拿破仑法典中没有规定法人制度，但却在法国商法典中规定了公司制度。此种对经济组织的偏好很可能在形式和内容两个层面影响民法典的法人制度：一是在体例上采用目的视角或职能视角的法人基本类型模式；二是在具体制度例如设立原则、设立条件上对营利法人或企业法人设置更加宽松的标准，例如前述日本旧民法和我国台湾地区的立法例。我国改革开放以来一直秉持"以经济建设为中心"的国策，国家对经济组织的偏好极为明显。这种理念反映在我国民商事法律制度上，也就有了民法通则的职能主义法人基本类型模式以及特别法上营利法人相对于非营利法人更为宽松的设立原则。②

当然，比较法考察所能提供的更为重要的借鉴意义是，一个国家对某类团体组织或鼓励或限制的态度并非一成不变。德国 2002 年制定《财团法现代化法》修改民法典时，将财团法人的设立原则由许可主义改为所谓的"认可主义"。③ 日本 2006 年修订法人制度时，将法人地位取得与公益性身份认定分开，原来公益法人的许可主义设立原则被改为了准则主义。④ 在意大利，1942 年意大利民法典第 12 条规定的特许主义设立原则被 2000 年通过的"社会关爱改革法"（SCR Act）废除后，设立非营利法人不仅不再需要总统或省长的特许，连

---

① See Alceste Santuari, *The Italian Legal System Relating to Not-for-Profit Organizations*: *A Historical and Evolutionary Overview*, 3 Int'l J. Not-for-Profit L. 3（2001）.

② 目前，我国公司法第 6 条规定，除法律、行政法规规定需依法请求批准的之外，原则上公司办理工商登记而设立。但是，《社会团体登记管理条例》、《基金会管理条例》、《民办非企业单位登记管理暂行条例》均规定，除法定的极少数组织外，相关非营利组织均需经由业务主管机关的许可和民政部门办理登记后始得设立，此即所谓"双重管理体制"。

③ 参见《德国民法典》，陈卫佐译注，法律出版社 2010 年版，第 26 页。

④ 参见周江洪《日本非营利法人制度改革及其对我国的启示》，《浙江学刊》2008 年第 6 期。

一般的行政许可都不需要。① 我国也基于"鼓励投资"的理念在 2005 年修改了公司法，将股份有限公司的设立原则从许可主义改为准则主义，并且允许依准则主义设立一人有限责任公司，形成了现在较普遍适用于整个营利法人的准则主义设立原则。实践表明，一国的法人设立原则受历史传统、政治理念和经济状况等多方面因素影响，容易发生变化，且整体上趋于宽松。② 这一点对于非营利法人尤为明显，其原因或背景在于世界范围内国家对非营利部门整体上的态度改善。非营利组织提供的公共服务可以有效弥补"政府失灵"和"市场失灵"（或"合约失灵"）的不足，非营利组织应该获得更多重视和更加宽松的生存发展环境渐成共识。③

即便是基于加强管制的立法动机，也不意味着法人设立原则只能采许可主义一种思路。"在结社自由的国家，是没有秘密结社的。"④ 反过来，一国的法人设立原则过于严苛，可能导致许多社团和财团放弃法人形式而改采无权利能力社团或无权利能力财团的形式。因这些组织始终都无法在法定登记机关办理登记手续，政府对这些组织反而更加难于管控。我国现行非营利法人的许可主义设立原则可能确实过于严格。虽然我国 2000 年颁布了《关于取缔非法民间组织的暂行办法》，将未经批准就擅自开展筹备活动或未进行登记就擅自以社会团体、民办非企业单位等名义进行活动的组织，一概定性为非法组织予以取缔，但仍有"占总数 80% 以上"的民间组织未经登记以"非法状态"存在着。⑤ 所幸我国当前用来规定非营利法人设立原则和条件、组织管理等事项的特别法多为"条例"、"暂行条例"或"暂行

---

① See Alceste Santuari, *The Italian Legal System Relating to Not-for-Profit Organizations: A Historical and Evolutionary Overview*, 3 Int'l J. Not-for-Profit L. 3 (2001).

② 参见罗昆《财团法人制度研究》，武汉大学出版社 2009 年版，第 53 页。

③ 参见田凯《西方非营利组织理论述评》，《中国行政管理》2003 年第 6 期。

④ ［法］托克维尔：《论美国的民主》上，董国良译，商务印书馆 2009 年版，第 217 页。

⑤ 谢海定：《中国民间组织的合法性困境》，《法学研究》2004 年第 2 期。

规定"，此等法律位阶本身就表明相关法律只是一种阶段性或临时性的规定。

经过改革开放数十年的市场经济建设，我国政府和市场两个部类均已得到相当的发展，但在公共服务供给方面的不足也渐有显现。民间蕴含的丰富志愿公益慈善力量正可以在一定程度上弥补政府人力、财力之不足。党的十八大报告也已提出要"强化企事业单位、人民团体在社会管理和服务中的职责，引导社会组织健康有序发展，充分发挥群众参与社会管理的基础作用"。可见，"以经济建设为中心"和经济偏好并不排斥非营利组织的发展。我们完全可以期待，作为第三部门的非营利组织在我国将不断发展壮大，在提供公共服务方面将扮演越来越重要的角色。尤其随着慈善法的出台，非营利组织特别是慈善组织的发展或将更值得期待，长期来看营利组织与非营利组织发展不均衡的局面将在整体上得到改观。民法典法人制度不仅应该正视和因应这种正在发生的变化，还应积极主动地为非营利组织提供更加有利于其生成发展的制度环境。针对国内非营利部门普遍实行的"双重管理体制"，目前学界、业界主张应有所变革与放开的呼声不绝于耳。① 我国政府对非营利组织的管制也确有逐步放松的迹象。② 特别法上的松绑或许无法一步到位，但至少民法典或民法总则中应该正确对待经济偏好，并为将来能够与特别法的改变保持一致预先做好准备。

考虑到对结社自由和交易安全的保护，也考虑到近年来国际上法人设立原则的整体变化趋势和我国将来的可能性，民法典应该在严格法人设立条件和治理结构的同时，在法人设立原则上整体性地适度松

---

① 参见陈金罗等《中国非营利组织法的基本问题》，中国方正出版社 2006 年版，序言部分。

② 2013 年发布的《国务院关于取消和下放一批行政审批项目的决定》取消了民政部对全国性社会团体分支机构、代表机构设立登记、变更登记和注销登记的行政审批项目；2016 年《国务院关于修改部分行政法规的决定》进一步取消了社会团体设立阶段向登记管理机关申请开展筹备工作的环节、备案事项中取消了提交主管机关批准证书等要求。

绑为以准则主义为原则。但鉴于目前我国实践中非营利法人实行的许可主义设立原则与此种构想尚存在较大的距离，法人设立原则易受政策性因素影响缺乏稳定性，特定时期不同法人的设立原则难以统一，民法典对法人设立原则只宜进行原则性和授权性相结合的规定，即以准则主义为原则，以许可主义或其他为例外，除非有其他特别法规定某类法人采许可主义或其他设立程序，否则法人均依准则主义设立。① 至于特别法就某特定类型的法人规定或严格或宽松的特别设立程序，与法人的目的或者结构都没有必然联系，而是取决于特定时期国家对某类法人的态度。因此这一规则不仅对营利法人与非营利法人基本类型模式适用，对其他类型模式同样适用，应该成为私法人制度的一般规定。兼顾立法的现实性和适当超前性，营利法人与非营利法人的类型模式难以真正满足实质性区别标准。我国《民法总则》第58 条规定："法人应当依法成立。法人应当有自己的名称、组织机构、住所、财产或者经费。法人成立的具体条件和程序，依照法律、行政法规的规定。设立法人，法律、行政法规规定须经有关机关批准的，依照其规定。"该项规定属于法人设立条件和程序的"一般规定"，而各类非营利法人无法规定统一的设立原则。《民法总则》的规定事实上印证了非营利法人和营利法人不存在私法上的实质性区别。

3. 营利法人与非营利法人类型模式的逻辑周延性。相较于日本旧民法的营利法人与公益法人类型模式，营利法人与非营利法人类型模式在满足逻辑周延性标准上具有明显进步。而且从类型概念所使用的文字来看，该类型模式应该也是可以满足逻辑周延性的。但如果对

---

① 前已论及，现代法人治理的复杂性导致相关法律规则越来越繁复，难以为民法典所容纳，或者需因应实践中的新情况新问题时时修订，不合民法典的安定性。因此我国将来的法人制度必然采民法典的一般规定与相关特别法相结合的体例。现有相关特别法除了公司法，还有《基金会管理条例》《社会团体登记管理条例》《民办非企业单位登记管理暂行条例》等行政法规及其实施细则，甚至还涉及民办教育促进法、公益事业捐赠法、慈善法等法律，如此庞大的制度体系不可能都容纳在民法典之中。

我国现有的非营利组织理论、学说和制度有完整的、长期的观察了解，就会发现目前部分民法学者所理解的"非营利法人"概念有望文生义之嫌。如前文在介绍非营利法人的含义时所述，我国管理学界和社会学界关于非营利概念的使用、研究比法学界尤其民法学界要早而且多。事实上，"非营利组织"与非政府组织、第三部门组织、民间组织、免税组织等概念常常被不加区分地使用。例如，民政部设"民间组织管理局"负责主管全国的社会团体、基金会和民办非企业单位，这些组织在法律上又全部被定性为"非营利性社会组织"或"非营利性法人"。虽然"非营利"概念存在各种不确定，但根据既有的语义习惯，其"志愿性"却是大致确定的。这一语义习惯性要素导致非营利组织在外延上主要涵盖民间性的公益性和互益性社会组织，而不能涵盖非营利的官方机构（包括国家机关和国家设立的部分具行政职能的事业单位），也不能涵盖私益性社会组织。营利组织的利润分配属性需要满足追求利润（营利事业）和将利润分配给投资人两个要素，因此那些没有营利事业、但纯粹为特定第三人利益而存在的社会组织——典型者如主体性的私益信托和家庭财团，无法被纳入营利法人与非营利法人类型模式中。之所以会出现这样的问题，主要是因为营利与非营利这两个概念虽然都不完全清晰确定，但是都早已被广泛使用，固定了某些习惯性含义。"非营利法人"并非以营利法人为参照对象、运用解析性类型化方法而专门生造出来的概念，更非专用来实现类型体系的逻辑周延性的。

此外，目前有关营利法人和非营利法人的区分，实际上只考虑到了社会组织在利润分配上全部分配或者全部不分配两种极端情形，忽视甚至排除了社会组织制度化地将部分利润用于分配部分用于从事公益事业的可能性。法律包括税法应该对于此种跨越营利和非营利两个部类的社会组织给予回应。① 就此而言，营利法人与非营利法人的基

---

① See Susannah C. Tahk, *Crossing the Tax Code's For-profit/Nonprofit Border*, 118 Penn St. L. Rev. 489 (2014).

本类型模式不仅存在逻辑不周延的问题，其本身是否正当都是值得探讨的。

综上，营利法人与非营利法人基本类型模式难以满足确定性、实质性区别和逻辑周延性，虽已为《民法总则》所采用，但仍然是不可取的。

（二）企业法人与非企业法人基本类型模式

企业法人与非企业法人基本类型模式属于民法通则现行模式的改良版本。与前述营利法人与非营利法人类型模式不同，此类型模式中的"非企业法人"并非固有概念，其创设纯为以企业法人为参照，以解决法人类型模式的逻辑周延性，当然可以满足逻辑周延性标准，但能否满足确定性标准和实质性区别标准则仍需探讨。

1. 企业法人与非企业法人类型模式的确定性问题。虽然"企业"是一个非常重要的法律概念，但我国现行法律、行政法规均未对此有法律上的定义。[①] 依《现代汉语词典》的解释，企业是指"从事生产、运输、贸易等经济活动的部门，如工厂、矿山、铁路、公司等"。[②] 这种列举性的描述显然并不符合概念定义的要求，公司与工厂、矿山、铁路等也并非同一层次和视角的社会组织。在美国，有关"企业"含义的争议典型地呈现在 *National Org. for Women v. Scheidler* 一案中。当事人双方围绕一个反堕胎的组织（Pro-Life Action Network）是否属于美国《诈骗和腐败组织法》（RICO Act）上界定的"企业"展开多轮激烈交锋，法院也发表了"理解式"或"解读式"的意见。[③] 而我国学界其实也早已意识到"企业"一词表面上耳熟能详，真正的含义却并不清晰明确。因此理论上关于企业概念内涵外延

---

① 全民所有制工业企业法第 2 条对全民所有制工业企业进行了简单界定。

② 中国社会科学院语言研究所词典编辑室编：《现代汉语词典》，商务印书馆 1996 年版，第 998 页。

③ See Clark D. Cunningham et al. , *Plain Meaning and Hard Cases*, 103 Yale L. J. 1561 (1994) .

的探讨很多，但至今仍然莫衷一是。① 即便按照最一般的理解——企业总是与营利或者说经济活动联系在一起——争议仍然存在。例如前已论及的，在德国的住宅建设领域曾经存在所谓公益性企业，指在财产所有、利润分配及分红、租金标准、资金调剂等方面受到严格限制，并能享受税收和财政方面的优惠的企业。② 《中共中央、国务院关于深化国有企业改革的指导意见》也明确将国有企业分为商业性和公益性两大类，二者在目标、监管、考核等方面存在明显不同，"公益类国有企业以保障民生、服务社会、提供公共产品和服务为主要目标"。这使得从功能角度来区分企业与其他社会组织变得更加困难。或许正如某些学者所说，企业"从来就不是一个准确的法律用语"。③ 与内涵上的不确定不同，目前我国在实践中对企业与其他社会组织的识别倒不成问题。企业在外延上特指在工商行政管理部门登记并领取营业执照开业经营的社会组织，且因企业类型法定，此种识别并不复杂。只是这种识别已经偏离以功能为标准来区分企业法人与其他社会组织的视角。

2. 企业法人与非企业法人的实质性区别。截至 2017 年 9 月，在北大法宝"法律法规"数据库中以"企业"为关键词作标题检索，能够找到 18917 项以企业为题名的"中央法律法规司法解释"。④ 由此折射出的是企业与其他社会组织在现实法律制度上的巨大差异。这是社团法人与财团法人、营利法人与公益法人等法人类型完全无法比拟的。但具体观察这些专属于"企业"的法律制度，我们会发现以

---

① 参见董开军《论我国的企业概念及其法律定义问题》，《江苏社会科学》1991 年第 4 期；董学立：《企业与企业法的概念分析》，《山东大学学报》（哲学社会科学版）2001 年第 6 期。

② 参见王名、李勇、黄浩明《德国非营利组织》，清华大学出版社 2006 年版，第 41 页。

③ ［法］雅克·盖斯旦、吉勒·古博：《法国民法总论》，陈朋等译，法律出版社 2004 年版，第 156 页。

④ 其中法律 42 篇，行政法规 444 篇，司法解释 175 篇，部门规章 16850 篇，团体规定 205 篇，行业规定 1189 篇，军事法规规章 11 篇。

下几个特点：第一，大多数企业法，特别是最为重要的、由全国人民代表大会及其常务委员会制定的法律，都是专属于特定类型企业的，例如公司、合伙企业、个人独资企业、全民所有制工业企业、乡镇企业、中外合资经营企业、中外合作经营企业、外资企业、中小企业均已制定有相应专门性法律。① 不同类型的企业之间存在巨大差异，但并不都跟企业组织形式有关，有的跟所有制形式、资本来源、企业规模有关。第二，大量以"企业"为名独立存在、能够普遍适用（包括企业法人与非法人企业）的企业法律制度主要是行政管理层面的行政法规和部门规章，例如《企业信息公示暂行条例》、《企业名称登记管理规定》等。这说明企业与其他社会组织的典型区别并不在主体制度上。② 第三，具体到企业法人以及与民事主体制度有关的部分，企业法人与非法人企业、非企业法人之间的差异性则高低互见。在组织结构上，作为企业法人的公司与非法人的合伙企业、个人独资企业、采联合管理制的中外合资经营企业等存在巨大差异，与财团法人更是存在重大差异，但与同为社团法人的社会团体法人之间却基本相同。在设立程序上，我国为了鼓励投资，规定公司、合伙企业、个人独资企业均以准则主义为设立原则、许可主义为例外。③ 是否须经行政许可始得设立，主要取决于企业的经营范围和资本来源而非组织形式和主体性质。这与当前社会团体法人、基金会法人的许可主义设立原则明显不同。但前已述及，将来制定民法典时部分非企业法人是否仍然需要坚持现行许可主义也不无疑问。④

---

① 即便是名义上可以适用于"企业"的法律制度，往往也并不能真的普适于所有企业类型，例如企业破产法事实上主要适用于企业法人，企业所得税法只适用于企业法人。

② 正因为如此，采用职能主义模式的我国民法通则法人制度才缺乏实质性规定。参见蔡立东、王宇飞《职能主义法人分类模式批判——兼论我国民法典法人制度设计的支架》，《社会科学战线》2011 年第 9 期。

③ 也有人认为现行公司法所采公司设立原则为严格准则主义。参见范健、王建文《公司法》，法律出版社 2015 年版，第 102 页。

④ 参见陈金罗等《中国非营利组织法的基本问题》，中国方正出版社 2006 年版，序言部分。

反过来，可能纳入非企业法人的各类法人之间本身更是存在巨大差异，机关法人、事业单位法人、基金会法人、社会团体法人等在组织结构、设立依据、设立原则等方面都完全统一，难以形成统一适用于各类非企业法人的一般规则。因此，企业法人与非企业法人基本类型模式并不符合主体制度视野下的实质性区别标准。

（三）社团法人与财团法人基本类型模式

1. 社团法人与财团法人的实质性区别及其确定性问题。我国学界特别是大陆民法学界一般认为社团法人与财团法人在成立基础、设立人的地位、设立行为、有无意思机关、目的、法律对其设立的要求、解散的原因及解散的后果、稳定性等方面存在区别。[①] 其中尤以"成立基础"上的区别最为重要：社团法人是以社员或者社员权为基础的人的集合体，而财团法人是以财产为基础的集合体。[②] 然而细究之余，此种学说仍不免令人心生疑虑。"基础"一词并非法律概念，其在民法规范上根本无从体现，即便是民法理论上的意义也难以把握。若以前述确定性标准和实质性标准区别衡量之，社团法人与财团法人之类型化模式明显应为民法典所摒弃。然而这又与大陆法系如德国、瑞士民法以及我国台湾地区、澳门地区民法均以社团法人和财团法人为民法典法人基本类型的现实选择明显不符。因此，真正的问题只可能在于，或许我们应该重新认识社团法人与财团法人的实质性区别。

论及社团法人与财团法人的区别，最为著名的莫过于"财团法

----

① 这些区别系我国民法学者在介绍外国民法的法人分类时逐渐总结而成，外国相关立法例中一般并无如此系统性的、对比性的规定。参见刘心稳《中国民法学研究述评》，中国政法大学出版社 1996 年版，第 148 页；李永军：《民法总论》，法律出版社 2006 年版，第 308 页。

② 有学者进一步阐述为，社团法人是先有人（社员），然后由人出资构成法人的财产；而财团法人是先有财产，然后由专门委任的人去经营管理。社团法人的"人"（社员）不是由社团聘用的，而财团法人的"人"（经营管理人员）是由财团聘用的。参见马俊驹《法人制度通论》，武汉大学出版社 1988 年版，第 58 页；李双元、温世扬：《比较民法学》，武汉大学出版社 1998 年版，第 120 页。

人只能是公益法人，社团法人既可以是公益法人又可以是营利法人"的观点。① 不得不指出，此种观点与逻辑、事实与法律均不尽相符。首先，就逻辑层面而言，一种颇具代表性的观点认为，营利性必须满足"利润分配"的要求，而财团法人没有社员，即使赚取利润也无法分配，故财团法人只能限于公益法人，不可能成为营利法人。此种观点的逻辑错误有二：第一，营利法人与公益法人不是非此即彼的关系，即便财团法人不可能成为营利法人，也不能因此得出财团法人限于公益法人的结论。第二，财团法人没有社员，只决定形式上无法向社员分配利润，不代表不能通过间接的利润转移实现实质上的利润分配。其次，就法律层面而言，世界上明确将财团法人限于公益法人的立法例较少，我国澳门地区民法属于其中之一。② 而德国、瑞士及我国台湾地区民法均未将财团法人的目的限于公益。日本旧民法虽然仅仅规定了公益财团法人的设立依据，但是依据日本旧民法第 33 条，民法之外的特别法可以成为"中间法人"的设立依据，因此就连日本旧民法其实也并未将财团法人限于公益目的。③ 最后，就事实层面而言，在德国、瑞士及我国台湾地区，长期客观存在着以赡养特定家庭成员为目的或者为特定多数人利益服务的家庭财团、宗族财团等。④ 在日本也长期存在着劳动组合、协同组合。⑤ 这些财团法人既不属于营利法人又不属于公益法人，而是属于非营利的私益法人或中

---

① 参见魏振瀛《民法》，北京大学出版社、高等教育出版社 2013 年版，第 81 页。

② 我国澳门地区民法典第 173 条明确规定："财团系指以财产为基础且以社会利益为宗旨之法人。"

③ 因我国台湾地区曾长期被日本占据并施行日本旧民法，"财团法人限于公益法人、社团法人既可以是公益法人也可以是营利法人"这样一种认知，仍应始自日本旧民法以及深受日本旧民法学说影响的我国台湾地区部分民法学说。参见［日］加藤雅信《民法总则》，有斐阁 2002 年版，第 119 页；另参见林诚二《民法总则》（上），法律出版社 2008 年版，第 184 页。

④ 参见［葡］Carlos Alberto da Mota Pinto《民法总则》，澳门大学法学院法律翻译办公室 1999 年版，第 154 页；史尚宽：《民法总论》，中国政法大学出版社 2000 年版，第 144 页。

⑤ 劳动组合、协同组合既可以采用社团法人形式，又可以采用财团法人形式。

间法人。可见，财团法人是否限于公益法人主要取决于一国法律的选择，目的上的区别不能成为社团法人与财团法人的实质区别。

依结构功能主义，社团法人与财团法人的诸多区别特别是功能上的区别均应以结构上的区别为基础，结构上的区别设计又以实现不同功能为目的。因此，就目前学界有关社团法人财团法人的众多区别而言，民法典最应关注者当属二者在组织结构上的区别，且应以之作为学者所称"成立基础"上的区别的具体解读。在组织结构上，社团法人设社员（会员）大会作为权力机关，权力机关作出的决议由执行机关负责执行；财团法人则不设权力机关，执行机关根据既定的财团章程执行财团事务。此种结构上的差异决定了：第一，社团法人需要社员（会员）组成社员大会作为权力机关；而财团法人因不设权力机关也就无需社员（会员）。第二，社团法人可能经由权力机关的议决而修改章程、决定社团法人的关停并转；而财团法人仅在法律或章程有明确规定的情况下并经由特定严格程序才能修改章程，原则上其关停并转和章程修改都不能由作为执行机构的财团理事会决定，或至少不能仅仅由理事会决定。第三，社团法人适宜运营需时时因应社会之发展变化而调整自身的章程、业务范围、资金规模等的事业（典型者如营利事业）；财团法人因其固定僵化之制度构造一方面足以维持捐助人意志不被后人变更，另一方面适宜运营长期稳定特别是与市场波动无关之事业。[①] 至于学者总结的社团法人与财团法人的其余区别，如设立行为、设立要求、解散的原因及后果等均为由此衍生的制度。

然而遗憾的是，我国民法既有主流理论对社团法人与财团法人的上述实质区别并没有充分认识。我国现行《基金会管理条例》第21条规定，"理事会是基金会的决策机构，依法行使章程规定的职权"，并明确规定经三分之二以上多数同意的特别决议，理事会即有权修改

---

① "财团法人限于公益法人而社团法人既可以是营利法人又可以是公益法人"的学说虽不准确，但在一定程度上也反映了这一特征。

基金会的章程，决定基金会合并分立。此种规定彻底背离财团法人的基本原理，足以使潜在的捐助人对财团法人或基金会制度丧失信心，实在值得检讨。但就是这样的错误规定，实践中却能长期大行其道而不受质疑，这在很大程度上说明有关财团法人的基本理论有待深入和普及，关于财团法人与社团法人的实质性区别需要重新认识，同时也说明各类法人的基本组织结构和基本管理制度应在民法典中予以固定以防特别法突破一般性规则。

此种经由重新认识的社团法人与财团法人基本类型模式，以组织结构上是否设置权力机关来修改章程或决定组织体的关停并转等根本事项作为区分标准。[①] 作为权力机关的会员大会含义明确、稳定，符合确定性标准。同时组织结构上的此种显著区别正是民法典法人制度需要予以规定的，因而符合实质性区别标准。

2. 社团法人与财团法人类型模式的逻辑周延性。以是否设置会员大会或权力机关将法人分为社团法人和财团法人，在类型方法上属于解析性的类型化方法，自然也应符合逻辑周延性。但学理上对此还存在一些争议，须予以适当回应。前已提及，有学者认为社团法人与财团法人类型模式并不能完全涵盖我国现实中存在的各种法人类型，归纳起来主要有以下两个问题：第一，一人公司因股东单一，无法满足社团法人社员的复合性要求，无法纳入社团法人中；第二，社团法人的设立程序不能解决国有企业法人的问题，国有企业的公司化改革短期内难以期待，即使国有企业法人均改造成国有独资公司也仍然与社团法人存在本质区别，社团法人的理论无法对其作出合理解释。[②]

此种观点确实看到了社团法人与财团法人类型模式应用于我国可能出现的一些问题，但最多只能说明在我国传统的法人理论框架内难

---

① 明确这一点，也就不会得出所谓的"我国台湾地区现在允许有成员的财团法人/宗教法人"这样的结论。参见崔拴林《论我国私法人分类理念的缺陷与修正——以公法人理论为主要视角》，《法律科学》2011 年第 4 期。

② 参见王雪琴《论社团法人财团法人划分的局限性及改良》，《法学杂志》2010 年第 4 期。

以解释上述问题，并不能说明社团法人与财团法人类型模式必然不可取。按照经重新认识的财团法人制度以及财团法人与社团法人的本质区别，上述问题均可迎刃而解。

首先，《中共中央、国务院关于深化国有企业改革的指导意见》要求，到2020年在国有企业改革重要领域和关键环节取得决定性成果，其中具体包括"国有企业公司制改革基本完成，法人治理结构更加健全"。因此，不久的将来，国有企业在改革完成后整体上将会符合社团法人的治理结构。即便仍会有未进行公司化改制、不符合社团法人治理结构的少数特殊国有企业，则不妨将其归入公法人或特别法人类别。

其次，无论是国有独资公司还是一人公司，其因单一股东的特点以致是否属于社团法人备受质疑。[①] 但按照本书的解释，社团法人与财团法人应以组织结构上的区别来区分，社团法人的本质特征在于是否设置权力机关对社团保持控制包括修改社团的章程等，而不在于社团法人必须要有两个以上的社员。社团法人和财团法人作为法人的团体性，均不在于社员或成员的复数，否则财团法人不设社员，如何也能成为法人团体？我国《公司法》第61条规定，一人有限责任公司不设股东会，由单一股东行使一般有限责任公司股东会的职权；同法第66条规定，国有独资公司不设股东会，出资人的职权仍由国有资产监督管理机构作为国家股东的代表来行使，只是可以授权董事会行使部分职权，但涉及合并分立解散、增减资本、发行债券的事项仍需由股东代表行使股东会职权以资决定。可见，一人公司和国有独资公司完全符合社团法人的组织结构和管理模式，应可纳入社团法人范畴。

综上，以逻辑周延性、确定性和实质性区别三标准衡量，目的视角的营利法人与非营利法人基本类型模式无法满足任何一项标准，职

---

① 参见梁慧星《民法总则立法的若干理论问题》，《暨南学报》2016年第1期。

能视角的企业法人与非企业法人基本类型模式难以满足确定性和实质性区别标准。惟结构视角的社团法人与财团法人基本类型模式可以满足全部三项标准，可以为民法典采用。

三　制度支撑

某种法人基本类型模式"是否可能和必要"最终还取决于"如何构建"。任何制度或者体系都不是孤立的，都是在一定范围内的制度或体系。欲使社团法人与财团法人基本类型模式现实可行，至少还需要以下两项制度作为支撑或配套：

（一）构建与私法人相对的一般公法人制度

公法人在设立的依据和原则、组织结构、解散清算等问题上与私法人均存在重大差异。① 虽然有关公法人的具体主体性法律规则往往存在于相关特别法或行政命令中，但是就整个法人制度的体系完备和制度科学考虑，无论采用何种法人基本类型模式，民法典法人制度都须构建起公法人和私法人的二元法人体系。② 此种类型化和体系化处理主要具有两层意义：第一，社团法人与财团法人的基本类型模式限于私法人范围内，超出该范围便难谓逻辑周延。将部分无法归入社团法人和财团法人的法人组织纳入公法人中，可以使私法人范围内的社团法人与财团法人基本类型模式满足逻辑周延性。因此，依据公法设立的国家机关、事业单位、人民团体、依据特别命令设立的某些国有企业例如"中国铁路总公司"甚至国家，均可归入公法人范畴。③ 第二，突出公法人相对于私法人的地位，明确公法人主要应依据民法典之外的特别法设立、管理、解散，也就是不必然适用民法典关于私法

---

① 参见［德］迪特尔·梅迪库斯《德国民法总论》，邵建东译，法律出版社 2000 年版，第 816 页。

② 一般认为公法人包括公法社团、公法财团和公营造物。参见周友军《德国民法上的公法人制度研究》，《法学家》2007 年第 4 期。

③ 也有学者认为，国家机关不是公法人，国家才是公法人。参见葛云松《法人与行政主体理论的再探讨——以公法人概念为重点》，《中国法学》2007 年第 3 期。

人的相关规定。例如，在组织结构方面，私法人基于安全性考虑必须满足法定的社团法人或者财团法人的组织结构来设立和管理，但基于特别考虑、依据特定的法律或命令，特定类型公法人可以突破社团法人或财团法人的完整组织架构。

构建与私法人相对的一般公法人制度，并不是要在民法典法人制度中连篇累牍地规定大量关于公法人的制度规则，相反，仅需少数几个条文明确公法人主要依特别法设立、运作、管理、解散以及在特别法未作规定的情况下对民法典私法人制度的准用规则即可。

（二）构建类型开放的财团法人制度

已有法人制度改革方案都认为将来的法人类型体系应吸纳财团法人（基金会）制度，但具体如何吸纳则意见不一。在所使用的名称上，本世纪初期的几个民法典草案建议稿和官方草案即有"捐助法人""基金会法人""财团法人"等不同意见。[①] 上述不同意见的实质分歧并不完全在于财团法人采用何种名称，更为重要的是对民法典中应予规定的财团法人具体类型有不同意见，即财团法人是否限于基金会，是否限于捐助型，是否可以包括临时性的捐赠基金等等。

民法典法人制度体系包括财团法人必须保持完整开放，故民法典不宜对财团法人的类型进行限制或者筛选，具体而言包括以下三个方面：第一，就财团法人的目的而言，因国内民法学界长期秉持的财团法人"公益法人说"实属误解，民法典应该为中间目的或者互益目的的财团法人以及为特定第三人利益的或私益性非营利财团法人例如家族赡养财团留下可能性。特定时期国家和政府对不同目的的财团法人的态度应该通过民法典之外的特别法包括各种财团法人法、税法等

---

① 由梁慧星教授负责的草案建议稿称之为"捐助法人"，由王利明教授早年负责的草案建议稿称之为"基金会法人"，徐国栋教授负责的草案建议稿则称之为"财团法人"，具体分为捐赠基金和临时的慈善活动委员会，但不包括宗教法人。参见梁慧星《中国民法典建议稿附理由》，法律出版社 2004 年版，第 103 页以下；参见王利明《中国民法典学者建议稿及立法理由·总则篇》，法律出版社 2005 年版，第 190 页；参见徐国栋主编《绿色民法典草案》，社会科学文献出版社 2004 年版，第 177 页。

来体现。第二，就基础性财产的形态而言，传统上的财团法人主要是货币型的基金会和各种以不动产为依托的组织如大学、博物馆等。由于财富形式在现代社会的巨变，股权型财团法人现正成为世界上规模最大、最为重要的财团法人。故财团法人应包括货币型财团、不动产财团和股权型财团，或者是包含多种基础财产形式的、混合型的财团法人。股权型财团法人或者仍然可以称之为基金会，但以不动产为基础的财团法人如私立大学、私人捐助设立的博物馆等并非基金会的固有语义所能涵盖，因此财团法人应不限于基金会，也不应采用"基金会"的概念来指代财团法人。① 第三，纯就财团的功能视角而言，临时性的慈善活动委员会显然与以捐助人意志永续为目的的财团法人制度不合，应该从财团法人类型中排除。②

就财团法人的名称而言，早有学者主张采用"捐助法人"概念取代公益性财团法人概念，其理由在于"我国立法从未采用'社团'及'财团'的概念，而已经被广泛使用的'社会团体'之概念与'社团'之概念极易混淆，至于'财团'，则难以为一般人所理解。因此，社团法人与财团法人的概念和分类可为民法理论所运用，但立法上不宜采用。不过，我国民法应当对财团性质的法人作出明确规定"。③ 如果仅限于以上理由，那么《民法总则》采用生造出的"捐助法人"概念来替代"财团法人"这一大陆法系通用的概念就既不必要也不合理。第一，社团法人与财团法人的基本类型模式下，"社

---

① 我国现行《基金会管理条例》明确规定，基金会的原始基金必须是到账货币基金，明确排除股权型原始基础财产的基金会类型，但我国现已有股权型基金会的成功尝试。福建福耀玻璃股份有限公司的创始股东曹德旺家族已经捐出其持有的大部分"福耀玻璃"股份成立"河仁慈善基金"，该基金会的基础财产是当时市值超过 35 亿元人民币的股份。为避免与现行《基金会管理条例》冲突，曹德旺先生先捐出人民币 2000 万元设立河仁慈善基金会，再向基金会完成股份捐赠。

② 参见郑玉波《民法总则》，中国政法大学出版社 2003 年版，第 174 页；葛云松：《中国财团法人制度的展望》，《北大法律评论》2002 年第 5 卷第 1 辑，法律出版社 2003 年版，第 178 页。

③ 尹田：《民法典总则之理论与立法研究》，法律出版社 2010 年版，第 373 页。

团法人"与"社会团体法人"作为种属概念，构词上存在相近甚至局部重复完全是正常现象。字面容易混淆的法律概念早已比比皆是，例如法制与法治、抢劫与抢夺、合资与合作等，因此以字面意思相近容易为大众误解来排斥某法律概念理由并不充分。第二，"捐助法人"也不是一定不会产生疑义，目前公益基金会以是否直接运作公益项目为标准就可以分为资助型与运作型两类，"捐助法人"难免被误认为专以捐助或捐赠他人、包括资助其他公益项目为目的的基金会法人，非专业人士又有几人能够说清楚"捐助"、"捐赠"与"资助"的区别呢？国家机关法人、事业单位法人和社会团体法人均系职能视角的法人类型，而"捐助法人"本系从设立行为的视角来描述或定义，与前述职能视角的法人相并列则更容易被误认为资助型财团法人。学界也可能严重低估大众接受新概念包括法律新概念的能力和开放态度。同样都是新概念，为什么只担心"财团"概念难以理解接受，而不担心"捐助法人"概念呢？第三，也是最为重要的，既然目的主义的法人基本类型模式不可行，既然我们只能选择结构主义的法人基本类型模式，那么作为与"社团法人"概念相对称的、能够符合法人基本类型模式选择标准的概念，自然非"财团法人"莫属。相应地，在法人基本类型模式上，我国民法典也就应该采用"社团法人与财团法人"基本类型模式，而非"社团法人与捐助法人"基本类型模式。

　　未来我国的非营利法律制度体系应是民法典中的规定与若干非营利特别法相结合的模式。在民法典的法人制度中，应该采用一般规定与分类规定相结合的模式。在关于分类规定的基本类型模式选择上，不管是依循立法技术层面来进行论证，还是基于宏观价值层面和配套制度层面的因素来分析，相对而言社团和财团的区分更能够满足类型体系的逻辑自足，也可以较好地实现具体内容包括非营利法人制度的私法表达，似乎更具合理性。我国民法典的法人制度应摒弃现行《民法总则》的营利法人、非营利法人基本类型模式，改为采用社团法人、财团法人基本类型模式，由一般规定（包含公法人或特别法人制度）、社团法人、财团法人三部分构成。当然在具体制度中，也不排除仍然需要借助其他类型模式下的概念，例如营利法人、公益法人等，从而也实现民法典主体制度的法人类型与各种法人特别法在概念体系上的衔接。

第三章　非营利法人的设立制度

第一节　非营利法人的设立条件

一　法人设立条件的一般规定

我国《民法通则》第37条规定，法人应当具备四项条件：依法成立；有必要的财产或经费；有自己的名称、组织机构和场所；能够独立承担民事责任。《民法总则》第58条规定，法人应当依法成立。法人应当有自己的名称、组织机构、住所、财产或者经费。法人成立的具体条件和程序，依照法律、行政法规的规定。另外《民法总则》第60条规定，法人以其全部财产独立承担民事责任。两相对比，《民法总则》比《民法通则》的规定更为合理。

首先，"依法成立"不再仅是法人的设立条件，或者说不限于法人的设立条件，而且是还关涉法人的设立程序。"依法设立"表明，国家对法人的设立并非持自由放任态度，设立法人应符合法定条件和法定程序，应有明确的法律依据。由于"法人成立的具体条件和程序，依照法律、行政法规的规定"，因此从实在法的角度看，《民法总则》的该一般性规定尚不足以作为法人设立的依据，设立法人需要针对某类法人的特别规定，包括《民法总则》的特别规定、其他特别法和行政法规上的特别规定作为依据。

其次，民法理论认为"能够独立承担民事责任"并非法人的设立条件，而是法人成立后或者特定组织取得法人资格后的法律后果。《民法总则》吸收了近年民法学上的理论成果，在法人的成立条件之外另行规定法人的独立责任。依我国民法总则的规定，能否独立承担民事责任确属法人和非法人组织的重要区别。就此而言，取得法人资格应为独立承担民事责任的前提。但是从设立人的角度而言，设立人希望拟设立的组织将来能够独立承担民事责任、主管机关同意拟设立的组织将来能够独立承担民事责任事实上也是法人得以设立的前提，否则设立人就不会申请法人登记而应申请非法人组织登记。《民法通则》将"能够独立承担民事责任"作为法人的成立要件之一，就是将设立人的此种主观意志、主管机关的审批意见与客观上、结果上能够独立承担民事责任相混淆了。可以认为，设立法人的登记申请和主管机关的批准意见已经包含"能够独立承担民事责任"的意思要件。

最后，由于不同类型的法人在设立条件和程序上存在一定差异，因此《民法总则》对法人的设立条件和程序只做了最一般的规定，除设立人使拟设立的组织独立承担责任的意思外，法人的设立条件具体是指在名称、组织机构、住所、财产或经费四个方面必须满足关于各类法人的特别规定。此外，相关特别法还可能规定其他方面的设立要件例如会员人数规模、技术人才要求等。也就是说，名称、组织机构、住所、财产或经费只是设立法人的必要条件而不一定是充分条件。由于组织机构设置的问题较为复杂，本书中将设专节讨论非营利法人的组织机构设置问题，本节仅讨论各类非营利法人的名称、住所、经费等要件。

二　事业单位法人的设立条件

《事业单位登记管理暂行条例》第 6 条规定，申请事业单位法人登记，应当具备下列条件：经审批机关批准设立；有自己的名称、组织机构和场所；有与其业务活动相适应的从业人员；有与其业务活动相适应的经费来源；能够独立承担民事责任。

（一）事业单位法人的名称

我国《事业单位登记管理暂行条例实施细则》第19—24条对事业单位的名称做了较细致的规定，具体包括以下内容。

1. 事业单位法人的名称构成。事业单位的名称是各事业单位之间相互区别并区别于其他组织的首要标志，应当由以下部分依次组成：（1）字号：表示该单位的所在地域，或者举办单位，或者单独字号的字样；（2）所属行业：表示该单位业务属性、业务范围的字样，如数学研究、教育出版、妇幼保健等；（3）机构形式：表示该单位属于某种机构形式的字样，如院、所、校、社、馆、台、站、中心等。

2. 事业单位法人名称可以使用的文字种类。事业单位名称应当使用符合国家规范的汉字，民族自治地方的事业单位名称可以同时使用本自治地方通用的民族文字。

3. 事业单位法人名称中禁止使用的文字。事业单位名称不得使用含有下列内容的文字：（1）有损于国家、社会公共利益的；（2）可能造成欺骗或者引起误解的；（3）其他法律、法规禁止的。

除此以外，申请登记的事业单位名称不得与已登记的事业单位名称和注销登记未满三年的事业单位名称相同或者相近似。

4. 事业单位法人的名称数量。除特殊情况外，一个事业单位使用一个名称。申请人申请登记多于一个名称，登记管理机关经审查确认必要的可以核准登记，并在法人证书上将第一名称之外的名称以加括号的形式显示在第一名称之后。

（二）事业单位法人的其他设立条件

第一，事业单位住所是事业单位的主要办事机构所在地。一个事业单位只能申请登记一个住所。

第二，一些事业单位提供公共服务需要一定的从业人员、特别是专业技术从业人员，从业人员的数量和质量均需符合法律要求。

第三，法律法规没有对事业单位法人的财产经费做明确要求，设立事业单位法人所需的财产和经费只能根据拟设事业单位的行业性质、规模等具体情况具体分析确定。

三　社会团体法人的设立条件

我国《社会团体法人登记管理条例》第 10 条规定，成立社会团体应当具备下列条件：第一，有 50 个以上的个人会员或者 30 个以上的单位会员，但是个人会员、单位会员混合组成的，会员总数不得少于 50 个；第二，有规范的名称和相应的组织机构；第三，有固定的住所；第四，有与其业务活动相适应的专职工作人员；第五，有合法的资产和经费来源，全国性的社会团体有 10 万元以上活动资金，地方性的社会团体和跨行政区域的社会团体有 3 万元以上活动资金；第六，有独立承担民事责任的能力。对此有以下三点需要说明。

首先，社会团体法人的成立条件除名称、组织机构、住所、财产和经费外，还有会员人数和专职工作人员构成的要求。其次，所谓"规范的名称"具体是指社会团体的名称应当符合法律、法规的规定，不得违背社会道德风俗。社会团体的名称应当与其业务范围、成员分布、活动地域相一致，准确反映其特征。最后，全国性的社会团体须有 10 万元以上活动资金、其余为 3 万元以上活动资金的要求，应该理解为是对社会团体法人货币资金和流动资金的要求，不包括房屋等固定资产。

四　基金会法人的设立条件

依《基金会管理条例》第 8 条的规定，设立基金会应当具备下列条件：（一）为特定的公益目的而设立；（二）全国性公募基金会的原始基金不低于 800 万元人民币，地方性公募基金会的原始基金不低于 400 万元人民币，非公募基金会的原始基金不低于 200 万元人民币；原始基金必须为到账货币资金；（三）有规范的名称、章程、组织机构以及与其开展活动相适应的专职工作人员；（四）有固定的住所；（五）能够独立承担民事责任。对此有四点需要说明。

　　首先，除名称、组织机构、住所、财产和经费外，基金会法人的设立条件中还包括对设立目的、章程、专职工作人员的要求。其次，对基金会的财产和经费的要求具体是对原始基金的要求，原始基金不同于前述社会团体法人的活动经费。就财团法人的财务运营原理而言，基金会法人并非以原始基金作为事业运用经费，而是以原始基金的孳息和收益作为事业运营经费，这便是"基金"二字的意义。再次，《基金会管理条例》将基金会区分为公募基金会与非公募基金会，公募基金会又分为全国性与地方性公募基金会，并以此为依据分别规定了不同的原始基金金额要求。最后，基金会的原始基金必须为到账货币资金，也就是说至少高达数百万元的原始基金是对货币资金的要求。这样的规定实际上是将基金会限定于货币型基金会，没有反映当今社会的财富形态变化。按照基金财富形态的不同可以将基金会分为货币型基金会、实物型基金会和股权型基金会，而且世界上规模最大的基金会早已不是货币型基金会而是股权型基金会。河仁慈善基金会设立时，捐助人曹德旺家族不得不先捐出 2000 万元货币作为原始基金设立基金会，再向基金会完成高达数十亿元的股权捐赠。在基金会的设立条件中规定高达数百万元的原始到账货币资金要求，除忽视和排斥股权型基金会外，实际上还存在将基金与活动经费相混淆的问题。基金会的运营确实需要活动经费，但无需设置到账货币资金的具体硬性要求，更不能将原始基金限定于货币资金。因此基金会的设立条件中就财产和经费问题，应该明确规定具体最低基金要求和与其目的相适应的经费要求。

　　我国《基金会管理条例（修订草案征求意见稿）》拟取消公募基金会和非公募基金会的区分，拟将基金会法人的设立条件修改为"以开展公益慈善活动为宗旨；不以营利为目的；有一定数额的注册资金，并且为到账货币资金；有自己的名称、章程、住所、组织机构和负责人，以及与其业务活动相适应的专职工作人员；能够独立承担民事责任"。具体就注册的到账货币资金而言，地方性基金会中，在县、市、省三级人民政府民政部门登记的基金会注册资金依次不低于人民币 200 万元、400 万元、800 万元。全国性基金会要求注册资金不低于 8000 万元人民币，还要求发起人在有关领域内具有全国范围内的广泛认知度和影响力。该修订意见仍然坚持将基金会的原始基金限定于到账货币资金的做法、特别是在将全国性基金会的原始基金大幅提高的背景下，无疑会妨碍股权型基金会的设立。

五　社会服务机构法人的设立条件

依我国《民办非企业单位登记管理暂行条例》第 8 条的规定，申请登记民办非企业单位应当具备下列条件：经业务主管单位审查同意；有规范的名称、必要的组织机构；有与其业务活动相适应的从业人员；有与其业务活动相适应的合法财产；有必要的场所。其中所谓"规范的名称"是指民办非企业单位的名称应当符合国务院民政部门的规定，不得冠以"中国"、"全国"、"中华"等字样。民办非企业单位的设立条件除了名称、组织机构、住所、财产外，还有适当的从业人员要求，例如民办高校必须拥有相应的师资力量。至于主管单位的批准不属于法人设立条件，而是法人设立的程序性要求。

《社会服务机构登记管理条例》中，民办非企业单位的设立条件拟修改为：不以营利为目的；有明确的社会服务范围；有规范的名称、章程；有与开展服务相适应的合法财产；有与其业务活动相适应的组织机构、场所、工作人员；有独立承担民事责任的能力；法律、行政法规规定的其他条件。社会服务机构注册资金不得低于 3 万元人民币。在省级以下地方人民政府民政部门申请登记的，注册资金具体标准由省级人民政府制定。相对于《民办非企业单位登记管理暂行条例》规定的设立条件，修订草案增加了目的的非营利性、社会服务范围的明确性以及章程三个方面的条件，并为财产和经费设置了明确的最低标准。

六 非营利法人设立条件的具体化

相对于营利法人如公司的设立条件，非营利法人的设立条件整体上十分简单。以"必要的财产或经费"为例，公司法对应的规则为关于出资的复杂规定。基于鼓励投资的理念，除了最低注册资本额的规定外，设立公司的出资还可以采用认缴制，允许分期缴纳出资，首期出资和分期均有具体规定；出资财产的类型非常广泛，包括货币、实物、国有土地使用权、知识产权等，但同时也规定了不得出资的财产如个人信用、自然人的姓名等；非货币资本出资还须经评估、验资等程序。基于鼓励公益事业发展的目的，鉴于合同法上公益捐赠的不可撤销性，公益法人实行认缴制、分期支付活动经费不无可能性。社会团体法人的会费通常本就不是一次缴清；许多公益捐赠也是采用分期到账的方式。此外，非营利法人的"财产或经费"不限于货币型的活动经费，可能还有"财产"，捐助法人中的基金会法人有"基础财产"，其存在形式有货币、股权、实物、其他有价证券等；社会服务机构法人除必要的运营经费外，通常以不动产如校舍医院、动产如教学医疗设备设施为基础财产；事业单位法人的"开办资金"包括举办单位或者出资人授予事业单位法人自主支配的财产和事业单位法人的自有财产，必然也不限于货币。① 由于非营利法人对外开展民事活动时需以其财产经费来独立承担责任，因此我们应在充分考虑各类非营利法人特殊性的基础上，借鉴公司法的相关规则对非营利法人的设立条件作出更加具体细致的规定。

---

① 《事业单位登记管理暂行条例实施细则》第33条规定：事业单位开办资金是事业单位被核准登记时可用于承担民事责任的全部财产的货币体现。事业单位开办资金包括举办单位或者出资人授予事业单位法人自主支配的财产和事业单位法人的自有财产。事业单位开办资金不包括下列资产：（一）代为管理的公共基础设施和资源性资产；（二）关系国家秘密、公共安全、公共保障，不能进入流通领域的资产；（三）借贷款、合同预收款、合同应付款；（四）职工福利费、保险金、住房公积金等专用基金；（五）规定了使用方向，不能用于民事赔偿的他人资助的资产；（六）按照法律、法规规定不能用于民事赔偿的其他资产。

第二节　非营利法人的组织结构

设立法人，必须具备符合法律要求的组织结构。合法、适当的组织结构安排是确保法人目的实现的重要因素。事业单位法人因本质上属于公法人，组织结构上有特殊安排。私法人范围内，社会团体法人本质上属于社团法人，捐助法人本质上属于财团法人，二者在组织结构上存在根本性区别。

一　事业单位法人的组织结构

事业单位法人为具有典型中国特色的社会组织，在比较法上难以直接确定其参照对象。我国《民法总则》第89条规定："事业单位法人设理事会的，除法律另有规定外，理事会为其决策机构。事业单位法人的法定代表人依照法律、行政法规或者法人章程的规定产生。"《事业单位登记管理暂行条例》仅仅规定"事业单位应当具备法人条件"、"有自己的名称、组织机构和场所"，但没有就事业单位的组织机构设置做出具体明确规定。《事业单位登记管理暂行条例实施细则》也只是规定事业单位应该"有规范的名称和组织机构（法人治理结构）"，但同样未就何为事业单位的法人治理结构做出明确规定。

"几年前关于现行治理结构的一项调查显示，几乎所有的事业单位都是行政领导负责制，其中实行党委领导下的行政领导负责制的事业单位占39.4%，实行行政领导负责制的事业单位占53.1%，两者加起来竟高达92.5%。而实行董事会领导下的行政领导负责制的事业单位仅有1.1%，真正设有董事会（理事会）和监事会的事业单位，在这714家接受调查的事业单位中仅有7家，尚不到1%，明确制定章程的也仅有10.4%。"① 可见，行政领导负责制包括党委领导

---

① 河南省事业单位登记管理局课题组：《事业单位法人治理结构的建立和完善》（上），《机构与行政》2011年第3期。

下的行政领导负责制是事业单位法人治理结构的主要模式。

《中共中央、国务院关于分类推进事业单位改革的指导意见》要求"建立健全法人治理结构"，具体是指"面向社会提供公益服务的事业单位，探索建立理事会、董事会、管委会等多种形式的治理结构，健全决策、执行和监督机制，提高运行效率，确保公益目标实现。不宜建立法人治理结构的事业单位，要继续完善现行管理模式"。可见我国事业单位组织结构改革的总体方向是完善法人治理结构，即建立决策、执行、监督分权制衡的法人治理结构，但又不以此种法人治理结构为唯一方式。不宜建立法人治理结构的事业单位，仍然可以采用现行党委领导下的行政领导负责制或行政领导负责制。例如根据《高等教育法》第39条的规定，我国公办高校实行"中国共产党高等学校基层委员会领导下的校长负责制"，党委的领导职责主要是"执行中国共产党的路线、方针、政策，坚持社会主义办学方向，领导学校的思想政治工作和德育工作，讨论决定学校内部组织机构的设置和内部组织机构负责人的人选，讨论决定学校的改革、发展和基本管理制度等重大事项，保证以培养人才为中心的各项任务的完成。"至于事业单位法人组织结构具体如何设置，决策、执行、监督机制具体如何建立，仍应回归以组织结构为基础的法人基本分类，根据各种事业单位法人的具体情况分别按照社团法人或财团法人的方式进行架构。事业单位法人的组织架构难以形成一般规则，特别法可能针对特定行业的事业单位规定特殊的组织结构。

二　社会团体法人的组织结构

（一）非营利社团法人治理结构的特殊性

治理结构一词为国内法学界所熟知，最初主要是针对营利法人——公司而言的。其一方面包括公司的内部组织机构设置和各机构之间的分权制衡，另一方面还包括公司的外部监管，包括主管机关的监管、通过信息披露接受社会的监督等。非营利社团法人与公司具有相同的基本组织结构，或者说至少是可能具有相同的组织结构，因此在治理结构上应有值得相互借鉴之处。由于学界对公司治理结构问题的研究要早于对非营利组织治理结构的研究，因此与前者相关的理论和实践均较为成熟。学界关于非营利社团法人治理结构的研究的基本思路是，在充分认识和考虑非营利属性对社团法人治理结构的影响之后，尽可能地从公司治理结构的理论和实践中汲取养分。

营利法人如公司经营的好坏，可以通过市场的反应以及经营中的成本核算所获利润来进行可以量化的、客观的判断；而且，由于公司的股东与公司的管理者之间利益的不一致，因而可以通过利益机制来实现分权制衡。但是，非营利法人因为"所有者缺位"、缺乏竞争、无利润考察指标而导致适用于营利法人的治理经验无法直接照搬到非营利法人领域。[①] 具体而言，现代公司治理结构以所有权与经营权相分离为基础，公司的股东是公司的"所有者"，而公司的经营者则不必然是公司的股东，特别是在规模较大、股权较为分散的股份公司中，公司的董事会成员一般只是大股东利益的代表，公司的经理一般是职业经理人。那么，股东的利益与公司经营业绩直接相关，股东出于维护自己利益的动机会积极地对公司董事会进行监督。而非营利社团法人中虽然也有社员，但由于受禁止分配利润原则的限制，非营利社团运营的业绩与其社员之间没有经济上的利害关系。因此，"所有者"缺位导致利益制衡机制难以在非营利社团法人的治理中发挥作用。

缺乏竞争是指非营利组织无法通过市场的反应来检测其运营质量。营利法人通过参与市场竞争，实行优胜劣汰的市场机制，很容易通过市场的反应来判断其运营质量，而非营利组织一般不参与市场竞争。即便是在非营利社团所从事的非营利业务中，对于是否应该引入竞争机制也有不同的声音。我国在这一方面便是采取限制竞争的态

---

① 金锦萍：《非营利法人治理结构研究》，北京大学出版社 2005 年版，第 64 页。

度，主管机关在审核批准某社会团体法人的设立申请时，会考虑在一定的地域范围内是否已有类似目的的社会团体存在，如果已有的话，那么在后的有关申请将不会得到批准。

无利润考察指标是指非营利法人运营的业绩不以利润最大化为判断标准。对非营利法人而言，由于本身不以赚取利润为目标，因此正常情况下非营利社团应将其全部或者至少是大部分精力专注于章程所定的目的事业。任何一个非营利社团都会有财务方面的事务，但是非营利社团法人通过各种渠道获得的运营经费原则上以收支平衡为已足。相反，非营利社团法人和财团法人均不得无限制地累积资金，这种行为甚至往往被认为属于运营不当。

可见，非营利社团法人的治理结构相对于营利法人既有相通之处，也有需要特殊对待之处。

（二）非营利社团法人的机关设置

虽然非营利社团法人与营利法人有着上述诸多区别，但是在法人内部机关设置问题上还是可以服从共同的制度设计。因为这些区别只能说明非营利法人应该借助更为严格的外部监督和监管体系，但是却不能忽视或弱化营利法人中的内部分权制衡机制。一般而言，非营利社团法人设置意思机关或权力机关、执行机关和监督机关。其中意思机关为必设机关、执行机关为常设机关，监督机关为非必设机关。意思机关为社员大会（又称为社员总会）、执行机关为董事会（又称为理事会）、监督机关为监事会。[①] 笔者认为，由于社团法人规模有大有小，考虑到运营成本和运营效率的问题，对于一些会员人数较多、规模较大的社团法人，可以考虑参照我国公司法关于股份有限公司的组织机构设置，必须设置社员大会、董事会、监事会，董事会和监事会对社员大会负责；而对于一些会员人数较少、规模较小的社团法人，可以参照有限责任公司的组织机构设置，设社员大会、执行理

---

① 郑玉波：《民法总则》，中国政法大学出版社 2003 年版，第 187 页。

事、监事，执行理事和监事对社员大会负责。

关于非营利社团法人的监督机关是否属于必设机关存在争议。大陆法系国家如德国、瑞士、意大利民法典中均未提及非营利社团法人的监督机关，当然更谈不上是否为必设机关了。其中《瑞士民法典》第65条第2款规定："社员大会监督社团各机关的工作，并可随时免除其职务。"我国台湾地区"民法"第27条第4款规定："法人得设监察人，监察法人事务之执行。监察人有数人者，除章程另有规定外，各监察人均单独行使监察权。"可见我国台湾地区立法上的监察机关为非必设机关。我国澳门地区《民法典》第145条第1款规定："法人之机关由其章程指明。其中须包括一个合议制的行政管理机关和一个监事会，两者均由单数成员组成，其中一人为主席。"该法第145条第4款规定："监事会之权限为：1. 监督法人行政管理机关之运作；2. 查核法人之财产；3. 就其监察活动编制年度报告；4. 履行法律及章程所载之其它义务。"可见我国澳门地区法上的监察机关为必设机关，而且属于常设机关。日本旧民法第58条规定："法人可根据章程、捐助章程或全会的决议，设置监事一人或数人。"该项规定被学者解释为日本法上法人的监察机关不属于必设机关。[①] 但是，日本旧民法又在第59条随即规定了法人监事的4项职权，这使人在逻辑上难以理解：既然监事都是非必设机构，是否设立监事全凭章程、捐助章程或者全会的决议，那么监事的职权为何要进行强行法的规定？监事的职权内容为何不留待章程、捐助章程或者全会来自主决定呢？日本于1998年制定的《特定非营利活动促进法》第15条规定："特定非营利活动法人必须设董事三人以上以及监事一人以上。"由此可见，即便日本旧民法认为公益法人的监事（会）不属于必设机关，但是后来的法律也已经改变了这一规定。目前日本从事特定非营利活动的法人必须设置监察机关。

---

① ［日］我妻荣：《新订民法总则》，于敏译，中国法制出版社2008年版，第163页。

按照某些学者的理解，公益法人是否需要设置监督机关，与一个国家对于公益法人的外部监督是否有力有密切关系。如果外部监督较为有力，那么内部监督就可以甚至应该松弛，后者可能会妨碍到非营利法人执行机关行使职权。反之，如果外部监督较弱，则内部监督就不应该缺位，应设置内部监督机关切实发挥监督职能。① 还有一种观点认为，有了外部监督，再加上非营利法人内部监督本身难以切实有效地发挥效用，因此干脆主张不需要设置监督机关。笔者认为，这两种观点均犯了同样的逻辑错误。在非营利法人所有人缺位的情况下，其实更应该强化监督，既包括有力的外部监督，也包括有力的内部监督。到目前为止，无论是营利社团还是非营利社团，尚未发现因为内部监督过度进而妨碍执行机关行使职权的现象。我们也可以用实例来加以说明。我国一些大型的社会团体，会员可能达到数万人。由于《社会团体登记管理条例》只要求社会团体"有相应的组织机构"，一般而言我国社会团体确实也设立由全体会员组成的会员大会，但是在章程中规定每五年召开一次会员大会，而只要不在开会期内，会员大会相当于根本就不存在。另外社会团体法人一般设理事会、常务理事会、会长、常务副会长、副会长、秘书长等，社会团体的日常事务由会长、副会长集体决定，交由秘书长负责执行，理事会会议一般一年召开一次。至于监督机关是没有设置的。在这样的情况下，怎能指望五年一次的会员大会能够对秘书长、会长的行为进行有效的监督？至于理事会、常务理事会能否对秘书长、会长的行为进行监督，恐怕也不能抱太高的期望，一则理事或者常务理事本来就属于执行机构的成员；二则一年一次的理事会、常务理事会同样属于非常设机构，难以对秘书长、会长的行为进行日常监督。

按照一些学者的想法，此时本来就没有太指望社团法人的内部监督，依靠的主要是外部监督。但如果每一个社团法人都完全依靠外部

---

① 金锦萍：《非营利法人治理结构研究》，北京大学出版社2005年版，第169页。

监督，那么外部的监督机构将不堪重负，无法及时发现问题。可以断言，外部的监督机关包括信息公示所形成的社会监督即便能够发现一些问题，恐怕也是在出现问题之后，最后的结果顶多也就是"以罚代管"罢了。这对于法人治理结构的完善仅具有限意义。

今天的非营利组织与20世纪、19世纪已经大不相同。原来非营利组织整体较少，政府和社会的监督相对较为容易，非营利组织的执行机关又往往为具有一定道德自律能力的精英人士，因而是否设立内部监督机关显得并不怎么重要。但是随着非营利组织作为社会的第三部门发展到今天，非营利组织甚至能够成为社会就业增长的一极，参与非营利组织管理的人员趋于专业化、职业化，也越来越可能缺乏对所从事的事业的信仰。在这样的背景下，单靠管理人员道德自律、信仰支撑或者外部监管，恐怕都是不够的。

基于这样的考虑，非营利社团法人应设置监督机关且为常设机关。监督机关的职责以及行使职权的保障也应在民法典中予以规定。这一点同样适用于财团法人。

当然，进一步值得探讨的问题是，在营利社团法人中，监督机关与执行机关均对会员大会（股东大会）负责，而在非营利社团法人中，本来也应让监督机关对会员大会负责，可问题在于非营利社团法人的会员大会本身就是一个缺乏利益驱动的、被弱化的机构。如何才能让非营利社团法人的监督机关真正地负起监督之责，这是在有关的特别法中需要着重解决的问题。

（三）我国社会团体法人的组织结构

2016年才进行修订的《社会团体登记管理条例》未就社会团体法人的具体组织架构进行明确规定，仅仅规定社会团体法人应具备"相应的组织机构"，将其作为设立条件之一。反而《民法总则》第91条规定："设立社会团体法人应当依法制定法人章程。社会团体法人应当设会员大会或者会员代表大会等权力机构。社会团体法人应当设理事会等执行机构。理事长或者会长等负责人按照法人章程的规定担任法定代表人。"由此可见，社会团体法人的法定必设机构为权力机构和执行机构；监督机构并非必设机构，具体是否设置取决于法人章程。权力机构可以是会员大会，也可以是会员代表大会；执行机构是理事会等。至于权力机构、执行机构的具体职权划分、成员产生办法、议事方式和表决程序，作为民事基本法的《民法总则》并未进行规定。按照《社会团体登记管理条例》第14条和第15条的规定，应该是由会员大会或会员代表大会选举产生执行机构、负责人和法定代表人。执行机构和负责人应该对权力机构负责。

应该看到，《民法总则》的规定具有一定的进步意义。目前实践中有一些社会团体误将理事会作为权力机构、秘书处为执行机构。在进行社团换届选举时，仅仅召开理事会，由理事而非会员或会员代表选举新的理事组成新理事会，这种做法有违有关社会团体法人的比较法成例和我国的法律规定。《民法总则》的规定对于纠正此种错误观念具有重要意义。但是另一方面我们也要看到《民法总则》及相关法规存在不足。到目前为止，我国社会团体法人的组织架构制度尚不完善，《民法总则》和《社会团体登记管理条例》的规定还过于简单、原则。《社会团体登记管理条例》虽然在2016年才完成修订，但并没有和《民法总则》的规定相衔接，因而亟需再次修订。我们需要借鉴比较法上的成熟做法，以传统大陆法系民法理论上有关非营利社团法人的一般制度为原型，明确规定权力机构和执行机构的法定职权划分、议事方式和表决程序等制度。

三　捐助法人的组织结构①

（一）财团法人组织架构的一般规则

1. 财团法人的制度功能与组织架构目标。受日本、我国台湾地区民法理论的影响，我国许多学者认为财团法人限于公益法人，因而

---

① 虽然笔者并不赞成采用"捐助法人"概念，但为与现行《民法总则》保持一致，本书仍使用这一概念行文。

在制度价值上只是一种实现特定公益目的的手段。① 这种认识并不全面，也没有涉及问题的实质。首先，在世界范围内，财团法人并不限于公益目的，在德国、瑞士和我国台湾地区还存在为特定私人利益目的例如为扶养家庭成员或宗族成员而设立的财团法人。② 其次，能够用以实现公益目的的手段除了财团法人之外，还有公益社团、公益信托、临时的公益项目等形式。财团法人的功能价值应以在财团类型上更具包容性的德国法、瑞士法等立法例为对象进行考察。德国学者梅迪库斯认为，财团法人制度"提供了使一个人的意志（同时往往还有捐赠者的姓名）永垂不朽的可能性"。③ 德国基金会以"永久地执行创始人的愿景，完成一系列的长期目标"为第一特征。④《德国巴伐利亚州财团法》第 2 条第 1 款明确规定："对捐助人意思之尊重，为适用本法之最高准绳。"⑤ 财团法人组织架构应以实现上述制度功能为目标，即对捐助人或创始人意志的长期维持甚至永续，进而使潜在的捐助人对通过设立捐助法人持续地从事特定事业保持充分的制度信心。⑥ 这对于公益捐赠尤其重要，捐助人只有相信其记载于捐助章程中的意志不会被他人或后来者更改，其捐助的资金会切实用于既定公益目的，才会愿意捐出大笔资产设立财团法人以长期地推进特定公益事业。2010 年，著名慈善家曹德旺先生拟通过中国扶贫基金会向西南五省十万贫困家庭捐赠善款 2 亿元，因其担心捐款不能全部被用于救助目标家庭，作为公益组织的中国扶贫基金会为获得捐款人的信任，尽管其根本无法从捐款中获益，但仍不得不按照商业规则在捐款协议中向捐款人就项目实施、捐款发放作出极为严苛的违约金责任承

① 参见胡岩《财团法人之研究》，中国政法大学出版社 2013 年版，第 108 页。
② 参见史尚宽《民法总论》，中国政法大学出版社 2000 年版，第 144—147 页。
③ ［德］迪特尔·梅迪库斯：《德国民法总论》，法律出版社 2001 年版，第 865 页。
④ 基金会中心网编：《德国大型基金会》，社会科学文献出版社 2015 年版，第 4 页。
⑤ 王名等编著：《德国非营利组织法》，清华大学出版社 2006 年版，第 301 页。
⑥ 参见夏利民《财团法人的制度价值及其影响》，《重庆社会科学》2008 年第 8 期。

诺,一度引发舆论哗然。① 由此可见,包括法人组织架构制度在内的相关法律制度为捐款人提供足够的制度信心对于促进公益事业发展极为重要。

2. 财团法人与社团法人组织架构的本质区别。大陆法系国家和地区如德国、葡萄牙、巴西、瑞士、泰国以及我国台湾地区、澳门地区民法均以社团法人和财团法人为法人基本分类模式。社团法人和财团法人以其在组织结构上是否设置权力机构或意思机构而存在明显不同。社团法人一律设置会员大会作为其权力机构或意思机构;财团法人则不设权力机构或意思机构,仅以执行机构和监督机构为必设机构,或者仅以执行机构为必设机构,监督机构是否设置由财团章程决定。② 例如《德国民法典》第 32 条和第 86 条、《葡萄牙民法典》第 162 条和第 172 条、《瑞士民法典》第 64 条和第 81 条、我国台湾地区"民法"第 27 条和第 50 条均有明确的或可推知的相应规定。这既是域外法上的成例,也符合我国民法理论共识。③ 财团法人此种组织架构的要点有二。

第一,财团法人的执行机构、监督机构均按照法人章程行事,该章程也就是设立时捐助人的意志而非法人自身内设权力机构的意志。例如在德国,"明确且专一地按照基金会的章程开展工作"被普遍认为是基金会制度的"核心"。④ 因此,社团法人属于自律法人,财团

---

① 参见 https：//zhidao. baidu. com/question/417219135. html. ，2017 年 6 月 4 日访问。

② 也有学者认为社团法人和财团法人均有设意思机构,但意思机构具体可分为意思形成机构和意思表示机构。社团法人兼有意思形成机构和意思表示机构;而财团法人仅有意思表示机构。此种观点中所谓"意思形成机构"实指通常所称意思机构或权力机构,而所谓"意思表示机构"则实指通常所称"执行机构"。本书不采此种分类,文中所称意思机构如未特别声明均指意思形成机构。参见税兵《非营利法人解释》,法律出版社 2010 年版,第 229 页。

③ 参见刘心稳主编《中国民法学研究综述》,中国政法大学出版社 1996 年版,第 148 页。

④ 基金会中心网编:《德国大型基金会》,社会科学文献出版社 2015 年版,第 4—5 页。

法人属于他律法人。① 由此也可看出，此处的"自律"或"他律"中的"律"不能仅仅理解为监督，还包括管理。

第二，无论社团法人还是财团法人，其执行机构按照法律法规和章程的规定行使职权必然也包括对具体事务的"决策"，例如我国《公司法》第 37 条规定股东会作为权力机构有权"决定公司的经营方针和投资计划"，第 43 条规定董事会作为执行机构有权"决定公司的经营计划和投资方案"。② 但是权力机构的决策权与执行机构的决策权存在实质性区别。从《公司法》第 37 条和第 43 条的规定可知，修改章程以及公司合并、分立、解散、清算、变更组织形式等事务只能由权力机构决定，执行机构只可能就其他事务享有决策权。③ 财团法人在其组织架构上不设权力机构并不只是不采用权力机构名称，更重要的是不允许任何机构享有修改章程或享有对关停并转等重大事项的一般决策权。其目的在于消灭权力机构或其他任何机构或个人通过决议修改章程，包括改变法人的目的事业范围，进而改变记载于章程中的捐助人意志之一般可能，从而实现财团法人的制度功能。④ 在我国台湾地区，财团法人理事会仅有权在符合法定条件的前提下作为利害关系人向法院提出变更章程的申请，司法实践也认为"绝不能由财团法人自行修改变更捐助章程"。⑤ 如果在特殊情况下确需改变捐助法人的目的，例如原定目的随着社会发展已经实现，则在变更的条件和程序上也必须受到极为严格的限制。《德国民法典》第

---

① 梁慧星：《民法总论》，法律出版社 2011 年版，第 122 页。

② 在实践中，权力机构和执行机构的决策权限划分往往需要通过法律的明确列举和章程的具体规定例如一定的金额上限下限来认定。

③ 因此有学者将社团法人（公司）的权力机构称为"最高权力机构"，以示与法人其他内设机构在决策权上的本质区别。参见范健、王建文《商法学》，法律出版社 2012 年版，第 207 页。

④ 参见罗昆《我国基金会立法的理论辩正与制度完善——兼评〈基金会管理条例〉及其〈修订征求意见稿〉》，《法学评论》2016 年第 5 期。

⑤ 陈岳瑜、廖世昌：《财团法人实务争议问题研究》，（台北）元照出版社 2016 年版，第 7 页。

87 条、《瑞士民法典》第 85 条和第 86 条、《葡萄牙民法典》第 189 条和第 190 条，以及我国台湾地区"民法"第 63 条和第 65 条、澳门地区民法第 178 条和第 179 条均就财团法人变更章程和决定合并、分立、终止、解散等重大事项规定了极为严格的限制条件。[①] 例如《瑞士民法典》第 86 条规定，仅在财团的原本宗旨因其具有他种意义或效果，以至于明显背离捐助人的原意时始得变更；同时在程序上还需经监督机关提议或最高机关的申请，由联邦或州的主管机关决定。唯有如此，才能实现捐助人意志的永续，才能为捐助人从事公益捐赠提供制度信心。同时这也是财团法人（基金会）不适用于经营营利事业而适合运作持续性公益事业的原因，因为营利事业需要及时应对市场行情变化和调整其经营范围等，因而不可能不设置由出资人组成的权力机构；公益事业相对稳定且涉及公众利益，一方面无需时时调整其事业范围或者改变法人目的，另一方面连捐助人都无权在捐助完成后再改变法人的章程或撤回捐助。

大陆法系其他未采用社团法人和财团法人基本分类模式的国家，例如日本也承认社团法人与财团法人这一基础性区别。[②] 只有社团法人才设立会员大会以决定章程的变更或任意解散等，财团法人不设会员大会。[③] 但是按照《日本公益法人指导与监督基准》的规定，公益性财团法人原则上应该设置评议员会作为董事和监事的选任机关，并且作为财团法人重要事项的咨询机关。[④] 在日本 2008 年改革法人制度后，根据现行《一般社团法人·一般财团法人法》第 170 条的规定，财团法人必须设置"评议员、评议员会"，"理事、理事会"及

---

① 参见罗昆《财团法人制度研究》，武汉大学出版社 2009 年版，第 133—135 页。

② 日本旧民法主要以公益法人和营利法人作为法人基本分类，但 2008 年法人制度改革后实际已采社团法人和财团法人的基本分类。

③ 参见［日］我妻荣《新订民法总则》，于敏译，中国法制出版社 2008 年版，第 164 页。

④ ［日］四宫和夫：《日本民法总则》，唐晖、钱孟珊译，（台北）五南图书出版公司 1995 年版，第 103 页；さくら综合事务所：『社团法人财团法人实务』，中央经济社 2000 年版，第 44 页。

"监事"。① 其中，评议员会虽有权变更包括财团法人的目的、名称、主事务所所在地、设立人的姓名或名称、住所、基础财产及金额、评议员理事监事的选任解任办法等在内的章程必要记载事项，但只有在财团法人设立时无法预见的特别情况发生，若不变更章程则会导致无法继续运营或面临严重运营困难的情况下，经裁判所许可才能变更章程中的必要记载事项。可见，日本法上的财团法人评议员会并没有一般性地修改章程或决定财团法人关停并转的权力，其与权力机构存在本质区别。

3. 财团法人组织架构的模式。到目前为止，比较法上财团法人组织机构设置共有三种模式，一是仅以执行机构为必设机构，权力机构之外的其他机构设置由章程自主规定，例如《德国民法典》第86条之规定；二是仅以执行机构和监督机构为必设机构，例如《葡萄牙民法典》第162条和我国台湾地区"民法"第27条之规定；三是以执行机构、监督机构和评议员会为必设机构，例如日本《一般社团法人·一般财团法人法》第170条之规定。② 无论在哪一种模式下，财团法人理事会都只是执行机构，负责内部和外部事务执行；监事或监事会是监督机构；日本法上的财团法人评议员会主要是咨询机构而非权力机构。需要特别说明的是，由于财团法人不设权力机构，类似社团法人会员大会所享有的各项职权事实上并非完全不能由财团法人理事会享有，财团法人制度所绝对排斥的只是将修改章程和决定法人关停并转的核心职权赋予理事会。因此财团法人理事会除享有执行机构的职权外，还可能依章程规定而享有类似社团法人权力机构的部分非核心职权。就此而言，财团法人的执行机构的职权与社团法人执行机构的职权并不完全相同。

---

① ［日］近江幸治：《民法讲义 I·民法总则》，渠涛等译，北京大学出版社2015年版，第84页。

② 日本法上设置评议员会作为董事和监事的选任机关，也作为财团法人重要事项的咨询机关。这也是在没有社员和社员大会的情况下寻求财团内部治理结构的平衡的一种努力。

综上可知，财团法人组织架构的一般规则包括三个方面。第一，不设权力机构、意思机构或实质意义上的决策机构；第二，执行机构为必设机构，其依据法律和章程行使职权；第三，任何内设机构都不得享有修改章程和决定财团法人关停并转的一般职权。

（二）我国捐助法人组织机构设置及其问题

《民法总则》颁布之前，我国《基金会管理条例》第20条规定："基金会设理事会……理事会设理事长、副理事长、秘书长，从理事中选举产生，理事长是基金会的法定代表人。"《基金会管理条例》第22条规定："基金会设监事。监事任期与理事任期相同。理事、理事的近亲属和基金会财会人员不得兼任监事。监事依照章程规定的程序检查基金会财务和会计资料，监督理事会遵守法律和章程的情况。监事列席理事会会议，有权向理事会提出质询和建议，并应当向登记管理机关、业务主管单位以及税务、会计主管部门反映情况。"可见，我国现行法律规定理事会和监事会是基金会的必设机关和常设机关。根据《民办非企业单位登记管理暂行条例》第8条的规定，我国的民办非企业单位只需要设立"必要的组织机构"，这一规定与《社会团体登记管理条例》对社会团体法人的组织结构要求如出一辙，完全不具有可操作性。

我国《民法总则》第93条规定捐助法人应当设理事会和民主管理组织等决策机构，并设执行机构和监督机构，三者均为必设机构。也许因为在《民法总则》制定过程中有关法人基本分类的争议吸引了学界和立法机关太多的注意，此种明显背离民法常识中财团法人之"他律法人"属性的规定在立法起草和审议阶段并未引起广泛注意。[1]《民法总则》颁布后，众多《民法总则》释义著述也未意识到这个问题。[2]

---

① 参见谭启平、黄家镇《民法总则中的法人分类》，《法学家》2016年第5期。

② 参见李适时《中华人民共和国民法总则释义》，法律出版社2017年版，第285—290页；张新宝：《〈中华人民共和国民法总则〉释义》，中国人民大学出版社2017年版，第178—180页；中国审判理论研究会民商事专业委员会：《〈民法总则〉条文理解与司法适用》，法律出版社2017年版，第167—168页。

在民法理论上，"权力机构""意思机构""决策机构"这三个术语通常不加区分地予以使用。[①] 因此按通常理解，捐助法人设决策机构且以理事会为决策机构的规定存在明显问题。

1. 我国捐助法人的理事会虽名为"决策机构"实则为权力机构。我国《民法通则》规定的法人类型并不包含基金会法人或财团法人，"决策机构"这一概念源自 2004 年制定的《基金会管理条例》。该条例第 21 条第 1 款规定："理事会是基金会的决策机构，依法行使章程规定的职权。"同时该条第 3 款还规定了理事会的具体职权包括修改章程、选举或者罢免理事长副理事长秘书长、章程规定的重大募捐投资活动、基金会的分立与合并。《民法总则》在起草审议过程中正值《基金会管理条例》面临修订。有人认为我国公益基金会法人治理结构的现实缺陷主要是理事会决策职能的架空、监事会的虚位状态和内部人控制三大问题。[②] 基于这样的认识，完善基金会治理结构的基本思路是在理事会已经具备修改章程等职权的基础上，进一步强化理事会的职权。官方发布的《基金会管理条例（修订草案征求意见稿）》第 22 条规定："理事会是基金会的决策机构，根据法律、法规和章程开展活动，对基金会负责。"第 26 条规定了基金会理事会的 9 项职权，就法定特别决议事项增设了"设定和管理内部组织机构，制定管理制度"、选举理事、关联交易、决定基金会的终止等事项，且明确规定"需经全体理事三分之二以上通过方为有效"。在理事会的定位和职权问题上，该征求意见稿基本上继承了《基金会管理条例》的规定，并对理事会的职权有所强化，全面涵盖了基金会关停并转等重大事项。

前已论及，法人是否设置了权力机构，或者某一机构究竟是权力

[①]　参见江平主编《民法学》，中国政法大学出版社 2007 年版，第 102 页；魏振瀛：《民法》，北京大学出版社、高等教育出版社 2000 年版，第 85 页。

[②]　参见李莉《中国公益基金会治理研究——基于国家与社会关系视角》，中国社会科学出版社 2010 年版，第 128—132 页。

机构还是执行机构，取决于是否将修改章程及决定关停并转等职权赋予法人内设机构。反之，捐助法人的决策机构和执行机构不可避免地也均有一定的决策权，其性质认定也应以两个机构的具体职权划分为准。对比《民法总则》第80条、《公司法》第37条和第99条关于营利法人或公司的规定可知，《基金会管理条例》及其修订征求意见稿所规定的"决策机构"与企业法人的"权力机构"的职权虽有不同，但是在修改章程以及决定组织的关停并转等最为重要的核心职权上相类似，与企业法人的执行机构、监督机构的职权则存在明显不同。按照《基金会管理条例》及其修订征求意见稿的规定，基金会法人的理事会名为"决策机构"，实系权力机构。[①]《民法总则》虽未规定捐助法人理事会的具体职权，但是采纳了《基金会管理条例》及其修订征求意见稿中将理事会定位为"决策机构"的意见。一旦二者相结合，那么捐助法人就不仅设置了权力机构，而且还是以理事会为其权力机构。基金会理事会之具体职权规定与"决策机构"定位倒是正好符合了民法理论上将"决策机构"与"权力机构"、"意思机构"混用之通说。

2016年的《慈善法》第8条规定慈善组织包括"基金会、社会团体、社会服务机构等组织形式"。该法第18条和第54条规定了上述慈善组织的"决策机构"有成立清算组进行清算和就重大投资方案决议的职权，这两项职权从内容上看同样应由权力机构享有。属于社团法人的社会团体法人和属于财团法人的基金会和社会服务机构，居然均有权力机构意义上的"决策机构"且行使相同的职权，其错误与上述《基金会管理条例》可谓一脉相承。

2. 捐助法人以理事会为权力机构违背逻辑和常识。在股份公司

---

① 实践中基金会理事会享有的决策权与上述法律规定并不完全一致。按照理事会实际享有决策权的具体情况，非营利组织理事会的治理类型可以分为理事长主导、执行长主导、权力分享、权力分散、软弱无权五种类型。除第一种理事长主导的情况外，其余四种情形均属于不规范的基金会治理结构。参见葛道顺等《中国基金会发展解析》，社会科学文献出版社2008年版，第53页。

的治理结构中，出资人是股东，组成股东大会作为权力机构；股东大会选举董事组成董事会作为执行机构，下设"经理"负责日常事务管理执行；另外股东大会选举监事组成监事会作为监督机构。[①] 如果比照公司这种社团法人的治理结构，捐助法人（财团法人、基金会法人）中即便要设置权力机构，其成员也应该是全体捐助人或原始的独任捐助。因此捐助法人的理事会被定位为权力机构意义上的决策机构，既不符合前述财团法人组织架构的一般规则，也不符合逻辑和常识。

3. 捐助法人以理事会为权力机构很可能损害捐助人的信心。为了鼓励和发展公益慈善事业，其实不独大陆法系的捐助法人，还包括英美法系的慈善信托，其制度设计均须确保捐助人（委托人）的意志可以长期得到尊重和维持。[②] 但是如果捐助法人以理事会为权力机构，这使得更改捐助人意志的权力不仅得以一般性地被保留在捐助法人内部，而且还被授予了本属执行机构的理事会。这种规定的实质是取消了捐助法人组织架构上的分权制衡机制。在真正的权力机构缺位的情况下，监督机构的监督本就十分不力，更遑论权力机构与执行机构合而为一的情形。[③] 如果捐助人在捐助法人中任职并负责管理工作，此种规定的错误或许还不明显，但如果捐助人不在捐助法人中任职甚至已经去世，则该种规定的错误将充分暴露。

捐助人捐出大额资金甚至毕生财富设立基金会的目的可能并不只是出于"感恩社会、回报社会"这样泛泛的公益目的，可能还有非常特别的心理动因和具体的公益目的，例如"嫣然天使基金"的捐

[①] 有学者认为，公司组织机构一般分为四类：权力机关一般为股东会、决策机关一般为董事会、监督机关一般为监事会、执行机关即经理。此学说既非商法上公司组织架构的通说，亦非民法上社团法人组织架构的通说。依此种观点，董事会虽有"决策机构"之名，但实际职权仍需受《公司法》的限制，董事会无权修改章程以及决定公司的关停并转。参见赵旭东《公司法学》，高等教育出版社 2012 年版，第 348 页。

[②] 参见解锟《英国慈善信托制度研究》，法律出版社 2011 年版，第 165 页。

[③] 参见黄泂《私法自治与适度监督：公私法视野下的基金会制度重构》，《政治与法律》2013 年第 10 期。

助目的就是资助唇腭裂患者的手术治疗和相关医学研究。① 基金会现有的"双重管理体制"要求基金会在设立前必须找到一个业务主管机构且获得设立许可，这就决定了基金会的设立目的至少必须明确到诸如教育、医疗、文化、体育、救灾、济贫等具体公益领域，笼统地以公益慈善事业为目的的基金会将根本无法设立。理事会有权变更捐助章程包括变更捐助法人的目的，实践中倒不太可能将公益性目的改变为营利目的，而是可能在保持公益性的前提下变更其具体捐助目的，或者以公益目的的名义涵盖一些中间目的。对于捐助人而言，这同样构成捐助目的变更，进而会对其捐助信心造成损害。而如果有关捐助法人的法律制度不能确保长期地维持和实现捐助人意志，就会挫伤捐助人的捐资积极性，进而会对我国公益慈善捐赠事业造成无法估量的伤害。

在价值多元化背景下，民法问题中的价值判断问题本来难以达成共识。② 捐助法人的组织架构属于民法价值判断问题，但并不存在无法达成共识的价值争议。捐助法人制度以捐助人意志永续，为公益事业提供制度信心为价值导向，而不能以损害社会公益心为导向。我国捐助法人组织架构制度实已背离了其应有的制度常识和价值共识，亟需以限制决策机构和执行机构的职权为中心进行完善。

（三）《民法总则》捐助法人组织架构制度缺陷的成因

背离制度常识和价值共识的捐助法人组织架构制度得以先后在《基金会管理条例》和《民法总则》中规定下来，其原因主要包括以下两个方面。

1. 立法者忽略捐助法人组织架构制度的私法本质。财团法人与社团法人的本质区别在于前者不设权力机构或意思机构而后者设置。

---

① 参见刘太刚《非营利组织及其法律规制》，中国法制出版社 2009 年版，第 92—99 页。

② 参见王轶《民法价值判断问题的实体性论证规则——以中国民法学的学术实践为背景》，《中国社会科学》2004 年第 6 期。

这一点虽早已成为私法上民事主体理论的共识，但并未为其他领域学者和业界所普遍了解和接受，因而也很可能不为立法者所完全理解。目前对捐助法人私法本质的误解主要有以下几种。

第一，将捐助法人组织架构与公司治理相混同。例如，有长期从事非营利组织管理研究的学者认为："现代基金会不再依托信托形式而成为公司化的法人实体，其法律根据是公司法。将公司的组织形式用于慈善机构的设立，不仅在当时而且已经被历史所证明，这的确是一个伟大的制度创新。"① 还有大型基金会的理事长认为，"基金会必须在现有的法律法规框架下按照现代公司治理架构运作"。② 美国的基金会有"corporation"与"charitable trust"两种形式。③ 在美国法中，"corporation"通常指公司，但也可以用于指团体或法人。根据美国《非营利法词典》的解释，"corporation"是指根据州法所创设的法律实体或法人，是信托（trust）和非法人团体（unincorporated associations）之外的第三种非营利组织，而且是最为普通的形式，其特点在于给予从业人员以有限责任的保护。④ 将作为财团法人的基金会与作为社团法人的公司在组织架构上完全混同，或许与英语中"corporation"一词具有多义性而造成误解有关。

第二，将"他律法人"片面理解为依靠外部监管的法人。不具备私法知识背景的学者往往望文生义地认为，捐助法人的他律法人属性仅仅是指监督上的他律，即主要以外部监督为主的法人，与依靠自身监督机构的监督为主的法人相对。⑤ 我国《基金会管理条例》及其修订征求意见稿之所以将基金会的理事会错误地定位为社团法人权力

---

① 杨团：《关于基金会研究的初步解析》，《湖南社会科学》2010 年第 1 期。

② 卢德之：《试论中国特色现代慈善事业》，《伦理学研究》2009 年第 1 期。

③ See H. L. Oleck & M. E. Stewart, *Nonprofit Corporations, Organization & Associations*, 6th ed., Prentice Hall, p. 202.

④ See B. R. Hopkins, *Nonprofit Law Dictionary*, New Jersey: John Wiley & Sons, Inc., 1994, p. 74.

⑤ 参见韦祎《中国慈善基金会法人制度研究》，中国政法大学出版社 2010 年版，第 207 页。

机构和意思机构意义上的"决策机构"，应该也是因为对捐助法人的"他律法人"这一私法属性存在误解，忽视了捐助法人的执行机关应依捐助章程执行事务也即管理上的他律。

第三，认为理事会兼具权力机构和执行机构双重属性。有人认为财团法人不设社团法人一样的意思机关，财团法人的"理事会既是决策机关又是执行机关"。[①] 还有学者意识到了我国基金会法律制度系采行政管控模式而非法人治理本位的自治模式，其重要原因之一就在于基金会意思形成机关与意思执行机关合一，并对此抱有"同情式理解"，主张以监管部门适当退位还权于理事会、为理事设定严格的信义义务、设计利益冲突解决之道三大举措来"完善基金会法人治理的基本结构"。[②] 此种观点部分触及了我国基金会法律制度的问题，但存在偷换概念的不足。财团法人理事会除享有执行机构的职权外，确实还可能依章程规定而享有类似社团法人权力机构的部分非核心职权。但由此笼统地认为基金会理所当然以理事会兼为意思形成机关（权力机构）和意思执行机关（执行机构），则有意无意地模糊了问题的本质。此种双重属性说不仅不能真正完善基金会法人治理结构，反而在未根本改善基金会法人治理基本结构的前提下，贸然主张政府监管退位，实际上还是对捐助法人的私法属性认识不足。

第四，认为"捐助法人没有成员，因此没有权力机构"。[③] 该种观点的错误有二，一是认为捐助法人天然地不可能有权力机构；二是认为组织机构性质的判断不是依据具体职权进行实质性判断而是依据组成成员的身份进行形式性判断。

《基金会管理条例》和《慈善法》等均被单纯地定位为社会法，立法时虽有征求学界的意见但鲜少倾听私法学者的声音，上述错误理

---

① 参见李芳《慈善性公益法人研究》，法律出版社 2008 年版，第 159 页。

② 参见李晓倩、蔡立东《基金会法律制度转型论纲——从行政管制到法人治理》，《法制与社会发展》2013 年第 3 期。

③ 李适时：《〈中华人民共和国民法总则〉释义》，法律出版社 2017 年版，第 286 页。

论的出现甚至这些错误还被一些缺乏私法背景知识的学者认为是我国《基金会管理条例》的"创新之处"。① 在这样的背景下，立法者显然难以对捐助法人组织架构制度的私法本质形成全面和正确的认识。

2. 立法者对我国公益基金会事业的发展变化及其规律性认识不足。在美国，基金会可以分为私人基金会（private foundation）与公共慈善（public charity），二者在税收和监管等法律制度上存在较大差异。② "中国基金会从一开始便由政府创立和管理，至今形成的模式就是政府主导、资助。"③ 但是自 2004 年《基金会管理条例》将基金会分为公募基金会和非公募基金会以来，在我国由私人捐助设立的非公募基金会得到了飞速发展，在数量上已经超过了公募基金会，且"越来越多的非公募基金会进入 TOP100 行列"。④ 事实证明，为潜在的捐助人提供"可以按照自己的意愿成立非公募基金会"的制度保障，可以极大地调动各社会主体投身公益事业的热情。⑤ 因此私人捐助设立公募或非公募基金会对于我国公益事业的发展必将具有越来越重要的意义。由个人、家族或企业设立的基金会在性质上类似于美国的私人基金会，而官办的公募基金会类似于公共慈善。⑥

在以官办的公募基金会为主的公益时代，基金会的收入主要靠国家资助和公开募捐，政府可以指派理事和监事管理基金会，还可以通

---

① 徐宇珊：《论基金会——中国基金会转型研究》，中国社会出版社 2010 年版，第55—56 页。

② See J. J. Fishman & S. Schwarz, *Nonprofit Organizations——Cases and Materials*, 4th ed., Foundation Press, 2010, pp. 703 – 704.

③ 张晓冬：《基金会法律问题研究》，法律出版社 2013 年版，第 11 页。

④ 张亚维、陶冶：《我国基金会发展状况及影响因素分析——以中国 TOP100 基金会为例》，《扬州大学学报》（人文社会科学版）2012 年第 3 期。

⑤ 参见刘忠祥主编《中国基金会发展报告（2013）》，社会科学文献出版社 2014 年版，第 6 页。

⑥ 在美国，基金会可以分为独立基金会、企业基金会、社区基金会和运作型基金会四种类型，其中社区基金会属于公共慈善，其余三种属于私人基金会。See J. J. Fishman & S. Schwarz, *Nonprofit Organizations——Cases and Materials*, 4th ed., Foundation Press, 2010, pp. 706 – 707.

过业务主管机关和登记机关实施双重外部监管，"政府俨然以公共利益唯一代表的身份出现，将制度的运行完全诉诸国家的权威"。① 在政府看来，基金会的财产只要用于公益目的其效果都是一样的，都是帮政府解决社会问题，有关基金会的许多制度例如信息公开等主要是确保基金会的财产用于公益目的。政府对于基金会的财产是用于此公益目的还是彼公益目的、是否符合捐助人的意志则不够重视；目前政府主导型的基金会法律制度对于基金会发起人、捐助人的"利益"保护不够或几乎没有保护。"捐赠人和受益人仅仅是基金会文字材料上的一个名字而已。"② 在政府既是设立人又是管理者和监管人的背景下，基金会的组织运作管理整体上较为简单粗放，我国《基金会管理条例》将理事会定位为权力机构的弊端在这一阶段并不非常明显。

但是随着社会财富的增加和社会公益心的觉醒，我国已逐渐步入以私人或企业捐助设立公募或非公募基金会为主的公益时代，而立法者并没有充分意识到这种变化及其对公益法律制度的深刻影响，仍然习惯于延续传统官办公募基金会时期的既有思维和制度安排，其显然无法适应复杂化的基金会治理现实，也无法给潜在的捐助人提供制度信心。汶川地震时"嫣然天使基金"的负责人曾高调宣布向灾区捐款 500 万元，政府和公益业界并未觉得这一行为有什么不妥之处。但由于救灾并不在该基金会的目的范围之内，该捐赠行为其实是一个严重的资金违规使用行为。拟向该基金会进行小额捐赠的人，也就是以往那些官办公募基金会的潜在捐款人或许不会十分介意这样的违规行为，但是新的公益时代下那些可能向该基金会进行大额捐款的人则完全有可能就此打消捐赠的意愿，更不用说将修改章程进而可能彻底改变基金会的目的事业的权力交给理事会。

事实上，公益事业如同市场经济下的营利事业一样具有规律性。

---

① 税兵：《非营利法人解释》，法律出版社 2010 年版，第 223 页。
② 付霞：《从"嫣然基金"事件反思我国基金会的道德风险控制机制》，《理论观察》2014 年第 8 期。

对于私人捐助设立大型公益基金会而言，捐助人对于基金会和基金财产确实没有通常所说的私人"利益"，但是对预设的基金会目的不被后来者更改，确保捐助财产完全被用于预设目的而不会被挪用、侵占或用于其他目的而言，其享有绝对的信赖和期待利益，其对于特定公益事业因自己的捐助行为而取得进步享有重要的精神利益。此种利益和利益可以实现的信心是捐助人决定是否进行捐赠的一个至关重要的因素，需要公益法律制度的特别呵护，但在以传统的官办公募基金会时代为背景构建的现有基金会法律制度下，对其显然缺乏充分保护。前述中国扶贫基金会向捐款人承诺承担严苛的违约金责任之做法虽然极不合适，但在我国现有基金会法律制度无法给捐款人提供足够制度信心的情况下，这也只能是一种无奈之举。基金会的治理机制存在以美国为代表的公法主导型和以德国为代表的私法主导型两种模式，①但无论哪一种模式，都必须保障捐助人的制度信心，不可无视捐助人的信赖利益、期待利益和促进特定公益事业获得成功的精神利益。本书关于财团法人制度功能及组织架构一般规则的讨论便主要是针对此种以私人捐助设立大型基金会为主的公益时代。

基于以上分析可知，《民法总则》关于捐助法人组织架构的规定源于《基金会管理条例》。后者之所以错误地将理事会定位为"决策机构"并被前者沿用，并非准确意识到财团法人或基金会理事会作为执行机构与社团法人执行机构在职权上可能略有不同，而主要与立法者缺乏私法背景知识，以及对我国公益事业的发展变化及其规律性认识不足两重因素有关。

（四）《民法总则》捐助法人组织架构制度的完善进路

捐助法人以理事会为"决策机构"的组织架构制度目前已被《民法总则》所采纳，因此再将该制度评价为错误，至少在短时间内是没有任何意义的。当务之急是如何化解和应对这一错误所可能导致的问

---

① 参见税兵《基金会治理的法律道路——〈基金会管理条例〉为何遭遇"零适用"?》，《法律科学》2010 年第 6 期。

题。暂时撇开《基金会管理条例》及其修订征求意见稿的既有规定，对照《民法总则》中的营利法人和非营利社团法人组织架构制度，笔者认为《民法总则》关于捐助法人的组织架构制度至少存在三处有待解释和需由《基金会管理条例》予以落实的地方。第一，对于捐助法人组织架构中与执行机构、监督机构并列的"决策机构"，如果不能将其解释为权力机构，那么应对其作何种定性，又如何与其他组织机构的设置实现体系化？第二，《民法总则》第91条规定社会团体法人的会员大会或会员代表大会是其权力机构，理事会是执行机构；但是第93条规定捐助法人可以"理事会、民主管理组织"为决策机构，以及"应当设监事会等监督机构"，但是却只规定了"并设执行机构"，那么什么机构可以成为捐助法人的"执行机构"？第三，《民法总则》第80—82条分别规定了营利法人的权力机构、执行机构、监督机构的法定职权，但是对于非营利法人中的社会团体法人和捐助法人，作为民事基本法虽有组织架构的规定，却缺乏各个机构的法定职权规定。那么捐助法人的决策机构、执行机构和监督机构的法定职权应如何划分？对以上问题的回答存在法律解释和特别法立法两条进路。

1. 解释进路：捐助法人理事会之职能定位。从立法技术上看，同一事物在同一部法律中原则上应该采用同一概念来表达。[①] 我国《民法总则》在法人制度中针对营利法人和非营利法人同时使用"权力机构"和"决策机构"两个不同概念，虽不意味着《民法总则》有意将此二者予以区分，但客观上为对二者作不同的解释留下了空间。将理事会等作为捐助法人的"决策机构"之角色定位还需以民事主体理论通说和公益实践规律为依据，经由体系解释予以确定。

前已论及，《基金会管理条例》实际上早已将基金会的理事会定位为权力机构意义上的决策机构。《民法总则》中捐助法人的组织架构不应再沿袭这一错误，作为"决策机构"的理事会在解释上只能

---

① 参见周旺生《立法论》，北京大学出版社1994年版，第185页。

定位为执行机构，只能享有除修改章程以及合并、分立、终止、解散等重大事项之外事项的决定权。捐助法人的理事会只能大致对应于公司的董事会，即便理事会的职权中包含部分社团法人权力机构的非核心职权，也不能改变捐助法人"决策机构"的执行机构本质属性。而捐助法人所谓的"执行机构"其实应该是"秘书处"之类的日常事务执行机构或常设的执行机构，亦可称为狭义的执行机构，大致对应于公司的"经理"。"决策机构"与"执行机构"共同构成广义上的执行机构。与社团法人的执行机构需负责执行权力机构的决议不同，捐助法人的执行机构只能依据法律法规和章程的规定执行事务。至于我国捐助法人是否应该设置类似日本法人制度上的评议员会，因其已超出《民法总则》规定的三类法定必设机构的文义解释范围，应作为非必设机构由捐助章程自主决定是否设立。

2. 立法进路：捐助法人相关特别法中"决策机构"之职权界定。作为民事基本法律制度，《民法总则》本应就捐助法人的组织架构及其职权作出规定。但是我国《民法总则》却并没有规定捐助法人"决策机构"之具体职权，一方面这属于法律漏洞，但另一方面也为相关特别法做出规定留下了空间。在《民法总则》即将生效且短期内修改无望的情况下，《基金会管理条例》等特别法中应该就捐助法人"决策机构"的职权作出正确的具体规定。

第一，捐助法人的重大事项决定制度。我国《基金会管理条例》应增设一条明确捐助法人的重大事项决定制度。捐助法人的任何内设机构原则上无权行使类似于社团法人权力机构的核心职权，包括修改章程尤其是改变捐助法人目的事业范围和决定捐助法人的合并、分立、终止、解散等重大事项，而应"求助于主管机关来作出决定"。[①]捐助法人通常只有在法定的极少数例外情形下，经由严格程序，并且在不与捐助人意志相抵触的前提下才可以变更章程和决定捐助法人的

---

① 金锦萍：《非营利法人治理结构研究》，北京大学出版社2005年版，第202页。

合并、分立、终止、解散。

具体而言，有关捐助法人重大事项决定制度的例外应该把握三个要点。第一，极少数例外情形主要是指捐助法人目的已经实现、无法实现，以及随着社会的发展变化原定目的事业有悖于公序良俗三种情形。① 第二，严格法定程序并非指捐助法人内部执行机构的特别决议，而是指政府主管机关和人民法院的特别决定程序。考虑到我国目前社会整体诚信状况不佳、社会公益心较为脆弱的现实，《基金会管理条例》等特别法可规定捐助法人修改章程、合并与分立、终止与解散等重大事项须由理事会三分之二以上多数决议通过后提出方案，经省级以上业务主管机关许可，并经省级人民法院判决确认后生效。第三，不与捐助人意志相抵触，是指捐助人仍然生存的应征求捐助人的意见，捐助人已经死亡或丧失行为能力的则不得违反捐助人明确的或可推知的意思，同时尽量使捐助人原定的受益人能够继续得到捐助法人的资助。这样规定符合捐助法人组织结构上的他律性本质特征，也符合捐助法人的功能导向，其与域外成熟典型立法例相一致。

诺贝尔奖之所以到目前为止都未设立数学奖，其原因就在于捐助人在设立该基金会时，明确拒绝设置数学奖。② 基金会捐助人的这一意志和想法在捐助人去世多年后至今仍然得到尊重和贯彻，基金会的理事会无权作出相反的决议或修改基金会的章程，这对当下的捐助法人特别法立法不无借鉴意义。

第二，理事会作为"决策机构"的法定职权。第一，理事会应该本着严格依照法律法规和章程规定行使职权的原则行事，具体而言其包括两个方面。一方面，理事会作为执行机构意义上的"决策机构"，应该严格依照法律法规和章程规定进行"决策"，而无权通过决议修改章程；另一方面，理事会的决议和决定如违反捐助章程规

---

① 参见张国平《论我国公益组织与财团法人制度的契合》，《江苏社会科学》2012 年第 1 期。

② 参见李永军《民法总论》，法律出版社 2006 年版，第 367 页。

定，则应予以撤销。我国《民法总则》第94条第2款规定："捐助法人的决策机构、执行机构或者法定代表人作出决定的程序违反法律、行政法规、法人章程，或者决定内容违反法人章程的，捐助人等利害关系人或者主管机关可以请求人民法院撤销该决定，但是捐助法人依据该决定与善意相对人形成的民事法律关系不受影响。"[①]　第二，理事会的法定具体职权。理事会作为执行机构虽然不得行使类似于社团法人权力机构的核心职权，且须依捐助章程行事，但并非完全消极被动地管理捐助法人事务，仍有相当丰富的法定职权。一是理事会享有提议权。理事会有权在法定的极少数例外情形下，经由特别决议程序，并且在不与捐助人意志相抵触的前提下就变更章程和决定捐助法人的合并、分立、终止、解散等重大事项向主管机关提出方案，由主管机关决定并经人民法院判决后修改。二是理事会享有决策权。捐助法人理事会有权按照法律法规和捐助章程的规定就前述法定重大事项之外的其他涉及业务执行和财务运行方面的事务进行决议。理事会和日常事务执行机构依据捐助章程的规定进一步划分决策职权。三是事务执行权和代表权。财团法人的理事或理事会负责财团业务的执行，具体包括两个方面：与实现财团目的有关的事业的执行以及对财团财产的管理以获得从事公益事业所需要的资金。

第三，监事会的法定职权。财团法人应该设置监事或监事会，作为监督机关，监督董事的行为是否合法。监事会监督的事项包括实践中财团董事的所有不当行为。监事还有向主管机关、社会公众进行报告的权限。

四　非营利法人治理结构的完善

整体上观察，我国非营利法人治理结构制度存在以下两个方面的

[①]　该项规定还从侧面印证了基金会的理事会应无权修改章程。按照《基金会管理条例》第21条的规定理事会作为"决策机关"有权修改章程的话，捐助章程对理事会构成掣肘而有违反之虞时，理事会完全可以通过决议先修改章程。

问题：

第一，受现行法人基本类型模式的限制，《民法总则》中并未全面系统规定各类法人的治理结构。《民法总则》制定时，民法学界的主流观点认为私法人应该采用社团法人与财团法人的基本类型模式，主要理由在于社团法人与财团法人代表了法人的两种截然不同的组织结构，而组织结构上的差异属于民法上的实质性区别。《民法总则》最终采用了营利法人、非营利法人和特别法人的基本类型模式，客观上导致法人治理结构制度上会存在一些立法技术上的障碍。由于营利法人均为社团法人，而非营利法人包括社团法人和财团法人，还有一些法人如事业单位在功能上具有特殊要求从而导致组织结构上会有特别设计，因此前述立法技术障碍会典型地体现在非营利法人的治理结构制度上。一方面各种非营利法人之间不存在可以通用的法人治理结构，另一方面非营利法人中社会团体法人与营利法人同为社团法人在治理结构上存在共性。如果对各类法人的治理结构规则进行全面系统规定，那么非营利法人中的社会团体法人治理结构制度必然与营利法人的治理结构存在重复。

第二，非营利法人治理结构的既有理论和制度存在缺陷，且影响到了《民法总则》的制定。《民法总则》制定之前，非营利法人治理结构法律制度都是针对各种具体的非营利法人的，散见于各种非营利法人特别法中。这些特别法主要是以行政法规（条例）、规章（实施细则）等形式存在，有关各类非营利法人组织架构的制度规则较为简单。法人治理结构至少应该包括机构设置、机构权限、机构构成三个层次的制度。现有非营利法人治理结构制度往往只涉及机构设置而不涉及机构权限，目前仅基金会管理条例就基金会法人的机构构成例如理事会、监事会的人员产生、人数限制等进行了明确规定。甚至有许多非营利法人并未建立真正的法人治理结构，而是主要采用行政首长负责制或党委领导下的行政首长负责制。这样的现实情况既有政策上的制约因素，又与长期以来依靠行政管控而非法人治理来完善非营利组织的管理监督的习惯性做法有关。

　　完善我国非营利法人治理结构还是应该回到社团法人和财团法人两种基本法人结构模式，将各种具体非营利法人分别归入社团法人或财团法人，参照比较法上的成熟做法规定相应的治理结构。民法典中应该就机构设置和机构权限做出规定，非营利特别法中应该就机构构成进行规定。

第三节　非营利法人的设立原则

一　非营利法人设立原则的比较法考察

（一）法人设立程序的一般性规则

　　法人设立程序的一般性规则是指在设立法人时，是否需要履行特定的手续以及履行何种手续的问题。历史地来看，大致有以下几种做法：（1）自由设立主义。也称放任主义，即法人的设立完全听凭当事人的意愿，不必满足任何形式要件，国家不加以任何干涉或限制。（2）特许设立主义。即法人的设立需要有专门的法令或国家特别的许可。（3）许可设立主义。又称核准设立主义，即法人设立时除了应符合法律规定的条件外，还须经过主管行政机关的批准，主管机关依照规定进行审查，作出批准或不批准的决定。法人在获得批准之后再到登记机关办理登记，才能取得法人资格。（4）准则主义。也称登记主义，即由法律规定法人的条件，法人设立时如具备法定要件，无须经过主管部门批准，就可直接向登记机关登记，法人即告成立。（5）强制设立主义。即以法律规定某种行业或某种情况下必须设立一定的法人组织的原则。①

　　在不同的历史时期，在不同的国家或地区，针对不同的法人，法

---

　　① 所列五种立法主义是根据常见教科书的观点整理而成。有学者认为除了这几种之外还有一种严格准则主义，指在法人设立时，除了具备法律规定的要件外，还应符合法律所规定的限制性条款。严格准则主义因仍属准则主义，故设立法人也不需要经过主管部门批准。马俊驹、余延满：《民法原论》（第二版），法律出版社2005年版，第120页。

人的设立程序大不相同。法人制度可以追溯到罗马法，罗马法对于法人采取自由设立主义，德国普通法也采用同样的规则使团体组织取得法律上的人格。所以从历史的角度来看，法人制度最早是采自由设立主义。只要有当事人设立长久目的的团体的行为，根本不需要国家的介入，团体就可以成立并且获得法律上的人格。因此，自由设立主义对于法人的设立是很方便简单的。但同时由于对法人的设立流于放任，因此产生不少弊病；而且法人的设立不需经过许可或登记，导致法人与合伙难以区分。[①]

罗马法在奥古斯都时代开始采用国家特许设立法人的特许主义，德国于普鲁士帝国时代开始采用国家特典许可设立法人的制度。但这种许可制度与现代国家宪法所保障的人民结社自由相违背，仅能在例外情形下采用。[②] 特许主义曾经特别盛行于法国。由于这种制度对于法人的设立要求过严，而且几乎导致中央政府的工作量无限增加，对于法人的大量设立来说显然不可行。[③] 目前实践中采用较多的是许可主义、准则主义或者严格准则主义，例外采用强制设立主义和特许主义，除了个别立法例外，基本不采用自由设立主义。

（二）财团法人的设立程序

以上是从整体的角度来考察法人设立程序的一般规则，但是在存在财团法人制度的相关国家，有的立法例对于财团法人与社团法人一般都规定有不同的设立程序；同时这些相关国家就各类财团法人又规定了并不完全一致的设立程序。

1. 德国法。《德国民法典》目前采用的法人设立原则是认可主义，即由财团所在地的州主管机关"承认"以取得权利能力。这一原则的要点在于只要财团的设立符合了法律的规定，州主管机关不得

---

① 郑玉波：《民法总则》，中国政法大学出版社 2003 年版，第 178 页。

② 陈荣宗：《非法人团体之权利能力》，《郑玉波先生七秩华诞祝贺论文集》，（台北）三民书局 1988 年版。

③ ［日］富井政章：《民法原论》，陈海瀛、陈海超译，商务印书馆（香港）有限公司 2001 年版，第 153 页。

任意拒绝承认。

2. 日本法。日本旧民法第 34 条规定："有关祭祀、宗教、慈善、学术、技艺及其他公益的社团或财团且不以营利为目的者，经主管官署许可，可以成为法人。"另外日本旧民法第 45 条规定："法人应自其设立之日起二周内在主事务所所在地，于三周内在其他事务所所在地进行登记；法人的设立，非于其主事务所所在地进行登记，不得以之对抗他人。"这显然是采法人设立的许可主义和登记对抗主义。也就是说，仅有主管官署的许可，财团就已经成立了；登记不是成立的要件而是对抗要件。这仅仅适用于依据民法设立的财团，但是日本关于财团的法律非常复杂，远不止民法典的这些规定，依据第一章关于日本法上财团类型的考察可知，日本还有许多公法财团和特殊法人。特殊法人中财团的设立不是采许可主义，而是采认可主义。日本法上的各种协同组合、健康保险组合、学校法人、医疗法人、社会福祉法人、地缘团体法人、宗教法人、特定非营利法人的设立采用认可主义，即在具备法律规定的要件的情形，通过行政主管部门的认可而承认其设立，只要要件齐备了，主管行政部门就必须主动认可。[①] 除此之外，日本还有"继承法人"制度，继承法人的设立采用当然设立主义。公法财团的设立都是依据特别的国家法令，例如日本银行、住宅都市整备公团、国民金融公库等即采用特许设立主义。[②] 所以日本的财团法人设立原则十分复杂。

3. 瑞士法。《瑞士民法典》第 52 条规定："团体组织以及有特殊目的的独立机构，在商事登记簿上登记后，即取得法人资格；公法上的团体组织及机构，非经济目的的社团、宗教财团、家庭财团，不需

---

① 日本有学者认为应该区分认可主义与认证主义。宗教法人和特定非营利活动法人实行认证主义，即行政主管部门根据由申请人提出的文件确认法律规定要件的齐备，由此承认设立。认可主义与认证主义的区别在于认可或者认证是否需要申请人的申请。［日］山本敬三：《民法讲义》（Ⅰ），解亘译，北京大学出版社 2004 年版，第 300 页。

② ［日］四宫和夫：《日本民法总则》，唐晖、钱孟珊译，（台北）五南图书出版公司 1995 年版，第 97 页。

经上述登记。"同法第 82 条规定："财团法人依公证方式或遗嘱方式设立；在商业登记簿上登记，应依财团证书进行；必要时，登记可根据监督官厅的命令，在呈交管理人员名册的情况下进行。"可见，瑞士民法将财团分为三种，一般的财团与从事经济事业的社团一样，需要办理登记手续，系采准则主义或者说严格准则主义；家庭财团、宗教财团与非营利的社团一样，采放任主义，国家和法律不加干预；而对于职工救济财团，则采取强制设立主义，按照《瑞士债法典》第 331 条的规定，职工或者雇主缴存保险金是强制性的。

4. 意大利法。1942 年《意大利民法典》第 12 条规定："社团、财团以及其它具有私法特征的机构、经共和国总统令批准取得法人资格。对于那些在省内长期从事活动的机构，政府可以授权省长负责法人资格的审批。"显然系采特许主义。同法第 33 条规定："在每一省份的辖区设立一处法人登记管理机关，登记的主要事项包括法人的成立日期、批准取得法人资格的法令、法人的名称、目的。注册资本、期限、地址、管理人员和法定代表人，登记可以由政府主管机关依职权作出，不一定需要设立人的申请。"以上的规定被意大利 2000 年通过的社会关爱改革法（Social Care Reform Act 2000）所废除了。这样，在意大利设立社团和财团（根据《意大利民法典》第 13 条的规定，公司与合伙除外）仅仅需要以公证的方式进行，财团还可以以遗嘱的方式设立，不过需要符合遗嘱的形式要件。也就是说，在意大利设立财团法人，2000 年前后有着几乎完全相反的变化，从特许主义转向既不需要许可又不需要登记的放任主义，法律仅仅规定了设立行为作为一种要式行为的形式要件。这种转变具有深刻的背景和思想根源。① 顺便提及，1997 年通过的关于"以社会为导向的 NPO 的 1997 年法"（Social Oriented NPO Act 1997）废除了 1942 年民法典第 17 条规定的"未经政府主管机关许可，法人不得购置不动产、不得

---

① 参见罗昆《财团法人制度研究》，武汉大学出版社 2009 年版，第 1 章第 4 节关于"以意大利为例的国家及社会对非营利组织的态度"部分。

接受赠与、遗产、或取得遗赠，未经许可的购置和接受行为无效”的规定。

5. 澳门地区法。《澳门民法典》第141条第2款规定："财团经认可而取得法律人格；认可系个别给予，且属法律指定之行政当局之权限。"同法第177条规定："有权限实体如认为财团非以社会利益为宗旨时，不予确认；如拨归财团之财产不足以达成财团欲实现之宗旨，且无合理理由期待不足之财产能得以补注者，亦须拒绝确认；财团之创立因财产不足而遭拒绝确认时，如创立人仍生存，则该财团之创立不产生效力；然而，如创立人已死亡，则须将有关财产交予由有权限确认财团创立之实体所指定之具有类似宗旨之社团或财团，但创立人另有规定的除外。"澳门民法上的"确认"及"认可"应与德国法上的承认相同。

6. 台湾地区"法"。台湾地区设立财团法人，必须完成三个步骤即捐助行为或遗嘱、主管机关的许可、登记。台湾地区"民法"第59条规定："财团于登记前，应得主管机关之许可。"同法第30条规定："法人非经向主管机关登记，不得成立。"可见，台湾地区财团法人的设立是采许可主义，登记是法人的成立要件。台湾地区目前正在反复起草"财团法人法"，由于财团的设立原则不是当前生活中饱受争议甚至诟病的问题，因此该草案中的设立原则仍然是按照"民法"的规定在起草。

（三）非营利社团法人的设立程序

1. 德国法。《德国民法典》第21条和第22条分别规定了非经营性社团与经营性社团。其中第21条规定："不以经营为目的的社团，通过在主管初级法院的社团登记簿上登记而取得权利能力。"第22条规定："以经营为目的的社团，在帝国法律无特别规定时，因邦的许可而取得权利能力。许可权属于社团住所所在地的邦。"可见，德国民法典就非经营性社团和经营性社团规定的设立程序是不同的，前者是所谓的准则主义；而后者是所谓的许可主义。

2. 日本法和意大利法。日本旧民法和《意大利民法典》没有区分社团和财团法人规定不同的设立原则，二者在设立程序上适用相同的原则。

3. 瑞士法。《瑞士民法典》第 52 条第二款规定，非经济目的的社团，不需经设立登记即可取得法人资格。另外《瑞士民法典》第 60 条第 1 款规定："以政治、宗教、艺术、慈善、社交为目的的及其它非经济性的社团，自表示成立意思的章程作成时，即取得法人资格。"瑞士法上的非经济目的的社团，比本书中的非营利社团法人的含义更广。可见，在瑞士设立非营利社团法人系采自由设立主义。

4. 台湾地区"法"。台湾地区"民法"不仅区分社团法人、财团法人规定不同的设立原则，而且还区分营利社团法人与公益社团法人规定不同的设立原则。台湾地区"民法"第 45 条规定："以营利为目的的社团，其取得法人之资格，依特别之规定。"该法第 46 条规定："以公益为目的之社团，于登记前，应得主管机关之许可。"可见，台湾地区设立营利社团的原则系依据特别法的规定办理，而公益社团的设立原则是行政许可主义。

5. 澳门地区法。《澳门民法典》第 141 条第 1 款规定："以具备第 156 条第 1 款所指内容之法定形式设立之社团，享有法律人格。"《澳门民法典》第 156 条规定："一、设立社团之文件，须详细列明社员为社团财产所提供之资产或劳务，以及社团法人之名称、宗旨及住所。二、章程亦得在法律规定之范围内，详细列明社员之权利与义务，社员之加入、退出及除名之条件，法人之运作形式，法人消灭之规定，消灭后财产之返还方式；如社团之存续期非属无限期，尚得列明其存续期。"可见，澳门地区民法所规定的社团的设立程序无需政府当局的许可或认可，也无需进行社团登记即可取得法律人格，应属于自由设立主义。如果结合《澳门民法典》第 155 条关于结社自由权的规定来看的话，这一点会更好理解。一般来说，结社自由是一项公民的基本权利，通常规定于宪法中，而澳门地区法律将其在民法典进行规定，使之成为一项民法上的权利而且成为社团立法的指导基础。又根据《澳门民法典》第 154 条的规定："社团系指以人为基础，且非以社员之经济利益为宗旨之法人。"出于保障结社自由权的考虑，澳门地区对于不以营利为目的的社团法人采用了自由设立主义。

从以上关于相关国家设立财团法人和社团法人的原则来看，几乎涉及了前面提到的所有设立原则。有的国家或地区没有区分不同的法人分别规定不同的设立原则，有的国家则分得很细；有的国家或地区沿用了相关的规定很长时间一直未加以更改，有的国家在近期已经作出了相应的修改。究竟是什么原因使得不同类型的法人在不同的国家设立原则的差别如此之大？笔者认为归根结底还是取决于国家或政府的态度：究竟是鼓励某一种法人的设立呢还是限制其设立呢？这一问题将在下文中加以探讨。

二　决定不同设立原则的依据

（一）问题的出发点：鼓励还是限制

法人的设立究竟采用什么样的原则，取决于法律的规定。而法律如何规定，取决于立法者对某种法人是持鼓励还是限制、信任还是怀疑的态度。

国家通过行政主管机关对法人的设立进行干预，主要方式是以接受行政主管机关的干预（许可、认可、登记等）以完成设立，取得法人的地位。而成为一个法人的"好处"通常无非是两个方面：有限责任和一定的税收上的优惠。① 设立人为了获得有限责任的好处，才会申请主管机关的许可、办理登记等手续。如果设立人对于是否享

---

① 《民法总则》第 103 条规定："非法人组织应当依照法律的规定登记。设立非法人组织，法律、行政法规规定须经有关机关批准的，依照其规定。"我国的非法人组织也是一律须经登记后才能成立并取得"非法人组织"主体资格，因此我国的非法人组织与外国法上的无权利能力社团或无权利能力财团并不相同。外国法上存在向"非法人组织的逃逸"现象，但我国可能存在的是向法人和非法人组织之外的"非法组织"逃逸现象。

受有限责任无所谓的话就不会接受主管机关的干预了，而事实上国外许多法人的设立人就是因为无法容忍主管机关的过度干预而选择了无权利能力的社团、财团或者其他的组织形式。本来成为法人，取得权利能力和行为能力并且享受有限责任是唯一好处。但是为了使接受国家的干预显得更加有吸引力，许多立法例又加上了获得税收上的优待这一条件。不同的设立原则标志着获得这两项优待的难易程度不同，所以也就彰显着国家对不同法人的鼓励或者限制的态度。

（二）各设立原则的立法动机

不同国家、针对不同法人的设立原则之所以会有如此大的区别，主要源于各设立原则背后不同的立法动机。

由于国家和法律对法人的设立完全不干预，自由设立主义因此又被称为"放任主义"，显示了立法者对法人的要么是淡漠要么是充分信任和鼓励的态度。

特许主义、许可主义在本质上相同，因为这两种立法例都是对法人的设立实行许可制度，只是许可的机构、程序不一样而已。许可意味着作为一般原则，法人的设立是不自由的或者受限制的，没有国家或者主管机关的许可法人不能设立。个案中的许可就是针对个案解除这种一般的限制。主管机关或国家对于法人的设立申请享有是否许可的自由裁量权。这样，法律就为各种合理的甚至是不合理的不允许法人设立的原因留下了一个缺口。因此，许可主义反映了国家对法人的设立所持的怀疑或限制的态度，而特许主义所体现的这种怀疑或限制比许可主义还要强烈。

认可主义、认证主义与许可主义、特许主义的不同在于主管机关没有自由裁量权，法律预先规定了法人的成立要件，其中并不包括获得主管机关的许可。设立法人只需要达到法律规定的其他要件，例如合法的目的、独立的财产、健全的组织机构等，有关机关就应该主动承认法人的成立或者基于设立人的申请而承认法人的成立。认可主义和认证主义排除了主管机关对法人设立的肆意干预，从这一点来看标志着国家和法律对设立法人的态度在一定程度上的放开。但这种放开的最初动机或者不是进一步鼓励法人的设立，而是排除主管机关的肆意行政。认可主义、认证主义相对于许可主义、特许主义是一种开放的态度，但法人的成立仍然以取得主管机关的认可或认证为要件，而且财团还必须符合法律规定的其他要件，所以此种立法例表明政府对法人的设立仍然抱有一定的戒心。

强制设立主义是一种完全排除个人意志的设立主义，但由于强制设立主义只是针对某些个别的情形，因此不能反映国家和法律对于法人的态度。无论是持鼓励和信任的政策，还是限制和怀疑的政策，都不妨采用强制设立主义作为其他设立原则的补充。

目前营利社团如公司等广泛采用准则主义，使法人的设立与主管机关脱离了关系，法人的设立只需要符合法律规定的要件，而这些要件中也不包括与主管机关有关的许可或认可、认证，再到登记机关办理一个法人登记，即获法人资格。这是一种相当宽松的法人设立主义。

目前公益法人的设立往往采用许可主义、认可主义，这意味着国家和法律对公益法人的设立干预程度较大。

（三）采怀疑或限制立法动机的原因

1. 一般的原因。政府对法人进行监管具有悠久的历史传统。这种监管包括设立时的监管和对设立后财团运作的监管。早在教会法时期，教会就对慈善机构的设立进行监管。后来随着资产阶级政府的建立和宗教改革运动，虽然设立教会财团之外的财团法人已经无须教会的批准，但还是要取得政府的批准。对法人的设立进行监管的最初意图不是为了确保实现法人目的和法人的存在不会危害社会公共利益，而是受当时的法学理论的影响——即对任何个人和国家之间的媒介都抱着敌意的法学理论。

从18世纪末开始，法国大革命爆发，对于慈善机构的怀疑和嫌恶的态度开始在欧洲滋生（英格兰是一个例外）。启蒙思想认为国家是人民意志的最高代言人，再没有其他组织应该存在。人民应该加强国家的权威以扩展和保护他们的个人权利。1804年拿破仑法典和大多数受前者启发于19世纪通过的法典的商业精神都很明显，那些不以营利为目的的组织被认为不在"生产动力学"范围之内，因此它们首先会遭受反对，然后被公共当局所吸收。这一理论在《法国民法典》中有着最鲜明的表现——1804年《法国民法典》没有规定法人制度——这已经超出了怀疑和嫌恶的范围，而是禁止法人的设立。这种一般的怀疑在法国民法中迄今还留下了深深的痕迹。虽然法国在其民法典颁行一百多年后的20世纪下半叶通过一系列的法令来发展非政府组织，包括让民法上的社团、基金会等取得法人人格，但是法国民法上还有一个十分特别的规定：基于1978年1月4日第78-9号法律订入《法国民法典》第九编"公司"（societe）的第1838条规定：公司之存续期限不得超过99年。法国民法典制定时，强调任何协议的期限均不得超过人的寿命，推定为100年。所以成立公司的协议最长不得超过99年。该项规定与这一原则具有直接关系。但是时至今日这一规定仍然得以保留，或许与源于《法国民法典》制定之初的对法人的不信任的思想仍然在一定程度上影响着法国法律现在对待法人的态度有关。迫于社会经济生活环境的变化，民法典必须承认某些组织的法律人格，但立法者不打算放弃任何可以施加控制的机会，包括要求法人（公司）每一百年重新进行审核登记，以重新评价法人的存在是否符合法律的规定。这一制度被称为法人的"续期"。

虽然对任何个人和国家之间的媒介都抱着敌意的法学理论并没有对德国19世纪的社会概念发挥现实的影响，但也并非完全不受重视。国家至上的观念导致的结果是，纯粹个人领域之外的几乎任何组织形式都必须得到国家的批准，本来还曾计划不仅要对基金会，而且要对社团和商业公司也采取许可制度。[①]

[①] 王名、李勇、黄浩明编著：《德国非营利组织》，清华大学出版社2006年版，第159页。

在意大利，政府毫不犹豫地通过法律阻止宗教和慈善组织拥有财产、发展他们的资源，最后禁止在没有政府授权的情况下执行自己的事务。[1] 在不是以此为典型情况的地区，政府通过法案意图将私的慈善组织的功能变成公共组织的，这样就能为政府直接经营和控制。这个过程是随着 1890 年"关于福利和慈善公共机构（IPAB）的法案"而发生的，通过这个法案政府将慈善和公益组织予以公共机构化。[2]

2. 公益法人设立原则的特殊考虑——福利国家政策与政府财力。许多国家的法人制度都区分公益法人与营利法人，对公益法人进行严格的控制和监督，这样做的理由总是显得很充分——公益法人所从事的事业关系到公共利益。在这样的口号指引下，政府对公益法人从设立、运作到消灭都进行严格的干预。但是仔细推敲就会发现这个理由明显过于勉强。涉及社会公共利益的事业政府确实应该干预，但是这种干预应该以不限制公益事业的发展为前提，政府的干预应该是确保公益目的的实现，而不是阻碍公益目的的实现。

国家和政府对 NPO 包括公益财团法人并不总是持欢迎和鼓励的态度，更不是持一成不变的态度，其经历了从自由发展——国家干预（怀疑）、国家吸收和独占公益事业——积极鼓励以及承认国家与 NPO 的伙伴关系等多种阶段。影响国家对 NPO 的态度的因素也是多方面的，历史地看主要包括：第一，政治理念。福利国家或者国家至上主义对 NPO 总是持不积极的态度，如果所有公共服务或者公益事业都由政府包办了，当然也就必须压缩甚至消灭 NPO 的生存空间。第二，经济发展状况。政府包办一切公共服务，意味着政府的负担大规模的增加，这需要相当多的人力和财力。在国家经济发展出现问题、政府面临必须缩减财政支出的困境时，即使政府希望提供全部或

---

[1] 直到 1997 年，意大利 1942 年民法典的第 17 条才被废止。该条规定社团和财团如果意图购买建筑物或接受捐赠或遗赠不动产，需要获得特殊的授权。

[2] Alceste Santuari, *The Italian Legal System Relating to Not-For-Profit Organization: A Historical and Evolution Overview*, download from: http://www.icnl.com.

者大部分公共服务，事实上也是心有余而力不足。这时候政府就不得不把某些公益事业"下放"到民间。

3. 财团法人设立原则的特殊考虑——对主管机关的怀疑。一直到2002年德国《财团法现代化法》被通过之前，德国对于设立财团法人还是坚持许可主义，政府对于设立财团法人的申请经过审查可以作出许可也可以拒绝作出许可。但是如果拒绝申请，应该向申请人作出书面的拒绝申请的答复。而在现实中，更多的情形不是批准设立也不是驳回设立申请，而是主管机关或者审查机关会要求设立人详细澄清财团章程中每一个词语特别是有关财团目的的精确含义。这一点本来无可厚非，因为财团的目的本就应该明确而没有歧义；但是审查机关往往会利用自己的审查权限以及新的申请人对于财团以及财团法规的无知而影响申请人的意见，并且据此修改财团章程。于是，审查机关职员的个人意志或者审查机关的意志甚至是国家的意志就有可能不知不觉地被掺杂进入财团的章程成为财团的意志，这也意味着对于原来设立人的意志的干预和偏离。这种情况的存在严重危及了财团法人的制度价值——确保捐助人意愿的长久实现。实践中，由于潜在的设立人怀疑自己的设立行为和财团的活动会受到政府的过分干预，因此他们为了维护自己意志的完全实现而不被干预，不得不放弃财团法人的其他制度价值，而采用财团法人以外的其他组织形式，例如无权利能力的财团或者有限责任公司。①

4. 社团法人设立原则的特殊考虑——公民结社自由权的确认。许多20世纪及其之后的立法，之所以对社团法人和财团法人采取不同的态度，主要原因在于19世纪争取公民权利的斗争把结社自由权写进了宪法，而结社自由权显然并不包括设立财团法人的权利。② 正如本书第一章所介绍的，全球范围内的公民社会运动和非营利组织的蓬勃发展均与结社自由有着密切联系。虽然资本主义国家的学者也广

---

① 王名、李勇、黄浩明编著：《德国非营利组织》，清华大学出版社2006年版，第159页。
② 同上。

泛承认，结社自由包括政治结社的自由并不是绝对无限制的自由，但是在国家和法律允许范围内的结社自由确实助长了非营利社团组织的成长壮大。法国学者托克维尔将结社分为一般结社和政治结社，通常国家和政府对待两种不同的结社态度不同，但托克维尔认为二者之间具有密切的关系："一般结社有助于政治结社。但是，另一方面，政治结社又能使一般结社得到长足发展和惊人完善。"①

　　由于一些国家对政治结社往往较为敏感，常常持怀疑态度，因此在法律制度上往往采取较为严格的审查手段。而对不以政治活动为目的的一般结社，基于结社自由的理念和对公民基本权利的保护，以及基于非营利组织与政府在提供社会公共服务方面的伙伴关系或者有益补充关系的认识，一些国家对一般结社采取相对信任甚至放任的态度。尽管一般结社也并非不受任何限制，但是这种限制主要体现在事后的监管而非事先的审查。因此在法人设立阶段的审批或者行政许可被认为是对结社自由的侵犯，有的立法例甚至认为备案登记都是对结社自由的干预，于是在现代法上就出现了非营利社团设立的自由设立主义。《瑞士民法典》第60条第1款明确规定："以政治、宗教、艺术、慈善、社交为目的的及其它非经济性的社团，自表示成立意思的章程作成时，即取得法人资格。"可见，瑞士民法上的政治结社与一般结社都是无须行政许可和登记备案的。

　　（四）结论

　　以上是对影响民法中法人设立原则的若干比较重要的原因之分析。但是这些原因中任何一项都不会成为一个具有决定意义的因素。因为立法需要综合各种因素、包括意识形态层面的和经济基础层面的，甚至还包括一些偶然的因素。就一般情形而言，由于结社自由的理念被广泛传播和接受，社团法人的设立原则往往较财团法人更为宽松，但是也有相反的情况。我国台湾地区在所谓"戒严戡乱"的特

---

　　①　［法］托克维尔：《论美国的民主》（下），董国良译，商务印书馆2009年版，第645页。

定时期，因为台湾当局对于结社极其敏感而进行严格管制，导致大量社团被迫采用财团法人的形式设立。

目前在世界范围内，国家和政府对于民间力量从事公益事业整体上持肯定态度，这与在法国民法典之后受其影响制定民法典的国家往往偏爱营利组织的环境已有所不同。但是不同国家的肯定程度又有一些区别，有关放任主义的立法例和对主管机关滥权干预财团法人设立的担心都表明，这样的立法例已经不是一般的肯定，而是持积极倡导的态度。在这样的积极倡导态度面前，社团法人的"尚方宝剑"——结社自由权就显得其实不是那么重要了，所以才会有对于社团法人和财团法人规定相同设立原则的做法。

即便是基于加强管制的立法动机，法人设立原则在一定程度上也应该放松。国外的实践早已反复表明，一旦一个国家的法人设立原则过于严苛，例如广泛采用行政许可主义的话，将会有许多的社团和财团放弃法人形式而改采无权利能力的社团或者无权利能力的财团形式，这些组织最终都没有在政府确定的登记机关办理登记手续，政府对这些组织的存在、运营反而更加难以掌握。反过来，如果改采较为宽松的法人设立原则，例如采用准则主义或者认证主义的话，为了获得有限责任或者税收优惠，这些组织会积极地在登记机关登记备案。这样，政府对于社会组织的有关信息掌握将更为方便。

基于对非营利法人信任和鼓励的态度，并不意味着非营利法人就应该采用放任主义的设立原则。在一个政府和社会对于非营利法人都缺乏足够的信心，非营利组织从业者也缺乏相关必要的经验和理论知识时，贸然采取放任的态度，将会使一大批良莠不齐的非营利组织得到设立，这些组织或者由于先天不足、或者由于后天缺乏相应的经营管理经验，其不仅不能向社会提供应有的公共服务，相反会出现各种严重问题，甚至会损害非营利组织在社会大众和政府心目中尚不稳固的积极形象。生活经验告诉我们，某些典型的、极端的事例出现后往往会导致法律政策的更迭，这种更迭有时是理性的，有时是矫枉过正或欠缺理性的；相应地，其结果有时是积极的，而有时是消极的。汶川地震后，中国社会的民间公益力量一度蓬勃爆发，但是后来被曝光的一些不太和谐的现象（例如某明星负责的基金会涉嫌诈捐、某基金会对收到的捐款强行提取15％的"管理费"等）对社会公益心的损害足以给我们敲响这一方面的警钟。

基于这样的认识，对于公益性的社团法人和财团法人的设立，原则上以准则主义为宜。当然，也不排除对于特定行业、特定性质的社团法人和财团法人的设立进行更加严格的管制，即采取许可主义，或者基于某种特殊考虑采取强制设立主义。

不区分社团法人和财团法人，就公益法人规定相同的设立原则，也不意味着需区分营利法人和非营利法人规定不同的设立原则。在对营利组织的偏爱多少降温，而对非营利组织的重视日益加强的大背景下，已经没有必要专门针对非营利组织和营利组织规定不同的设立程序。在这一点上，19世纪后追随法国民法典的脚步而制定的有关立法例的比较法考察不具有借鉴的意义。而按照笔者设想的公益法人设立原则，我国的商事立法实践也已经为我们做出了选择。我国公司法规定的公司设立原则就是以准则主义为主，以许可主义为辅的。当然，仍然不能排除基于某种特殊的考虑，对某种非公益目的的法人规定特殊设立原则。

总而言之，在法人设立制度上，区分公益法人或者营利法人、区分社团法人或者财团法人规定不同的设立原则的做法，在今天看来是不合时宜的了。在本书前一部分关于非营利法人的立法体例的探讨中，基于比较法考察的经验，在民法典法人的基本分类模式中对法人的设立原则多有考虑，现在看来是没有太多必要的。设立原则上的差异对选择法人基本分类模式的影响基本可以忽略不计。

三　我国非营利法人的设立原则

我国《民法总则》第58条第2款规定："设立法人，法律、行政法规规定须经有关机关批准的，依照其规定。"单就该项规定来看，似乎我国《民法总则》关于法人的总设立原则是以准则主义为原则，以许可主义为例外，也就是只有在法律、行政法规明确规定须经有关机关批准的才需经批准后始得设立；法律、行政法规没有明确规定须经审批的，不需审批。具体属于何种设立原则，需根据各种法人的具体设立规则来确定。

（一）事业单位法人

《民法总则》第 88 条就事业单位法人的设立规定："具备法人条件，为适应经济社会发展需要，提供公益服务设立的事业单位，经依法登记成立，取得事业单位法人资格；依法不需要办理法人登记的，从成立之日起，具有事业单位法人资格。"《事业单位登记管理暂行条例》第 3 条规定："事业单位经县级以上各级人民政府及其有关主管部门（审批机关）批准成立后，应当依照本条例的规定登记或者备案。"另外《事业单位登记管理暂行条例》第 6 条规定："申请事业单位法人登记，应当具备下列条件：（一）经审批机关批准设立；……"而根据《事业单位登记管理暂行条例实施细则》第 38 条的规定，批准事业单位设立的文件具体包括机构编制管理部门的批准文件、其他有关政府部门的批准文件、举办单位决定设立的文件以及其他批准设立的文件。具备法定条件的事业单位原则上需经登记并取得《事业单位法人证书》后，才能成立并取得事业单位法人资格。县级以上各级人民政府机构编制管理机关所属的事业单位登记管理机构是事业单位的登记管理机关。根据《事业单位登记管理暂行条例》第 11 条的规定，采用备案方式的事业单位法人主要包括 3 类：第一类，法律规定具备法人条件、自批准设立之日起即取得法人资格的事业单位；第二类，法律、其他行政法规规定具备法人条件、经有关主管部门依法审核或者登记，已经取得相应的执业许可证的事业单位；第三类，县级以上各级人民政府设立的直属事业单位。前两类事业单位由有关主管部门按照分级登记管理的规定向登记管理机关备案，第三类事业单位直接向登记管理机关备案。这三类事业单位自成立之日起取得事业单位法人资格。可见我国事业单位的设立系以许可主义为原则，以准则主义为例外。

（二）社会团体法人

《民法总则》第90条就社会团体法人的设立规定："具备法人条件，基于会员共同意愿，为公益目的或者会员共同利益等非营利目的设立的社会团体，经依法登记成立，取得社会团体法人资格；依法不需要办理法人登记的，从成立之日起，具有社会团体法人资格。"《社会团体登记管理条例》第3条规定："成立社会团体，应当经其业务主管单位审查同意，并依照本条例的规定进行登记。"但是下列3类团体无需登记即可成立并取得法人资格：参加中国人民政治协商会议的人民团体；由国务院机构编制管理机关核定，并经国务院批准免于登记的团体；机关、团体、企业事业单位内部经本单位批准成立、在本单位内部活动的团体。人民团体的法人地位和具体类型已经历史地形成了，因此对于将来新设的社会团体法人而言，主要是后二者无需另行由业务主管机关审批并办理登记手续，符合法人条件即可成立。可见，社会团体法人的设立原则上采许可主义，例外采准则主义。

按照《社会团体登记管理条例》第13条和第19条的规定，在同一行政区域内已有业务范围相同或者相似的社会团体，没有必要成立的不得再另行设立社会团体；社会团体的分支机构不得再设立分支机构；社会团体不得设立地域性的分支机构，但允许吸收国家机关以外的其他单位会员。

（三）捐助法人

《民法总则》第92条就捐助法人的设立规定："具备法人条件，为公益目的以捐助财产设立的基金会、社会服务机构等，经依法登记成立，取得捐助法人资格。"因此捐助法人均需依法登记才能取得法人资格。

1.《基金会管理条例》没有直接规定基金会的设立程序和原则，但是在该条例第9条关于设立申请文件的规定中，明确要求申请设立登记时需提交"业务主管单位同意设立的文件"，相当于间接确立了许可主义。《基金会管理条例（修订草案征求意见稿）》关于设立申请文件的规定则有所变化，不再普遍要求提交业务主管单位同意设立的文件，只有"按照规定应当经业务主管单位审查同意的基金会，发起人还应当向登记管理机关提交业务主管单位的批准文件"。因此现行基金会管理条例规定基金会的设立采许可主义，但是目前的修订意见呈宽松化趋势。

2.《民办非企业单位登记管理暂行条例》第3条规定："成立民办非企业单位，应当经其业务主管单位审查同意，并依照本条例的规定登记。"《社会服务机构登记管理条例》第10条规定，设立社会服务机构一律需办理设立登记，且原则上应经其业务主管单位审查同意。但设立以下社会服务机构，则无需审批而是直接向登记管理机关申请登记：在自然科学和工程技术领域内从事学术研究和交流活动的科技类社会服务机构；提供扶贫、济困、扶老、救孤、恤病、助残、救灾、助医、助学等服务的公益慈善类社会服务机构；为满足城乡社区居民生活需求开展活动的城乡社区服务类社会服务机构。可见，我国的民办非企业单位实际上一律采许可主义方式设立，但目前的修订改革方案对此有缓和的趋势，在少数例外情况下允许不经审批直接登记。

3.《宗教事务条例》第13条规定，寺庙宫观教堂等宗教活动场所的设立需经审批，而且是由县、设区的市、省三级人民政府的宗教事务部门层层审批，最终由省级人民政府的宗教事务部门做出批准或不予批准的决定。可见，宗教活动场所的设立不仅在实行许可主义，而且是非常严格的许可主义。

通过以上考察可知，现行非营利法人的特别规定与《民法总则》中规定的法人设立原则并不一致。原则上各类非营利法人在设立行为开始之前就需要取得双重许可，一是业务主管单位的审查同意，二是登记管理机关（目前为民政部门的）筹备许可。这表明在我国设立非营利法人除必须符合有关行政法规具体规定的若干条件外，原则上采取了典型的、严格的许可主义。这样的设立原则相对于我国的营利法人制度或者相对于国外最新的非营利组织法潮流而言，都显得过于严苛。在有关法人设立的实体性条件本身已经比较严格的情况下（例如设立社会团体法人必须具有不少于 3 万元的活动经费，这与现行公司法在改革之前所规定的设立有限责任公司的最低注册资本额相同），再在设立程序上要求通过业务主管部门的预先审批，会将许多非营利组织挡在制度的门槛之外。再加上 2000 年颁行的《关于取缔非法民间组织的暂行规定》中将未进行登记就擅自以社会团体、民办非企业单位等名义开始筹备、进行活动的组织一概定性为非法组织予以取缔，使得在许多设立条件和程序较严格的国家存在的非营利组织向无权利能力社团或者财团的遁逃在法律上也成为不可能。

这样的制度体系确实不利于非营利部门的生成。因此笔者主张，除了对那些需要准入资格的特定行业实行业务主管部门的审批制之外，一般情况下非营利法人的设立宜采准则主义或者认证主义。这样，既能与国际接轨也能与我国营利社团法人的设立原则同步。

中共中央、国务院《关于改革社会组织管理制度促进社会组织健康有序发展的意见》规定改革的基本原则之一是"坚持放管并重"。处理好'放'和'管'的关系，既要简政放权，优化服务，积极培育扶持，又要加强事中事后监管，促进社会组织健康有序发展。"所谓"放"应主要是指降低设立门槛，稳妥推进直接登记；"管"应主要是指完善业务主管单位的前置审查、严格民政部门的登记审查，加强事中事后监管等措施。其中就直接登记的改革具体意见是：

稳妥推进直接登记。重点培育、优先发展行业协会商会类、科技类、公益慈善类、城乡社区服务类社会组织。成立行业协会商会，按照《行业协会商会与行政机关脱钩总体方案》的精神，直接向民政部门依法申请登记。在自然科学和工程技术领域内从事学术研究和交流活动的科技类社会组织，以及提供扶贫、济困、扶老、救孤、恤病、助残、救灾、助医、助学服务的公益慈善类社会组织，直接向民政部门依法申请登记。为满足城乡社区居民生活需求，在社区内活动的城乡社区服务类社会组织，直接向县级民政部门依法申请登记。民政部门审查直接登记申请时，要广泛听取意见，根据需要征求有关部门意见或组织专家进行评估。国务院法制办要抓紧推动修订《社会团体登记管理条例》等行政法规。民政部要会同有关部门尽快制定直接登记的社会组织分类标准和具体办法。

与上述改革意见相比，目前我国社会团体、基金会、社会服务机构的设立申请均过于严格，亟需适当缓和。目前应该修改上述相关法律法规，至少在行业协会商会类、科技类、公益慈善类、城乡社区服务四类社会组织中推进直接登记，即相应取消业务主管单位的设立审批程序。

第四章　非营利法人的运营制度

第一节　非营利法人运营的一般问题

一　通过章程的法人治理

（一）章程的意义

"章程是一个组织体的宪法性文件"，章程对于法人就如同宪法对于一个国家一样重要。① 设立人可以通过制定章程来就法律强制规定范围之外的事项进行补充和具体化，因此章程是实现法人自治的方式。章程既是许多非营利法人必要的设立文件，又是运营甚至终止解散的依据。中共中央、国务院《关于改革社会组织管理制度促进社会组织健康有序发展的意见》就社会组织法人治理结构完善指出：

> 健全社会组织法人治理结构。针对不同类型社会组织特点制定章程示范文本。社会组织要依照法规政策和章程建立健全法人治理结构和运行机制以及党组织参与社会组织重大问题决策等制度安排，完善会员大会（会员代表大会）、理事会、监事会制度，落实民主选举、民主决策和民主管理，健全内部监督机制，成为权责明确、运转协调、制衡有效的法人主体，独立承担法律责任。推动社会组织建立健全内部纠纷解决机制，推行社会组织

---

① 参见金锦萍《非营利法人治理结构研究》，北京大学出版社 2005 年版，第 72 页。

人民调解制度，引导当事人通过司法途径依法解决纠纷。

由此可见，章程对于包括社会团体法人、基金会、社会服务机构在内的社会组织的法人治理具有重要意义，社会组织的治理主要应以法规政策和章程作为依据。登记主管部门应针对不同类型社会组织制定章程示范文本，从而使章程能够切实发挥治理效果。相对而言，事业单位法人本来不太重视通过章程的法人治理，2004 年制定的《事业单位登记管理暂行条例》中甚至通篇都未提及"章程"，但是在2014 年制定的《事业单位登记管理暂行条例实施细则》中明确规定了章程的记载事项，这一变化多少可以说明事业单位法人的治理或已开始重视章程的作用。遗憾的是，我国《民法总则》第 91 条和第 93条均明确规定社会团体法人和捐助法人应该制定法人章程，却未明确规定事业单位法人亦应制定法人章程。

（二）章程的内容

法人章程需要记载、可以记载的事项本质上体现着法人自治的范围。目前法规、规章已经就各类非营利法人的章程记载事项做出了明确规定。《事业单位登记管理暂行条例实施细则》第 39 条规定："事业单位章程应当包括下列事项：（一）名称；（二）宗旨和业务范围；（三）组织机构（法人治理结构）；（四）资产管理和使用的原则；（五）章程的修改程序；（六）终止程序和终止后资产的处理办法；（七）需要由章程规定的其他事项。"

《社会团体登记管理条例》第 15 条规定："社会团体的章程应当包括下列事项：（一）名称、住所；（二）宗旨、业务范围和活动地域；（三）会员资格及其权利、义务；（四）民主的组织管理制度，执行机构的产生程序；（五）负责人的条件和产生、罢免的程序；（六）资产管理和使用的原则；（七）章程的修改程序；（八）终止程序和终止后资产的处理；（九）应当由章程规定的其他事项。

《基金会管理条例》第 10 条规定："基金会章程必须明确基金会的公益性质，不得规定使特定自然人、法人或者其他组织受益的内容。基金会章程应当载明下列事项：（一）名称及住所；（二）设立宗旨和公益活动的业务范围；（三）原始基金数额；（四）理事会的组成、职权和议事规则，理事的资格、产生程序和任期；（五）法定代表人的职责；（六）监事的职责、资格、产生程序和任期；（七）财务会计报告的编制、审定制度；（八）财产的管理、使用制度；（九）基金会的终止条件、程序和终止后财产的处理。"

《民办非企业单位登记管理暂行条例》第10条规定："民办非企业单位的章程应当包括下列事项：（一）名称、住所；（二）宗旨和业务范围；（三）组织管理制度；（四）法定代表人或者负责人的产生、罢免的程序；（五）资产管理和使用的原则；（六）章程的修改程序；（七）终止程序和终止后资产的处理；（八）需要由章程规定的其他事项。"

由此可见，不同非营利法人的章程记载事项有相同之处也有不同之处。第一，名称、宗旨和业务范围、组织管理制度、资产管理和使用的原则、终止程序和终止后资产的处理均属章程必要记载事项。第二，除基金会外，其他非营利法人的章程均需记载"章程的修改程序"和其他需要由章程规定的事项。此种规制模式使非营利法人的必要记载事项与任意性记载事项难以完全区分。第三，除事业单位外，其他非营利法人的章程均需记载住所、负责人或法定代表人的职责或产生办法。第四，只有社会团体法人必须记载"活动地域"。第五，由于《基金会管理条例》对理事会和监事的规定本就已经较为明确具体，因此能够留待章程进行规定的事项事实上已经十分有限。因此须由基金会法人章程记载的理事会和监事有关事项既是应该记载事项，同时也是可以记载的事项。规范其他非营利法人的法律法规、规章对治理结构的规定一般较为简单，其关于章程内容的规定应属于不完全列举。因此除基金会法人外，其他非营利法人的章程记载事项都采用了开放式的列举规定，即规定章程还应该或可以记载"需要由章程规定的其他事项"、"应当由章程规定的其他事项"。虽然我国

《基金会管理条例》关于基金会法人治理结构的规定还存在许多不足，但相对于其他非营利法人的治理规则而言还是有明显进步意义的，其对基金会法人治理结构的具体细致规定以及对基金会法人章程记载事项的严格限制都体现了立法者、主管机关对基金会法人特殊性在一定程度上的认知。

（三）章程的制改

1. 章程的制定。《事业单位登记管理暂行条例》《事业单位登记管理暂行条例实施细则》《社会团体登记管理条例》《民办非企业单位登记管理暂行条例》《基金会管理条例》均没有规定各类非营利法人章程的制定者，仅在法人设立登记程序中有"申请人"、"举办者"提出申请的含糊规定。《事业单位、社会团体及企业等组织利用国有资产举办事业单位设立登记办法（试行）》第 10 条关于"举办单位承诺事项证明"中有"审查事业单位章程草案或修改草案"的规定。事业单位法人的章程制定和修改除需由举办单位负责外，其他方面尚不十分明确。《社会团体登记管理条例》第 14 条规定："筹备成立的社会团体，应当自登记管理机关批准筹备之日起 6 个月内召开会员大会或者会员代表大会，通过章程，产生执行机构、负责人和法定代表人，并向登记管理机关申请成立登记。"因此我国将来的非营利法人法律制度需要针对各类非营利法人的特点对章程的制定进行明确规定。事业单位法人应由主办单位及其筹备工作组负责拟定章程并审查通过；社会团体法人应由发起人拟定章程并召开会员大会或会员代表大会表决通过；基金会法人和民办非企业单位法人作为捐助法人应由捐助人拟定章程并由主管单位审查通过。

2. 章程的修改。按照相关法规的规定，事业单位法人、社会团体法人、民办非企业单位法人的章程均应就修改章程的程序做出规定，而基金会管理条例的章程记载事项中缺乏这一项。《基金会管理条例》第 21 条规定，修改章程"须经出席理事表决，三分之二以上通过方为有效"，还应当征得其业务主管单位的同意，并报登记管理机关核准。因此对于基金会而言，章程修改程序属于法定规则，但是也不意味着章程不得就此自主做出不同的规定。基金会管理条例的规定表明修改章程属于理事会的特别决议事项，应采用一种较普通程序较为严格的决议程序。如果章程就此规定更为严格的决议程序例如经全体理事而非出席理事的三分之二以上通过方为有效，或者出席理事全体一致通过方为有效，则不无不可。当然前已论及，基金会作为一种典型的财团法人，理事会的特别决议程序并不足以维持捐助人的制度信心。理事会不应享有修改章程的职权，只有修改章程的提议权。只有在符合法定极少数例外情况的前提下，经理事会决议通过并提出修改建议，由业务主管机关和法院批准才能修改基金会的章程。《基金会管理条例（修订草案征求意见稿）》仍然沿用了《基金会管理条例》中的规则，显属不当，应予纠正。

《社会团体登记管理条例》第 20 条规定："社会团体修改章程，应当自业务主管单位审查同意之日起 30 日内，报登记管理机关核准。"但是在社团内部如何修改章程，法律法规并未进行规定。这既是法律漏洞，同时也为社团自治留下了空间。社会团体法人的章程中应该规定章程修改的主体、程序规则，但应符合社团法人的治理规律。作为一种典型的社团法人，社会团体法人应以社员大会或社员代表大会作为权力机构，并享有修改章程的职权，而且修改章程还应属于权力机关的特别决议事项，即经出席会议的社员或社员代表三分之二以上多数通过方为有效。社会团体法人的章程还应就社员大会或社员代表大会的通知、决议方式等做出明确规定。

《民办非企业单位登记管理暂行条例》第 15 条规定，民办非企业单位修改章程，应当自业务主管单位审查同意之日起 30 日内，报登记管理机关核准。民办非企业单位内部如何修改章程，法律法规也未进行规定，也需要由章程进行规定。与社会团体法人一样，民办非企业单位的章程也应按照捐助法人、财团法人的治理规律进行规定。非营利的民办非企业单位或社会服务机构作为一种典型的财团法人，与基金会法人一样，应剥夺理事会或执行机构修改章程的职权。只有在符合法定的极少数例外条件的情况下，才能由理事会启动修改章程的程序。理事会只有修改章程的提议权和拟定修改章程的方案的职权，章程修改需经业务主管机构和法院批准后才能生效。目前《社会服务机构登记管理条例》第28条规定理事会是社会服务机构的决策机构，其职责包括修改章程。此种修改意见与现行《基金会管理条例》及其修订征求意见稿的不足之处如出一辙，亦应予以纠正。

《事业单位登记管理暂行条例》和《事业单位登记管理暂行条例实施细则》均未规定事业单位法人的章程修改制度。这与我国事业单位法人主要实行业务领导负责制、并未普遍建立法人治理结构和制定章程的现实有关。在法律缺乏相应规定时，制定了章程的事业单位应该并且可以在章程中规定修改章程的相应规则。

二　议事方式与表决程序

（一）对营利法人相关规则的借鉴

现有非营利法律制度以登记管理方面的法规规章为主，因此对于非营利法人治理中与登记管理关联性不大的议事方式与表决程序一般不做规定。《基金会管理条例》的规定相对较为具体，例如该条例第21条规定："理事会每年至少召开2次会议。理事会会议须有三分之二以上理事出席方能召开；理事会决议须经出席理事过半数通过方为有效。下列重要事项的决议，须经出席理事表决，三分之二以上通过方为有效：（一）章程的修改；（二）选举或者罢免理事长、副理事长、秘书长；（三）章程规定的重大募捐、投资活动；（四）基金会的分立、合并。理事会会议应当制作会议记录，并由出席理事审阅、签名。"该条例第23条还规定"基金会理事遇有个人利益与基金会利益关联时，不得参与相关事宜的决策"。议事方式与表决程序本属于非常具体的制度规则，除了法律法规应就若干基础重要的方面做出规定外，章程还应就此做出具体规定。

整体上非营利法人的议事方式和表决程序可以借鉴营利法人的相关制度和规则。例如社会团体法人的权力机构——社员大会可以借鉴营利社团法人如公司股东会或股东大会决议的提案、召集、通知、表决规则。非营利社团法人的执行机构和监督机构、捐助法人的决策机构和监督机构可以借鉴营利性社团法人如公司董事会、监事会的议事方式和表决程序规则。但一些未采用典型法人治理结构的非营利法人，例如公立大学实行"党委领导下的校长负责制"，其议事方式与表决程序无法套用营利法人的相关规则。

（二）非营利法人的特殊规则

1. 关于会员代表大会。例如《民法总则》第 91 条规定社会团体法人的权力机构可以是会员大会或会员代表大会，而公司治理结构中并没有"股东代表大会"，只有股东会或股东大会。虽然一些上市公司股东人数众多，但现有公司议事方式和表决程序足以解决因此而导致的表决困难。例如通过网络公告进行会议通知，通过网络投票系统进行表决等。非营利社团法人的会员之间的关系有可能比营利法人股东之间的关系复杂，网络投票和网络会议不足以解决非营利社团法人权力机构决议的所有问题，会员代表大会对于部分社会团体法人仍是一种必要的决议方式。

2. 资本多数决与一人一票。营利法人权力机构按照出资比例表决或实行一股一权规则，此外还有无表决权股和累积投票制。社会团体法人的会员大会或会员代表大会表决只能实行一人一票，通常也不存在无表决权的会员，但是否可以适用累积投票制则值得探讨。

累积投票制由瑞典政治思想家提出来后，首先进入了丹麦宪法。1870 年，美国伊利诺伊州宪法也引入了累积投票制，并规定累积投票制不仅可以适用于众议院的选举，也适用于非公众公司董事的选举，从而开创了公司选举中适用累积投票制的先河。[1] 我国公司法为

---

[1]　钱玉林：《累积投票制的引入与实践——以上市公司为例的经验性观察》，《法学研究》2013 年第 6 期。

解决一些公司大股东一股独大、小股东利益无法得到保障的现实问题规定了任意性的累积投票制。然而非营利法人中并不实行一股一权的表决规则，非营利法人理事和监事的选任也就不存在"一股独大"的问题，是否有必要引入公司法上的累积投票制呢？1987年版的美国《非营利法人示范法》第7.25条曾规定："章程或章程细则规定成员的累积投票制的，成员可以根据成员选任董事的人数增加成员有权投票的票数进行投票，可以将所有选票投给一个候选人或者分投给二个或二个以上候选人。"[①] 对此，有学者解释为："累积投票制在营利法人中被采纳是为了保护小股东的权益，而在非营利法人中却没有了所谓小股东权益保护的问题。但是在一个存在社员集团的非营利法人中，累积投票制的存在可使人数相对较少的成员集团有可能在董事会中占据一个席位，还是有其存在的价值的。"[②] 此种观点值得进一步深入探讨。由于累积投票制主要是用于选举理事和监事，因此只有非营利社会团体法人可能适用这一投票规则，非营利财团法人的理事和监事产生办法不适用这一规则。那么非营利社团法人选举理事和监事时，是否存在少数派以及需要法律予以特别保护呢？个人认为基于结社自由包括退社自由的理念，一般而言在非营利社团法人中此种特别保护的理由并不充分。或许正是基于这样的原因，美国2008年版的《非营利法人示范法》已经取消原来关于累积投票制的规定，并且在第7.27条（b）项中明确规定："会员选举理事时无权采用累积投票制。"然而美国法上的这一变化却并不必然能适用于我国。我国《宪法》和《社会团体登记管理条例》虽然也规定了结社自由，但是同时规定同一行政区域内原则上不得设立业务范围相同或相近的两个以上社会团体。在这样的情况下，规定理事和监事选举中的累积投票制甚至赋予会员强制入会请求权对于保护因为某种特殊原因而形成的

① 金锦萍、葛云松主编：《外国非营利组织法译汇》，北京大学出版社2006年版，第29页。

② 参见金锦萍《非营利法人治理结构研究》，北京大学出版社2005年版，第117页。

少数派会员，对于非营利社团法人治理结构的完善都有重要意义。但是累积投票制不应成为非营利法人会员大会或会员代表大会选举理事或监事时的强制性手段。也可以认为，会员代表大会制度本身可能在一定程度上已经体现累积投票制，即各类代表人数的分配与被代表的会员人数并不一律成正比。

三　会员、理事等人的权利义务责任

（一）会员的权利义务责任

1. 权利。一般认为社团法人的会员享有社员权，具体可以分为共益权与自益权两种。[①] 共益权是指为实现会员共同利益而享有的权利，自益权是指为实现会员个人利益而享有的权利。此种权利构造在营利法人中十分清晰。按照我国《公司法》第 4 条的规定："公司股东依法享有资产收益、参与重大决策和选择管理者等权利。"这三项股东权利中，资产收益属于自益权；参与重大决策和选择管理者属于共益权。但是对于非营利社团法人，社员能否享有自益权和共益权则不无疑问。首先，非营利社团法人的社员无法如营利社团法人的社员一样享有资产收益权。其次，我国《民法总则》规定的社会团体法人分为公益目的和会员共同利益目的两类，互益型社会团体法人本就为会员服务，会员当然可以享有自益权，且互益法人的会员并非绝对不能分配剩余财产。有人认为非营利法人的会员享有"社团设备的利用权"，此种权利是否必然属于自益权以及是否所有非营利社团法人的会员均得享有，则不无疑问。[②] 利用社团设备可能是为会员个人利益，也可能是为公共利益或其他会员的利益。公益性社会团体法人的会员显然不得出于个人利益目的而利用社团的设备。《俄罗斯非营利组织法》仅仅规定"协会或联合会"的成员才享有"无偿利用该协会（联合会）提供的服务"之权利，而俄罗斯的"协会或联合会"

---

① 参见王泽鉴《民法总则》，中国政法大学出版社 2001 年版，第 187 页。

② 参见金锦萍《非营利法人治理结构研究》，北京大学出版社 2005 年版，第 108 页。

属于互益性社团法人，是"各种商业组织为了协调其企业家活动，代表和维护共同的财产利益，按照彼此之间达成的协议"设立的法人。以公益为目的的社会组织和宗教组织并没有此种权利。与互益性社会团体法人不同，公益性社会团体法人的会员没有自益权。公益性社会团体法人会员的共同利益其实就是社会公共利益，与营利法人、互益性社会团体法人会员的"共同利益"存在本质区别。公益性社会团体法人的会员权利不宜用"共益权"概念来描述。有鉴于此，非营利法人的会员权利不宜再从目的角度进行描述，而应从功能角度，参照《公司法》对股东权利的描述，分为参与重大决策和选择管理者两类权利。互益性社会团体法人的会员还享有分配剩余财产的权利。① 在行使上述权利时，如果与会员个人存在利害关系，相关会员应该回避表决，不得行使相应的会员权利。此外基于结社自由的观念，会员应享有自由地退出社会团体法人的权利。

社员权的取得有参与社团设立和依章程加入社团两种途径；除非法律或章程另有规定，社员资格原则上不得让与或继承，不得被强制入会或请求强制入会。社员权因退社或被除名而丧失，社员死亡、丧失行为能力、社会团体法人终止解散亦会导致社员权丧失；此外会员退休、丧失特定职业资质等也可能导致会员资格终止、社员权消灭。

2. 义务。非营利法人的会员负有法律和章程规定的义务，一般包括缴纳会费和按照章程规定参与社团活动等。"基于社团系人的结合关系，社员负有一般的忠实义务，一方面不得从事侵害社团目的或妨害社团活动的行为，另一方面须促进实现社团之目的及参与社团活动。"② 参与社团活动本来属于会员的权利，但一些社团章程中也常常规定，长期不参与社团活动的会员可能被取消会员资格。

---

① 我国台湾地区"民法"第 55 条第 1 款规定："已退社或开除之社员，对于社团之财产无请求权。但非公益法人，其章程另有规定者，不在此限。"该项规定肯定了中间法人和营利法人的已退社或开除的社员根据章程的规定，仍然可能享有剩余财产分配请求权。

② 王泽鉴：《民法总则》，中国政法大学出版社 2001 年版，第 187 页。

3. 责任。非营利法人的会员可以享受"有限责任利益",即不需为非营利法人的债务负责。但可能因违反法律规定或非营利法人的章程而遭受"社团罚"。例如中国足球协会作为社会团体法人拥有对会员的处罚权,足协会员因违反章程和有关纪律可能遭受停赛、禁赛、降级、罚款等处罚。① 《最高人民法院关于审理名誉权案件若干问题的解释》中规定:"国家机关、社会团体、企事业单位等部门对其管理的人员作出的结论或者处理决定,当事人以其侵害名誉权向人民法院提起诉讼的,人民法院不予受理。"会员的社团罚责任无法通过侵害名誉权的诉讼获得救济,但不必然意味着社团罚无需司法审查。德国帝国法院最初对社团处罚措施进行司法审查持十分保守的态度,原则上认为社团罚属于社团自治范畴,只应考查"处罚决议在章程中是否有依据、是否遵循了规定的程序、章程中的规定是否违反了法律或善良风俗、处罚是否显失公平"。但德国联邦最高法院较新的判例则显示,甚至不能剥夺司法机关对社团罚中事实认定的审查权。② 有学者认为,根据设立背景的不同,我国的社会团体法人可以分为官办社团、半官半民社团、民办社团三种类型。对社团罚进行司法审查的路径——民事诉讼或行政诉讼——应根据社会团体法人的背景进行判断。具体而言,官办社团罚应通过行政诉讼进行司法审查;民办社团罚应通过民事诉讼进行司法审查;半官半民社团罚应根据具体情况,主要通过民事诉讼进行司法审查,社团对于社员具有垄断性地位时例外通过行政诉讼进行司法审查。③ 除司法审查外,社会团体法人的会员遭受社团罚时还可以寻求社团内部的救济,例如主张形成处罚决定

---

① 中国足协本来与国家体育总局原国家足球运动管理中心"一套人马、两块牌子",从而导致作为社会团体法人的足球协会与作为行政机关的足球运动管理中心难以区分,足协对会员的处罚存在行政处罚或社团罚的争议。2016年初开始,原国家体育总局足球运动管理中心被撤销,中国足球协会的独立性和社会团体法人地位进一步得到明确,协会对会员包括单位会员的处罚应定性为社团罚。

② [德]迪特尔·梅迪库斯:《德国民法总论》,法律出版社2001年版,第840—841页。

③ 参见袁曙宏、苏西刚《论社团罚》,《法学研究》2003年第5期。

的决议程序或决议内容违反法律或章程；或者根据《社会团体登记管理条例》第25条的规定，向业务主管机关报告并请求监督。

（二）理事的权利义务责任

1. 权利。理事的权利主要包括四个方面：第一，理事享有参与理事会决议并发表意见、进行表决的权利。社团性或财团性非营利法人均由理事组成理事会作为执行机构。社团性非营利法人的理事会按照法律、章程、会员大会或会员代表大会的决议行使职权；财团性非营利法人的理事会按照法律、捐助章程的规定行使职权。为保障理事适当地行使此项权利，理事还应有知情权。第二，对内管理与对外代表权。在仅有一名理事的情况下，该独任理事当然地一人负责对内的事务执行与对外的业务代表。但是在有多名理事组建理事会时，是全体理事均有代表权还是仅仅特定的某一名理事有代表权？就日本和我国台湾地区的立法例来看，法律规定每一名理事都有代表权。我国实行法定代表人制度，除法定代表人外，其余理事原则上没有对外代表法人的一般性权利，仅在获得理事会特别委托授权的情况下才有对外代表权。法定代表人和执行理事的代表权会受到法律的规定或者捐助章程的限制，或者规定须理事会多数人同意或者全体理事同意的特别决议事项。但是，对于法定代表人和执行理事代表权所加的限制，不得对抗善意第三人。第三，报酬请求权。理事是否有从非营利法人获得报酬的权利通常应由章程进行规定。但是我国《基金会管理条例》第23条第3款规定："监事和未在基金会担任专职工作的理事不得从基金会获取报酬。"可见，基金会法人可以在章程中规定专职理事的报酬事项，此时专职理事有报酬请求权；而非专职理事不得享有报酬请求权，也不得在章程中规定非专职理事的报酬事项。第四，费用请求权。理事就履行职权所支出的必要费用有权请求所任职的非营利法人承担。以上四项权利中，前两项属于理事的职权，经由委任取得；后两项则并非职权，根据法律和章程的规定、费用是否实际发生而取得。

2. 义务。理事的业务执行对法人目的的实现具有至关重要的作用，因此有关法律法规通常都会对理事的义务做出规定。理事的义务在营利法人和非营利法人治理结构中均属重点问题。在普通法国家，非营利法人理事对法人应承担的义务被称为信义义务（fiduciary obligation）。① 但更准确地说，信义义务并非一种独立的义务，而是指非营利法人的理事在行使职权时所负的一种方式性义务，即以符合信义的方式行使职权的义务。一般认为，信义义务具体又可以分为注意义务（duty of care）和忠实义务（duty of loyalty）。注意义务要求非营利法人的理事在行使职权时，应当善意并具备一定程度的勤勉、注意和技巧。美国非营利法人理事的注意义务标准经历了缺乏注意标准、信托法标准、公司法标准的变化。1954 年的 *George Pepperdine Foundation V. Pepperdine* 案中，法院出于鼓励志愿精神的考虑，确立了非营利法人的董事仅负低于信托受托人和法人董事的注意义务的规则。1970 年的 *Lynch V. John M. Redfield Foundation* 案中，法院认为慈善信托的受托人负有类似于私人信托受托人的谨慎投资义务。在 1974 年的 *Stern V. Lucy Webb Hayes National Training School for Deaconesses* 案中，法院认为信托受托人违反注意义务的标准为轻过失（simple negligence），法人理事违反注意义务的标准为重大过失（gross negligence）。后一种义务标准目前已至少为美国 43 个州所采纳，已经成为一种主要的理事注意义务标准。② 2008 年版的美国《非营利法人示范法》第 8.30 条规定非营利法人的理事应该善意地行使职权，并且应以可以合理地相信对非营利法人是最为有利的方式行使职权。其具

① "fiduciary" 一词源自拉丁词 "fiducia"，意味着信任（trust）。该词在 19 世纪中期进入英国法文献中，用来描述近似于受托人和受益人之间的关系。同一时期，"fiduciary"作为有明确的技术性意义的概念取代了 "trust"。"fiduciary" 意味着 B 将财产所有权设定给 A 并为其本人或他人的利益而占有使用，而早前 trust 泛指 B 信任 A。See J. J. Fishman & S. Schwarz, *Nonprofit Organizations——Cases and Materials*, 4th ed., Foundation Press, 2010, p. 135.

② See J. J. Fishman & S. Schwarz, *Nonprofit Organizations——Cases and Materials*, 4th ed., Foundation Press, 2010, p. 136.

体判断标准是一个处在相同位置的人在相似情境下将会合理地相信该行为是适当的。

非营利法人理事注意义务的标准设置本质上是一个价值判断问题。为了激励更多的人特别是社会精英投身公益事业，非营利法人理事注意义务应采用一种较低的标准；但是从惩处违反注意义务的理事、维护非营利法人的整体利益来看，非营利法人理事的注意义务又势在必行且不能流于形式或过于宽松。我国非营利法人理事注意义务标准的设置需要兼顾理事权责利的一致性、激励与惩处的平衡性、中外理事制度的差异性进行综合考量而定。具体而言，首先应区分领取报酬与不领取报酬的理事，领取报酬的专职理事应负较高的注意义务，不领取报酬的理事应负相对较低的义务，此种注意义务标准足以杜绝"玩票"性质的理事即可。前者应就一般过失承担责任、后者仅仅在具有重大过失时才承担责任。由于不领取报酬的理事主要基于志愿精神为非营利法人服务，因此这样的义务标准设置也能满足激励与惩处的平衡性。其次应区分承担对外代表对内管理职能的理事与仅仅参与理事会集体决议投票的理事。实践中关于理事注意义务的诉讼主要涉及承担对外代表和对内管理职能的理事，前述美国法上关于非营利法人理事注意义务的三个典型案例均系以此种"执行理事"为被告。我国实行法定代表人制度，法律法规对法定代表人的选任资格、登记管理往往有特别规定，但是却未明确规定法定代表人的义务和责任。实践中，理事长（会长）和秘书长对于非营利法人的事务执行具有最为重要的意义，也最可能违反相应的注意义务对非营利法人造成损失，应负相对较高的注意义务，其余非执行的理事在进行投票表决时应负相对较低的注意义务。

除注意义务外，理事还负有忠实义务。忠实义务要求理事以不损害非营利法人利益的方式行使职权，特别典型的是为其本人或第三人谋取不正当的利益。理事违反忠实义务的典型表现为关联交易，但不限于关联交易。具体而言包括以下情形：以相对于其他外部人更为优惠的条件使用非营利法人的财产或设施；篡夺非营利法人的交易机会；利用非营利法人未公开的重要信息或地位；内部人获得利益但损害非营利法人的利益；与非营利法人进行相同业务竞争。[1]

在大陆法系，理事与法人之间通说认为属于委任关系，此种学说的目的主要在于解决理事职权之取得程序究竟是单方行为还是合同行为。按照委任关系，理事职权之取得除需经决议或选任之外，还需经由理事本人之承诺。[2] 而就行为法律效果之归属、权限范围来看，大陆法系通说认为理事与法人之间属于代表关系而非代理关系。此种认识的要点在于，首先理事职权范围内的行为本质上就是法人的行为，而代理人的行为并非法人的行为只是法律效果归属于法人而已；其次理事的职权行为得为法律行为或事实行为，而代理行为只能为法律行为或准法律行为。[3]

我国相关法律法规没有一般性地规定各非营利法人理事的注意义务和忠实义务，但是存在相关零星具体规定。我国《基金会管理条例》第 20 条规定："基金会设理事会，理事为 5 人至 25 人，理事任期由章程规定，但每届任期不得超过 5 年。理事任期届满，连选可以连任。用私人财产设立的非公募基金会，相互间有近亲属关系的基金会理事，总数不得超过理事总人数的三分之一；其他基金会，具有近亲属关系的不得同时在理事会任职。"该项规定虽然不直接涉及理事的忠实义务，但是与理事的忠实义务密切相关。基金会理事会理事人数限制之所以会成为法律上的强制性规定，是因为理事人数过少或过多均会导致基金会实质上的少数人控制，使理事会的集体决策流于形式。在理事人数过多的情况下，必然使大部分理事徒具理事之名而无理事之实；理事人数过少时导致理事会为少数人把持。在这样的背景

---

[1]　See J. J. Fishman & S. Schwarz, *Nonprofit Organizations——Cases and Materials*, 4th ed., Foundation Press, 2010, p. 163.

[2]　郑玉波：《民法总则》，中国政法大学出版社 2003 年版，第 190 页。

[3]　同上书，第 404 页。

下，理事相互之间的监督也就难以实现。此外，如果基金会的理事之间具有近亲属关系，也可能导致类似于公司法上的"一致行动人"现象，从而弱化理事相互之间的监督。如果理事相互之间无法形成有效监督制衡，那么理事违反忠实义务的可能性就会大大增加。

理事义务制度的建构，可以借鉴普通法系理事的信义义务和大陆法系代理制度中代理人的义务标准，并结合我国现有相关规定来进行。我国《合同法》第406条规定："有偿的委托合同，因受托人的过错给委托人造成损失的，委托人可以要求赔偿损失。无偿的委托合同，因受托人的故意或者重大过失给委托人造成损失的，委托人可以要求赔偿损失。受托人超越权限给委托人造成损失的，应当赔偿损失。"我国《基金会管理条例》第23条第2款规定："基金会理事遇有个人利益与基金会利益关联时，不得参与相关事宜的决策；基金会理事、监事及其近亲属不得与其所在的基金会有任何交易行为。"该项规定一方面没有涵盖理事违反忠实义务的全部情形，另一方面对关联交易和自我交易限制过于严格。为保护被代理人的利益，民法代理制度中确曾有禁止自我代理和双方代理的做法。但是这一做法有因噎废食之嫌疑。我国《民法总则》第168条规定："代理人不得以被代理人的名义与自己实施民事法律行为，但是被代理人同意或者追认的除外。代理人不得以被代理人的名义与自己同时代理的其他人实施民事法律行为，但是被代理的双方同意或者追认的除外。"我国非营利法人理事的忠实义务制度需要与民法总则的该种规定相衔接。《基金会管理条例（修订草案征求意见稿）》第39条规定："基金会的理事、监事、秘书长，不得利用其关联关系损害基金会、受益人的利益和社会公共利益。基金会理事、监事、秘书长与基金会发生交易行为的，不得参与相关事宜的决策，有关交易情况应当向社会公开。"此种以结果进路为主的规定更加科学合理。《基金会管理条例（修订草案征求意见稿）》第23条拟规定："理事连续两次无正当理由不出席理事会议的，视同辞职。"该规定实际上涉及理事的勤勉注意义务，但就其后果而言却并非真正意义上的赔偿责任，只是意味着丧失理事资格。实践中，非执行理事违反义务的方式主要在于不作为（non-management）；执行理事和其他参与理事会决议的非执行理事违反义务的方式主要在于不当作为（mismanagement）和利益冲突交易（conflicting interest transaction）。这三种违反义务的行为都应受到法律的规制。

3. 责任。理事因为故意或过失违反其义务，应该就非营利法人因此所受的损害负赔偿责任。如果损害是由数名理事共同造成，则该数名理事负连带责任。《基金会管理条例》第 43 条规定："基金会理事会违反本条例和章程规定决策不当，致使基金会遭受财产损失的，参与决策的理事应当承担相应的赔偿责任。基金会理事、监事以及专职工作人员私分、侵占、挪用基金会财产的，应当退还非法占用的财产；构成犯罪的，依法追究刑事责任。"《社会团体登记管理条例》第 30 条规定"侵占、私分、挪用社会团体资产或者所接受的捐赠、资助的"应该"由登记管理机关给予警告，责令改正，可以限期停止活动，并可以责令撤换直接负责的主管人员；情节严重的，予以撤销登记；构成犯罪的，依法追究刑事责任"。《民办非企业单位登记管理暂行条例》第 25 条有类似的规定。此种规范方式系以社会团体法人而非违反忠实义务的理事为规制中心，亟需改进。《民办非企业单位登记管理暂行条例》第 21 条规定"民办非企业单位的资产来源必须合法，任何单位和个人不得侵占、私分或者挪用民办非企业单位的资产"。该项规定只有行为模式没有规定法律后果，因而并非完整法律规范，且不是专门针对理事而设，亦须从理事责任的角度予以完善。

（三）高管的权利义务责任

2008 年版的美国《非营利法人示范法》第 8.43 条规定，非营利法人的部门官员（officer）负有如同理事一样的信义义务，行使职权必须善意地、具备一个处在相同位置的普通的谨慎行事的人在相似情况下的注意、采用可以合理相信是对非营利法人最为有利的方式。负有此种义务的官员包括章程中记载的掌管某一部门，或按照章程选举或任命的，或有理事会授权的人。我国非营利法人的组织架构中，除了会员大会或会员代表大会、理事会、监事或监事会外，非营利法人的特别法或章程还可以在不与上述基本架构相冲突的情况下设置其他组织机构，例如秘书长、各种专业委员会等。秘书长、专业委员会的负责人便属于此处所称"高管"，与执行理事负有相似的义务。此种立法例值得我国制定和完善非营利法人法律法规时予以借鉴。

（四）监事的权利义务责任

按照《民法总则》的规定，监督机构并非所有非营利法人的必设机构。法律仅规定捐助法人即基金会和社会服务机构需设置"监事会等监督机构"。而《基金会管理条例》第 22 条规定，基金会设监事而无需设监事会。事业单位法人、社会团体法人是否设置监督机构、如何设置取决于章程的规定。因此与权力机构、执行机构、决策机构不同，监督机构可以采用独任制。而在采用合议制或独任制两种不同监督机构下，监事的权利义务责任有所不同。在采用独任制时，监事的权利义务责任就是监督机构的权利义务责任；在采用合议制时，监事组成监事会，监事会的决议才能代表监督机构的意见，监事个人的权利义务责任与监督机构的权利义务责任并不相同。

《基金会管理条例》第 22 条规定了监事的两项职权："监事依照章程规定的程序检查基金会财务和会计资料，监督理事会遵守法律和章程的情况。监事列席理事会会议，有权向理事会提出质询和建议，并应当向登记管理机关、业务主管单位以及税务、会计主管部门反映情况。"《基金会管理条例（修订草案征求意见稿）》第 34 条对此拟进一步完善规定："监事会、不设监事会的基金会的监事依法行使下列职权：（一）监督理事会、秘书处开展业务情况，检查基金会财务和会计资料；（二）提出罢免或者解聘的建议；（三）向登记管理机关、业务主管单位、税务、会计主管部门以及其他有关部门反映基金会异常活动情况；（四）章程赋予的其他职权。监事列席理事会会议，并可以对理事会决议事项提出质询或者建议。"此种规定确实强化了基金会法人的监事职权，改进了基金会法人的监督机制，但是仍然有所不足。首先最为明显的就是没有赋予监事或监事会主张理事会决议无效和撤销违法决议以及请求理事赔偿损失的职权。按照《民法总则》第94条的规定，部分此类职权被赋予了捐助法人的捐助人。参照《公司法》第22、53、149、151条以及《最高人民法院关于适用〈中华人民共和国公司法〉若干问题的规定（四）》第1条的规定，此类职权首先应赋予法人内部监督机关。我国非营利法人主要依赖登记管理机关和业务主管机关的外部监督，存在忽视内部监督机关的明显问题。监事在发现相关问题线索后，不应只有向主管机关报告的权利，还应该具有直接向人民法院以违法违规理事为被告提起诉讼的权利。其次，监事对公司事务的检查不限于财务会计资料，还应包括与监督工作相关的、有必要了解的其他事项。最后，对于社会团体法人，监事应有向会员大会或会员代表大会提出议案的权利、提议召开临时会员大会或临时会员代表大会的权利，以及在理事会不履行召集和主持会员大会或会员代表大会会议职责时召集和主持会议的权利。

目前民法总则和其他非营利法人具体法律制度均未规定监事违反职权的法律后果。解释上应认为监事亦负有勤勉尽责的注意义务和忠实义务。由于《基金会管理条例》第23条规定监事不得从基金会取得报酬，因此监事的监督工作均属志愿服务，监事仅需就履职过程中的重大过失负责。当然从另一方面来说，监事一律不能从基金会获取报酬似也不无可议之处。在我国许多非营利组织均面临运营资金压力的大环境下，尽量节约运营成本包括减少管理人员工薪支出，确有其合理之处。同时这也是杜绝非营利组织以发放薪酬的名义实现向退休官员等输送利益的有效手段。但是这样的设想并不适用于所有的基金会，存在"一刀切"的问题。目前一些大型公益基金会，特别是股权型公益基金会拥有雄厚的资金实力，并不存在运营资金上的压力。相反，如何对这样的大型基金会加强监管却具有更为重要的意义。对于一些基金资产达到数亿元甚至数十亿元的大型基金会而言，非专职的、无需取酬的监事很可能无法胜任此类监管工作、无法形成有效监管。而且由于法律上对无报酬的监事所要求的注意义务标准较低，反过来也不利于强化监事的责任心，不利于强化监管。因此，基金会和其他建立监督机构的非营利法人不应绝对、一律禁止监事从基金会获得报酬。各非营利组织应根据自身财务状况自主决定是否向监事支付报酬、向多少监事支付报酬、支付多高的报酬，法律只需强化信息公开、使非营利法人的工薪支出状况接受社会的监督即可。《基金会管理条例》第43条第2款还规定基金会的监事私分、侵占、挪用基金会财产的，应当退还非法占用的财产；构成犯罪的，依法追究刑事责任。

（五）捐助法人的捐助人

在捐助法人的组织架构中，捐助人并非捐助法人的组织机构，也不当然成为捐助人的理事或监事。因捐助法人通常关涉社会公共利益，外国法上甚至还明确排除捐助人对捐助法人的控制和影响，只是在需变更捐助章程特别是改变捐助法人的目的时需要考虑捐助人的意志。作为他律法人，捐助法人的监督包括内部监督和外部监督，但并不包括来自捐助人的监督。这主要是因为外国法上的财团法人制度本就是为解决捐助人的意志可以超越个人生命的限制而得到尊重、贯彻而设，而有能力并且愿意捐出大额资产设立财团法人的捐助人通常并不年轻，来自捐助人的监督在时间上不具有永续性，只能是一种临时性、阶段性措施。

然而我国《民法总则》第94条规定："捐助人有权向捐助法人查询捐助财产的使用、管理情况，并提出意见和建议，捐助法人应当及时、如实答复。捐助法人的决策机构、执行机构或者法定代表人作出决定的程序违反法律、行政法规、法人章程，或者决定内容违反法人章程的，捐助人等利害关系人或者主管机关可以请求人民法院撤销该决定，但是捐助法人依据该决定与善意相对人形成的民事法律关系不受影响。"依据本条规定，捐助人的法律地位属于"利害关系人"，享有三项权利：第一，查询捐助财产的使用、管理情况的知情权；第二，以知情权为基础的提出意见和建议权；第三，捐助法人的决策机构、执行机构或者法定代表人作出决定的程序违反法律、行政法规、法人章程，或者决定内容违反法人章程的，捐助人享有请求人民法院撤销该决定的撤销诉权。此种通过捐助人的监督具有一定的意义，但是其发挥作用系以捐助人生存为前提，并非一种长久之计。而且现实中捐助人通常均担任捐助法人的理事甚至理事长，也可以担任捐助法人的监事或监事会主席；在前一种情况下捐助人自身就是执行机构甚至执行机构的负责人，属于被监督对象；在后一种情况下捐助人本就是监督机关。因此《民法总则》第94条的制度设计与上述现实情况在本质上要么构成冲突、要么构成重叠。《民法总则》第94条所规定的权利应归属于捐助法人的监督机构。在《民法总则》第94条已经生效的情况下，《基金会管理条例（修订草案征求意见稿)》第23条原拟规定的"第一届理事会应当包含主要发起人"，应予删除。

第二节　非营利法人的财务运营

法人财务运营通常既是一个财务管理问题，也是一个法律问题。非营利法人的财务运营存在特殊性，并不以利润最大化为最终目标。此种目的和功能定位在一定程度上会影响法人治理，且在非营利法人的私法制度建构上不无意义。

一　非营利法人财务运营概述

（一）原则和目标

非营利法人与营利法人的财务运营目标存在重大区别。营利法人以利润最大化为财务运营目标，而非营利法人的财务运营以实现法人目的、为非营利事业提供充足运营经费为目的。这就决定了非营利法人财务运营应该以稳健为原则，按照《基金会管理条例》第 28 条的规定，合法、安全、有效是基金会财务运营的原则。这三项原则也可以适用于不以利润最大化为目标的其他非营利法人。合法性是指非营利法人的财产来源和运作均应合法。基金会在接受捐赠时，对捐赠财产来源应作出必要审查，例如避免接受赃款赃物；在进行财务投资时，应避免非法投资例如放高利贷；在进行资产使用时，应将资产用于符合法人目的事业范围的领域，不得分配给管理人员和会员。安全性是指非营利法人的财务运营以资产保值增值为目标，且资产保值是第一位的目标。因此非营利法人不能为了追求高回报的投资收益而将资产投资于一些高风险的领域，例如除非本就是以艺术收藏为目的，否则非营利法人的资产不能用于收藏艺术品。相对而言，银行定期存款、中长期国债等更适合非营利法人。有效性是指非营利法人的财务运营应能为法人开展目的范围内的事业提供必要的经费。

（二）区分日常财务运营与重大资产运作

非营利法人的财务运营需区分日常财务运营、资产处置与重大资产运作。非营利法人的章程应该就不同规模、类别的财务运营事项规定不同的决议程序。《基金会管理条例》第 21 条规定，章程规定的重大募捐、投资活动、基金会的合并分立须经出席理事会会议三分之二以上多数理事同意。基金会的章程可以在上述规定的基础上，就基金会的资产运作规定更加明确、更加严格的决议程序。其他非营利法人应建立类似的财务决议制度。

（三）区分基金会法人与其他非营利组织

基金会法人的财务运营与其他非营利法人存在较大不同。首先，基金会法人作为典型的财团法人，其运营经费除来自获取捐赠、政府支持外，更为重要的是基础财产产生的孳息和投资收益。基金会法人之所以可以长期存续、可以使捐助人的意志超越生命的限制得以维持，主要就是依靠基础财产源源不断地产生孳息和收益。因此基金会法人的基础财产，包括货币、有价证券等原则上不能直接用作事业运营经费。这一点也适用于同为捐助法人的社会服务机构。其次，由于存在一笔庞大的基础财产，且投资收益对基金会的事业运营具有关键性意义，因此基金会法人财务运营方面的复杂性、专业性要求要远远高于其他非营利法人。"捐赠基金的成功管理，不仅仅是通过投资方式来管理资产，还需要以商业模式来进行运作。虽然投资办公室挂名为非营利组织，但管理捐赠基金就相当于管理一家企业。可以说，无论在什么类型的机构中，投资办公室的运营关键就在于专业化管理。"[1] 特别是在货币贬值较为严重、利率长期偏低的情况下，通过传统的定期存款、国债等投资方式，根本无法实现基金资产的保值。要实现基金资产的保值增值，必须合理构建投资组合、挖掘新兴投资领域等。因此对于大型公益基金会而言，单纯的志愿精神无法满足基金财务运营的专业化需求。基金会应根据自身资产规模、资产类别等实际情况，决定基金会的财务运营方式，可以交给外部的专业投资机构，也可以自己组建财务部门或在财务部门的基础上再组建独立的投资管理部门。目前我国的公益基金会普遍不重视财务运营，事业运营经费主要不是来自基金资产收益，而是捐赠。以 2014 年的统计为例，全国基金会总收入的 86% 以上来自于捐赠收入，而投资收益仅占总收入的 4% 左右。[2] 这种情况与基金会应有的收入格局是不相符合的。无论公募基金会还是私募基金会，均需加强财务运营。

二　收入、资产与财产权

（一）非营利法人的收入

"收入"并非私法上的概念，但在非营利法人的财务管理上被广

---

[1]　［美］劳伦斯·E. 科卡德、凯瑟琳·M. 利特里瑟：《基金会和捐赠基金投资——世界顶级投资者和投资机构的理念与策略》，郑佩芸译，上海财经大学出版社 2016年版，第 266 页。

[2]　中国基金会发展报告课题组：《中国基金会发展报告（2015—2016）》，社会科学文献出版社 2016 年版，第 36 页。

泛采用。按照《民间非营利组织会计制度》第58条的规定，民间性非营利法人的收入应当按照其来源分为捐赠收入、会费收入、提供服务收入、政府补助收入、投资收益、商品销售收入等主要业务活动收入和其他收入等。捐赠收入是指民间非营利组织接受其他单位或者个人捐赠所取得的收入。会费收入是指民间非营利组织根据章程等的规定向会员收取的会费。提供服务收入是指民间非营利组织根据章程等的规定向其服务对象提供服务取得的收入，包括学费收入、医疗费收入、培训收入等。政府补助收入是指民间非营利组织接受政府拨款或者政府机构给予的补助而取得的收入。商品销售收入是指民间非营利组织销售商品（如出版物、药品等）等所形成的收入。投资收益是指民间非营利组织因对外投资取得的投资净损益。其他收入是指除上述主要业务活动收入以外的其他收入，如固定资产处置净收入、无形资产处置净收入等。至于劳务捐赠，在会计制度上不予确认，不计入收入和资产中。

（二）非营利法人的资产

非营利法人的资产应当按其流动性分为流动资产、长期投资、固定资产、无形资产和受托代理资产等。流动资产是指预期可在1年内（含1年）变现或者耗用的资产，主要包括现金、银行存款、短期投资、应收款项、预付账款、存货、待摊费用等。长期投资是指除短期投资以外的投资，包括长期股权投资和长期债权投资等。固定资产是指同时具有以下三项特征的有形资产：为行政管理、提供服务、生产商品或者出租目的而持有的；预计使用年限超过1年；单位价值较高。无形资产是指民间非营利组织为开展业务活动、出租给他人或为管理目的而持有的且没有实物形态的非货币性长期资产，包括专利权、非专利技术、商标权、著作权、土地使用权等。受托代理资产是指民间非营利组织接受委托方委托从事受托代理业务而收到的资产。在受托代理过程中，民间非营利组织通常只是从委托方收到受托资产，并按照委托人的意愿将资产转赠给指定的其他组织或者个人，或者按照有关规定将资产转交给指定的其他组织或者个人。非营利组织本身只是在委托代理过程中起中介作用，无权改变受托代理资产的用途或者变更受益人。

（三）非营利法人的财产权

作为一种独立的民事主体，非营利法人对于其占有、支配、控制的财产享有财产权。此种法人财产权不同于其负责人和工作人员的个人财产权。实践中，虽然一笔捐赠的取得往往与负责人或特定工作人员具有密切关系，但是在财产权属制度上应明确、严格地区分法人财产权和个人财产权。从权利类型上看，非营利法人享有的财产权包括物权、债权、知识产权、股权等；物权包括动产物权和不动产物权、所有权和定限物权。债权中特别需要区分所有权与委托管理财产上形成的债权，对前者非营利法人享有归属意义上的权利，而对后者非营利法人仅有管理权、却无所有权。

三　公益慈善组织的支出控制

目前法律法规对公益慈善组织的支出控制主要表现在两个层面：第一，支出收入比例；第二，管理费用占总支出的比例。我国《基金会管理条例》第 29 条规定："公募基金会每年用于从事章程规定的公益事业支出，不得低于上一年总收入的 70%；非公募基金会每年用于从事章程规定的公益事业支出，不得低于上一年基金余额的 8%。基金会工作人员工资福利和行政办公支出不得超过当年总支出的 10%。"《慈善法》第 60 条规定："慈善组织应当积极开展慈善活动，充分、高效运用慈善财产，并遵循管理费用最必要原则，厉行节约，减少不必要的开支。慈善组织中具有公开募捐资格的基金会开展慈善活动的年度支出，不得低于上一年总收入的百分之七十或者前三年收入平均数额的百分之七十；年度管理费用不得超过当年总支出的百分之十，特殊情况下，年度管理费用难以符合前述规定的，应当报告其登记的民政部门并向社会公开说明情况。具有公开募捐资格的基金会以外的慈善组织开展慈善活动的年度支出和管理费用的标准，由国务院民政部门会同国务院财政、税务等部门依照前款规定的原则制定。捐赠协议对单项捐赠财产的慈善活动支出和管理费用有约定的，按照其约定。"

之所以需要规定公益慈善组织的年度支出占收入的最低比例，主要是因为公益组织的财产可以享受税费减免等待遇，如果长期闲置、未及时用于公益慈善事业，则此种优待的合理性会面临质疑。公益慈善组织需贯彻禁止分配原则，也不应允许其资产无限累积，其取得的财产应及时地支出用于公益事业。

公益慈善组织的管理费用占年度总支出的比例长期面临较大争议。《慈善法》制定时，立法机构本来一度拟将《基金会管理条例》中规定的 10% 的比例上调至 15%，遭受了广泛的舆论抨击。社会对于基金会人浮于事、资金使用效率低下、管理费占比过高等问题十分敏感。但是另一方面作为公益慈善事业的从业人员，一般认为 10% 的比例过低。事实上，公益慈善事业涉及的事务范围非常广泛，不同的公益慈善组织业务运作方式可能存在极大区别。就最为基本的来说，基金会便可以分为运作型与资助型两种，二者事业运营上所需人员薪资可能存在重大差异，管理费用占总支出的比例可能存在很大不同。因此公益慈善事业管理费用占总支出的比例不宜设置过于严格。法律所需强制的是信息公开包括管理费用占比的公开，由社会和潜在捐助人去判断不同公益慈善组织的资金使用效率，从而决定是否给予捐赠。通常来说，同类公益慈善组织管理费用占比越低，说明资金使用效率越高，获得社会认可和捐赠的可能性越大。通过此种自发竞争机制来促使公益慈善组织控制管理费用，或许更加合理可行。

四 股权型基金会的特殊问题

股权型基金会是随着社会财富形态变化之后，近年来在我国逐渐出现的一种新型基金会，是以股权作为基金会的基金资产或主要资产的基金会形态。我国既有的基金会主要是货币型基金会，因而有关法律制度构建主要围绕货币型基金会进行。股权型基金会的典型问题在于股权行使规则，现行相关法律法规对此还没有构建起完备的制度体系。在股权型基金会中，基金会既是非营利法人，又是股权人甚至是一股独大的股权人，享有资产收益、参与重大决策和选择管理者等权利。虽然非营利法人并非绝对不能从事营利性事业，但在业务的规模、范围上还应受到一些特殊限制，例如主要从事与宗旨相关的特定领域内的商事活动。① 而基金会作为所持股企业的股东在行使决策权、管理权时，事实上是在经营企业也就是从事典型的营利事业。如果股权型基金会组建专门负责股权行使的职能部门、虽可能胜任经营企业的工作，但同时又会妨碍基金会的非营利属性；但如果股权型基金会不专门组建相关职能部门，则必定难以满足行使相应股权的需要。目前实践中的典型做法是河仁慈善基金会的股权行使模式，即基金会保留股权中的资产收益权，而将决策权和选择管理者的权利委托捐助人代表曹德旺先生代为行使。此种方式在捐助人仍具备管理公司的能力的情况下是一种较优的股权模式，捐助人对公司最为熟悉、且具备管理公司的业务能力；捐助人具有强烈的公益心，一般不会通过行使股权为自己和他人谋取不当利益。在股权捐赠完成后仍由捐助人来行使公司经营管理权，可以将股权捐赠对公司的影响降到最低。但是在捐助人已经去世或已不具备管理公司的能力的情况下，如何寻找德才兼备的受托人、如何从法律层面进一步完善受托人的权利义务责任机制则值得深入研究。此外，股权型基金会的持股企业还可以采用无表决权的优先股和双重股权结构。优先股相对于普通股而言，是指股权人优先于普通股股东分配公司利润和剩余财产，但参与公司决策管理等权利受到限制的股份。而双层股权结构产生的历史可以追溯到19 世纪与 20 世纪相交的美国，是指将普通股划分为 A、B 两类，其

---

① 参见金锦萍《论非营利法人从事商事活动的现实及其特殊规则》，《法律科学》2007 年第 5 期。

中 A 类股遵循传统一股一权原则，每股附着一个表决权，而 B 类股表决权则被放大至 A 类股的数倍，A、B 类股皆可转让，但转让后的 B 类股将丧失其原本附着的超级表决权，成为 A 类普通股。[①] 我国《公司法》第 103 条第 1 款规定："股东出席股东大会会议，所持每一股份有一表决权。但是，公司持有的本公司股份没有表决权。"无论是表决权受限制的优先股还是数倍表决权的 B 类股，均与现行公司法规定的一股一权、同股同权的原则相悖。但是早在 2013 年，为进一步深化企业股份制改革、促进资本市场稳定发展，国务院就已经制定《关于开展优先股试点的指导意见》，允许在股份公司中稳妥有序开展优先股试点工作。优先股和双重股权结构可以较好地解决基金会法人作为股东的收益权保障和管理权虚化问题，但同时也具有一些固有的缺陷。我国将来修改公司法并系统地引进、建构起优先股和双重股权结构制度后，股权型基金会可以采用这两种股权架构模式。

第三节　非营利法人的外部监管

外部监管是目前政府主导下的非营利法人治理模式中最受重视的治理手段。其中财团法人由于没有社员大会，因此外部的监管甚至被认为是唯一的监管方式。外部监管属于对非营利法人的公法规制，但是与非营利法人的私法组织结构具有密切关系，因此本书中就非营利法人的外部监管做一简单探讨。

一　外部监管的形式

非营利法人特别是其中的公益法人运营是否规范、成功事关社会公众或团体成员利益，因此从监督主体的角度来看，非营利法人的外部监管可以分为来自主管机关的监管与来自社会的监督。来自社会的

[①] 参见冯果、杨梦《国企二次改革与双重股权结构的运用》，《法律科学》2014 年第 6 期。

监督可以是来自专业机构例如独立的会计师事务所的监督，也可以是来自于社会公众的舆论监督。

在大陆法系，官方的外部监督主要是行政机关的监管；也有的立法例将监督的权力交给法官或者检察官。

（一）行政机关的监督

根据《日本特定非营利活动促进法》第 41 条的规定，主管机关有相当的理由认为特定非营利活动法人有违反法令、根据法令的行政处分或章程的嫌疑时，可以要求该特定非营利活动法人就其业务或财产状况进行报告，或派职员前往该特定非营利活动法人的办事处及其他设施进行现场检查，检查其业务或财产状况或账簿、文件及其他物件。根据《日本特定非营利活动促进法》第 42 条和第 43 条的规定，主管机关还有下达改善命令和取消成立的认证的权力。[①] 按照《联邦德国结社法》第 3 条第 2 款的规定，德国的社团管制机关为：（1）对于组织和活动限于在一个州的领域内的社团和社团分支组织，为州的最高官厅；（2）对于组织和活动超出一个州的领域的社团和社团分支组织，为联邦内务部长。[②]

在将监督权全部交给监督机关的立法例中，具体又有多种做法。有的立法例将监督权统一赋予某一个中央政府机关；有的分散在不同的中央政府机关，还有的将监督权分散在中央和地方各级不同的政府部门。我国台湾地区在起草财团法时，其中一个很大的争议就是是否应该将监督权统一归所谓"行政院"或者某一个部门享有。支持的理由主要是因为在财团法人设立许可制下，主管机关对财团的审批权限很大；而主管机关过多，容易出现不同主管机关的意见不统一的弊端，有失公平；反对的理由主要是如果将财团监督权统一归某一个行政机关的话，由于行政机关资源有限，事实上不可能对"全国"所有财团实施有效的监督。反对的理由似乎较为有力。我国目前事业单

---

① 王名等编著：《日本非营利组织》，北京大学出版社 2007 年版，第 272—273 页。
② 王名等编著：《德国非营利组织》，清华大学出版社 2006 年版，第 276 页。

位法人由县级以上各级人民政府机构编制管理机关所属的登记管理机关负责实施登记管理工作，社会团体法人、基金会法人、社会服务机构法人均由民政部门实施登记管理工作，同时特定行业的政府主管部门是业务主管机关。

（二）首席检察官的监督

根据 2008 年版的美国《非营利法人示范法》第 3.04 条和第 14.30 条的规定，当非营利法人超越其权限或者滥用其权限，且该种越权或者滥用还在持续时，州首席检察官有权提起司法解散该非营利法人、并且否认该非营利法人的能力（人格）的诉讼。

（三）行政机关和法院的双重监督

目前我国台湾地区法上的财团监督机关是行政机关和法院。之所以使法院也成为财团的监督机关（同时也是登记机关），是因为对行政机关持有或多或少的怀疑，担心行政机关权力过大，而同时又缺乏系统有效的行政救济途径的情况下的无奈之举。德国之所以放心地将财团的监督权全部交给行政机关，是因为德国早已经建立起相当完整的行政救济制度。①这一点应该成为我国制定非营利特别法时需要考虑的一个问题。

二　主管机关的监管原则

对非营利法人加强监管几乎是各国学界和实务部门的一项共识。但是，究竟如何进行监管、监管达到何种程度却是一个充满争议的问题。基于鼓励非营利组织发展、将非营利组织定位于政府的伙伴或者有益补充的考虑，应将监管的原则确立为确保非营利组织目的事业的实现，而非基于不信任的态度对非营利组织进行管制。因此为了避免主管机关滥用监管权力，肆意干预非营利组织的运营，应该对主管机关的监管权进行具有可操作性的法律规制。也就是说，通过明确的立

---

① 陈惠馨：《财团法人监督问题之探讨》，台湾"行政院研究发展考核委员会编印"，1995 年版，215 页。

法使主管机关的监管成为一种法律的监督。当然，这些明确的监管规定不可能出现在民法典中，而应该在非营利特别法中进行规定。日本为此就专门制定了《公益法人指导与监督基准》，来指导、统一行政机关对公益法人的监督。

虽然对非营利法人进行强有力的监管源于非营利法人内部治理结构的天然缺陷，但是对非营利法人的监管却不限于非营利法人的执行机关。除了执行机关，非营利社团法人还有社员大会，有的非营利法人还设立了监督机关。上述机关同样在主管机关监督范围之内。这样做的原因在于，非营利法人固然应该为实现目的事业而运营，但这是一个较高的、积极的目标；除此之外非营利法人还应该遵守法律的规定，也不得违反公序良俗。例如某非营利组织为了获得某大型国有企业的捐款而由会员大会集体决定拟向该国有企业的董事会成员行贿。此种行为即便是服从于会员大会的集体决定，仍然是为法律所不许的，应该由主管机关查处并撤销该决议的效力。

对非营利社团法人和非营利财团法人的监管力度整体上应有所不同，对财团法人应采取相对于非营利社团法人更加严格的监管措施。这是因为非营利社团法人毕竟还有社员大会，在一定程度上通过社团自治可以解决许多监管问题，即便社员大会的能力有限。但是财团法人是没有社员及社员大会的，因此有关财团事务的执行只能按照捐助章程的规定来办理，甚至可以说财团法人属于相对僵化运营的他律法人。特别是财团法人的财务运营必须坚持稳健的原则，需确保基础财产不被投资于风险高的营利事业而遭受损失。基础财产的运营失败将直接危及财团法人的存续和目的的实现，因此对财团法人的事业运营和财务运营均必须进行严格监管。《德国巴伐利亚州财团法》第20条、21条、23条、25条、26条、27条和28条规定，财团监督机关享有资讯取得权、业务与财务审查权、纠正权、介入权、财团机关成员任免权、代为起诉权、决算审计权、收益积存决定权、特殊事项的批准权、变更财团的目的和变更财团的章程的权力。

从上面所列举的这些监督机关的职权可以看出，监督机关对公益财团的业务执行和财务运作的干预空间很大，特别是涉及财团基础财产的安全问题的时候，监督机关有实际的决定权。笔者认为对于财团设立之后的业务执行与财务运作实行较为严格的监督是完全应该的，这对于确保实现财团的目的具有重要意义。

三　对现行监管体制的评价

根据《社会团体登记管理条例》第 24 条的规定，登记管理机关履行下列监督管理职责：（一）负责社会团体的成立、变更、注销的登记；（二）对社会团体实施年度检查；（三）对社会团体违反本条例的问题进行监督检查，对社会团体违反本条例的行为给予行政处罚。根据《社会团体登记管理条例》第 25 条的规定，业务主管单位履行下列监督管理职责：（一）负责社会团体成立登记、变更登记、注销登记前的审查；（二）监督、指导社会团体遵守宪法、法律、法规和国家政策，依据其章程开展活动；（三）负责社会团体年度检查的初审；（四）协助登记管理机关和其他有关部门查处社会团体的违法行为；（五）会同有关机关指导社会团体的清算事宜。《民办非企业单位登记管理暂行条例》第 19 条和第 20 条、《基金会管理条例》第 34 条和第 35 条均有类似规定。

这就是我国民间性非营利法人设立和运营阶段均存在的双重管理体制。有学者将我国现行非营利法人制度评价为"现有的登记许可制度、双重管理制度、限制竞争制度、粗放的内部治理制度、缺乏实际操作性的监管制度，严重制约了非营利组织"，主张"从制度上松绑"迫在眉睫。[①] 笔者认为，此种观点有一定的代表性和合理性，但也有值得商榷的地方。非营利部门之所以被称为第三部门，是因为其无论是在生成时间还是在功能作用上，均处于政府、市场之后。在我

---

① 陈金罗等著：《中国非营利组织法的基本问题》，中国方正出版社 2006 年版，序言部分。

国，非营利部门的整体力量还较为薄弱，相关从业人员的专业素养还有待提高，非营利部门的自律机制和社会监督机制也远未建成。在这样的背景下，贸然放松管制必将导致一些非营利组织运营失范，甚至出现一些社会影响极其恶劣、后果极其严重的典型案例，这样的案例出现将导致我国原本脆弱的非营利社会基础被动摇甚至破坏。政府的态度相对容易改善，但是民众的公益心被伤害后则难以修复。这样的例子在国内外均出现过，由于监管的缺位导致非营利制度被滥用甚至损害国家利益、社会公共利益的教训是深刻的。正如有学者通过所谓的"法制环境指标体系"对我国的非营利部门的法制环境进行量化分析后所说的："长期以来，出于政治的考虑，我国政府对非营利部门的基本政策出发点是限制发展，因此大多数学者将主要关注点放在法制环境的供给维度，即如何通过提供宽松和支持性的法制环境以促进第三部门的发展壮大，甚至有人提出'先发展再规范'的做法。这种历史背景下的过度反应忽略了需求维度的重要性。需求比供给更加根本，正是因为第三部门下的互助和信任关系能够克服市场和政府的缺陷才使得公众有意愿支持第三部门，否则无论提供多宽松的结社环境也无所作为。"[1] 我国非营利法人的行政监管确实有待改善，但是此种改善不应以放松管制为唯一进路，而是应该在设立条件上适当宽松但在运营上加强引导、规范和监管。非营利法人的外部监管与法人治理结构上的内部监管需相互配合，根据不同法人治理结构采用不同的管制力度与方法，方能促进我国非营利法人的健康发展。前已述及，目前《关于改革社会组织管理制度促进社会组织健康有序发展的意见》已经规定，改革的基本原则之一是"坚持放管并重"。处理好"放"和"管"的关系，既要简政放权，优化服务，积极培育扶持，又要加强事中事后监管，促进社会组织健康有序发展。

---

[1] 蓝煜昕：《试论我国非营利部门的法制环境指数》，《中国非营利评论》2006 年第4 卷。

第五章　非营利法人的终止制度

第一节　非营利法人的终止概述

一　非营利法人终止的相关概念

非营利法人的终止是指已经成立的非营利法人民事主体资格的消灭，民事权利能力和民事行为能力的丧失。这一概念既可以用来指称该种终止过程，也可以用来指称终止后的最终状态。与非营利法人的终止存在密切关系的概念还有两个，一个是解散，另外一个是清算。比较法上通常并不区分法人的终止与解散，后者的使用频率甚至更高。大陆法系的德国民法典、瑞士民法典、日本民法典、我国台湾地区"民法典"均使用"解散"来指称"终止"。我国《民法总则》规定解散是非营利法人终止的原因之一，是破产之外导致法人终止的主要原因。清算则是指法人终止的必经程序之一，包括清理财产、登记债务、将财产分配给债权人、了结债务等。清算完毕或清算完毕并办理注销登记后，法人终止。

二　非营利法人终止的特征

非营利法人的终止具有现实性、复杂性和特殊性。

首先，在市场经济条件下，营利法人由于"优胜劣汰"的市场法则常常发生终止的现象。非营利法人原则上不参与市场经营，因而不会面临如同营利法人一般残酷的市场竞争，但是同样存在经营风险和法律风险，同样可能因为各种各样的原因而无法继续存续。因此非营利法人客观上也存在终止的问题。

其次，如同非营利法人的设立需要满足一系列条件和程序一样，非营利法人的终止也需要符合法律或章程规定的事由和程序。不同的非营利法人在终止事由、终止程序上存在区别，因而非营利法人的终止甚至比营利法人的终止在法律规则上更为复杂。

最后，非营利法人的终止与营利法人的终止有相同之处，但也有不同的地方，因而存在特殊性，需要法律做出特别规定。例如非营利法人终止时剩余财产的处理，就不得照搬营利法人的规则，一律分配给会员或捐助人。

三　非营利法人终止的法律规范体系

我国《民法总则》在法人制度的"一般规定"（第67—73条）中规定了法人的终止制度，在"非营利法人"中就公益法人终止时的剩余财产分配做了特别规定。这些法律条文中，大部分都存在"法律规定的其他原因""法律规定的其他情形""法律、行政法规另有规定的，依照其规定""依照有关法律的规定""法律另有规定的、依照其规定"之类的表述。由此可见《民法总则》关于法人终止的规定仅具一般性和有限的意义，法人终止的主要规定实际上还是存在于其他法律甚至行政法规中。营利法人的终止主要适用《公司法》和《企业破产法》的规定，非营利法人的终止适用《事业单位登记管理暂行条例》及其《实施细则》《社会团体登记管理条例》《基金会管理条例》《民办非企业单位登记管理暂行条例》的规定。由于上述非营利法人行政法规对各类非营利法人终止的规定有的较为详细、有的非常简单，因此《民法总则》的规定在目前看来也不是完全没有意义。

四 非营利法人终止的时间

根据《民法总则》第72条、第73条的规定，非营利法人终止的时间分三种情况。第一，一般情况下，清算结束并完成法人注销登记时，法人终止。第二，依法不需要办理法人登记的，例如无需登记就可以成立的一些社会团体法人，清算结束时法人终止。第三，法人被宣告破产的，依法进行破产清算并完成法人注销登记时，法人终止。

第二节 非营利法人的终止事由

一 法人终止事由的比较法考察

（一）社团法人的终止（解散）事由

导致非营利社团法人终止的原因很多。依《德国民法典》第41条、42条、43条的规定，社团的解散可以分为社员大会决议解散、进入支付不能程序而解散、权利能力遭剥夺被强制解散。此外，根据《德国民法典》第73条的规定，对于已登记的社团，当社员人数减少到3人以下而董事会不提出解散申请时，区法院应依职权解散社团。法人制度改革之前的《日本民法典》第68条规定的法人解散原因为：第一，章程或捐助章程所定解散事由发生；第二，法人的目的事业已成功或不能成功；第三，破产；第四，设立许可被撤销；第五，全会决议解散；第六，社员缺员或死亡。相比之下，日本民法典所规定的法人解散事由更加全面、合理。由于社团法人和财团法人组织结构上存在不同，二者在解散方式上必然存在区别。就决议解散而言，德国民法和日本民法均规定需四分之三以上的多数社员同意始得通过决议。《瑞士民法典》第76条、77条、78条规定社团的解散事由包括社团决议、无支付能力或不能依章程组成董事会、社团宗旨违反法律或善良风俗。我国台湾地区"民法典"规定的社团解散事由包括全体社员三分之二以上决议解散、社团之事务无从依章程所定进行。

（二）财团法人的终止（解散）事由

财团法人的制度设计虽然是为了确保捐助人意思的永续，但是财团的存在经常是有一定期限的。对于许多财团来说，或早或晚总会面临终止的问题。财团终止的原因可能是由于财务运营出现问题，也可能是目的已经实现或者目的客观上已经无法实现，或者设立后经过若干年财团原定目的在新的社会环境中已经变得违背公序良俗，各国法律规定的财团终止原因并不相同。《德国民法典》第 87 条规定，财团的目的的实现已成为不可能，或财团的目的的实现危害公共利益的，有管辖权的机关可以给予财团另外的目的或废止财团。《瑞士民法典》第 88 条规定：财团的宗旨无法实现且无法通过变更财团证书使财团得以继续存在者，或财团的宗旨违法或有悖于善良风俗者，联邦或州的主管机关，得依申请或职权，宣告财团解散。前述日本旧民法第 68 条规定的法人解散事由中，第 1—4 项的解散事由既适用于社团又适用于财团，第 5—6 项解散事由则仅适用于社团法人。我国台湾地区"民法"第 65 条就财团法人仅规定了一项解散事由，即"因情势变更，致财团之目的不能达到时，主管机关得斟酌捐助人之意思，变更其目的及其必要之组织，或解散之。"

二　我国法人终止的一般事由

《民法总则》第 68 条规定了法人终止的三项原因：法人解散、法人被宣告破产、法律规定的其他原因。该法第 69 条又进一步规定了法人解散的五项事由：（一）法人章程规定的存续期间届满或者法人章程规定的其他解散事由出现；（二）法人的权力机构决议解散；（三）因法人合并或者分立需要解散；（四）法人依法被吊销营业执照、登记证书，被责令关闭或者被撤销；（五）法律规定的其他情形。上述规定属于《民法总则》法人制度的"一般规定"，由此说明以上事由并非单纯是营利法人或非营利法人的终止事由，而是统一适用于所有法人。对于非营利法人的解散而言，上述规定的意义在于：第一，非营利法人的终止事由除了解散外，也可能"被宣告破产"，也就是说破产终止并非营利法人的"专利"。第二，非营利法人的章程可以规定法人存续期限，也可以规定其他解散事由。第三，所谓"法人的权力机构决议解散"应做狭义和正确的理解。根据民法理论通说，社团法人设权力机关而财团法人不设权力机关；我国《民法总则》规定财团法人设"决策机关"而非"权力机关"。因而内部决议解散只适用于营利性社团法人或非营利性社团法人，不适用于捐助法人。第四，以上终止事由在非营利法人中整体上均应有所体现，但不必然意味着每一类非营利法人都可以适用所有这些终止事由。

三　我国各类非营利法人的终止事由

（一）事业单位法人

根据我国《事业单位登记管理暂行条例实施细则》第 51 条的规定，事业单位法人的终止事由包括：（一）举办单位决定解散；（二）因合并、分立解散；（三）依照法律、法规和本单位章程，自行决定解散；（四）行政机关依照法律、行政法规责令撤销；（五）事业单位法人登记依法被撤销，或者事业单位法人证书依法被吊销；（六）法律、法规规定的应当注销登记的其他情形。以上终止事由中，"举办单位决定解散"属于事业单位法人的特殊终止事由；"依照法律、法规和本单位章程，自行决定解散"需做广义解释，不仅包括直接依据章程的规定解散，还包括依据法律法规和章程的规定，经过内部决议解散。后一种情形对于已经实行法人治理结构的事业单位法人具有意义。事业单位法人依法被撤销与事业单位法人证书依法被吊销应予区分，前者应属于对违法登记的纠正，后者应属于行政处罚。

（二）社会团体法人

根据《社会团体登记管理条例》第 19 条的规定，社会团体法人的终止事由包括：（一）完成社会团体章程规定的宗旨的；（二）自行解散的；（三）分立、合并的；（四）由于其他原因终止的。相对而言，特别法对社会团体法人终止事由的规定较为简略，显然遗漏了多种重要终止事由，需要结合《民法总则》的规定进行补充。首先，将章程规定的解散事由简化为"完成社会团体章程规定的宗旨的"是不适当的；其次，"自行解散"的含义过于不确定，为避免遗漏以及与其他解散事由重叠，应解释为会员大会或会员代表大会决议解散；再次，《社会团体登记管理条例》第 29 条、第 30 条、第 31 条明确规定了社会团体法人可能因违法违规开展活动被撤销登记，因此被登记机关撤销登记应为社会团体法人的终止事由之一。虽然《社会团体登记管理条例》第 19 条有"由于其他原因终止的"兜底性规定，但对于此种典型终止事由不应交由兜底性条款来涵摄。最后，我国《社会团体登记管理条例》第 10 条规定成立社会团体应有 50 个以上的个人会员或者 30 个以上的单位会员；个人会员、单位会员混合组成的，会员总数不得少于 50 个。因此社会团体法人成立后，因死亡或退会等原因导致会员人数无法满足上述法定要求，应成为社会团体法人的解散事由之一。

（三）基金会法人

根据《基金会管理条例》第 16 条的规定，基金会法人的终止事由包括：（一）按照章程规定终止的；（二）无法按照章程规定的宗旨继续从事公益活动的；（三）由于其他原因终止的。《基金会管理条例（修订草案征求意见稿）》第 19 条规定："基金会有下列情形之一的，应当向登记管理机关申请注销登记：（一）出现章程规定的终止情形的；（二）因分立、合并需要终止的；（三）连续 2 年未从事公益慈善活动的；（四）依法被吊销登记证书的；（五）由于其他原因需要终止的。基金会依据前款第（一）、（二）项规定申请注销登记的，应当由理事会作出终止决定。"相对于《基金会管理条例》的规定，《基金会管理条例（修订草案征求意见稿）》增加了三项终止事由，与其他非营利法人不同，基金会的此种修改意见究竟是进步还是倒退，值得具体深入分析。

首先，"按照章程规定终止"体现了对捐助人意志的尊重，属于典型的终止事由。

其次，"无法按照章程规定的宗旨继续从事公益活动的"是指原定捐助目的因法律障碍或事实障碍已经无法实现或已经实现，或原定捐助目的随着社会发展已经有悖于公序良俗。此时并不必然导致基金会终止，比较法上更为常见的处理方案是经由法定程序改变基金会法人的目的事业范围，从而使基金会可以重新开展业务活动并得以继续存续。例如《芬兰财团法》第17条第2款规定："财团的目的，只有在因为财产的价值过小或其他原因，或者违反法律或善良风俗，导致将财团的财产用于原来的目的已经成为不可能，或者有实质性的困难，或者完全或实质性地失去了益处的情况下，才可以修改。"如果因基金减损过于严重、无法继续开展章程规定的公益活动，则可以终止基金会法人，并将剩余财产做妥善处理。

再次，如果基金会法人符合法定条件和程序，确需合并分立且能做出合并分立决议的，当可因合并分立而终止。然而事实上，基金会法人通常只发生合并，不发生分立。与社团法人不同，作为财团法人的基金会不存在分立的理由，分立实际上意味着改变捐助人的意志。德国巴伐利亚州财团法、芬兰财团法、印度尼西亚财团法均只规定了财团法人合并的法律制度，而没有规定财团法人分立的法律制度。这很难说只是一种巧合。

最后，"连续2年未从事公益慈善活动的"是否可以成为基金会法人终止的事由值得反思。基金会法人以贯彻捐助人的意志为第一价值，基金会法人连续2年未开展业务活动的原因可能是阶段性的客观原因，也可能是基金会决策执行机构怠于开展业务活动，此时应适用理事和高级管理人员的勤勉注意义务及其责任制度来解决此类问题，并由主管机关对基金会实行有效督导。如果因此将基金会终止，实际上是让基金会承担了本属于理事和高级管理人员的过错责任，并间接地损害了受益人和捐助人的利益，也就是"打错了板子"。基金会因违法开展业务活动被责令关闭或撤销、吊销登记证书存在类似的问题，也不应成为终止事由。

（四）社会服务机构

根据《民办非企业单位登记管理暂行条例》第16条的规定，"自行解散""分立合并"或"其它原因"是民办非企业单位的终止事由。《社会服务机构登记管理条例》第20条拟规定的终止事由包括：（一）按照章程规定终止的；（二）理事会决议终止的；（三）因分立、合并需要终止的；（四）无法按照章程规定的宗旨继续从事服务活动的；（五）依法被撤销登记或者吊销登记证书的；（六）社会服务机构不能清偿到期债务，且资产不足以清偿全部债务或者明显缺乏清偿能力的。相比之下，《社会服务机构登记管理条例》规定的终止事由较为丰富，但为本质上属于财团法人的社会服务机构规定如此多的终止事由，实际上是值得反思的。

首先，社会服务机构的理事会虽名为决策机构，但实际上应该只是执行机构。因此理事会应没有决议终止社会服务机构的职权。

其次，与基金会法人一样，社会服务机构的分立有违捐助人的意志，分立不应成为终止事由。

再次，"无法按照章程规定的宗旨继续从事服务活动的"需进行限缩，主要是指因财务困难等原因客观上无法继续从事服务活动。社会服务机构"依法被撤销登记或者吊销登记证书的"固然只能终止，但是如果因违反章程规定，违法违规开展业务活动就撤销法人登记、吊销登记证书，将社会服务机构理事会和高管的责任归咎于法人，实际上忽视了社团法人和财团法人的区别，缺乏充分合理性。

最后，实践已经表明，破产是社会服务机构如民办学校、民办养老机构的终止事由。但是否可以套用《企业破产法》的规定，以

"不能清偿到期债务、且资产不足以清偿全部债务或者明显缺乏清偿能力"作为破产条件则值得进一步探讨。虽然《民办非企业单位登记管理条例》第2条明确规定民办非企业单位是利用非国有资产举办，但社会服务机构的资产来源除包括捐助财产、社会捐赠财产外，还包括国家资助的财产。例如根据《民办教育促进法》第51条的规定，新建、扩建非营利性民办学校，人民政府应当按照与公办学校同等的原则，以划拨等方式给予用地优惠。新建、扩建营利性民办学校，人民政府应当按照国家规定供给土地。国家以划拨方式无偿提供给社会服务机构使用的土地、房产，能否计入破产财产并用来偿还社会服务机构的债务需要明确的政策和法律支持。由此涉及在确定民办非企业单位的破产标准之"资不抵债"时，是否应该将国有资产也列入资产范围的问题。

四　开放性立法模式反思

目前无论是《民法总则》还是各非营利法人特别法，除《民办非企业单位登记管理条例》和《社会团体登记管理条例》外，就终止事由的规定都采用了一种开放式立法，都规定"法律规定的其他原因"或"其他原因"作为兜底性的终止事由条款。此种立法模式的合理性值得反思。首先，《民法总则》在法人制度的一般规定中规定该种兜底性条款具有合理性，因为营利法人与非营利法人、不同的非营利法人的终止事由并不相同，无法完全统一，民法总则需要为营利法人和各种具体的非营利法人规定特殊的终止事由预留空间。其次，各种具体的非营利法人特别法再规定此种兜底性条款则并不合适。法人终止对法人及其利益相关者具有重要影响，终止事由应由法律予以明确。《公司法》关于公司解散事由的规定、《民办非企业单位登记管理条例》关于终止事由的规定都没有采用开放性模式，值得《事业单位登记管理暂行条例》《社会团体登记管理条例》《基金会管理条例》借鉴。

第三节　非营利法人的清算

一　概述

除因合并、分立导致法人终止外，清算是非营利法人终止的必经程序。《民法总则》就法人清算的义务人、清算程序和清算组的职权、剩余财产的处理、破产清算仅有原则性的规定，各类非营利法人的清算规则还需依据各相关特别法来确定。《民法总则》第71条规定："法人的清算程序和清算组职权，依照有关法律的规定；没有规定的，参照适用公司法的有关规定。"《民法总则》第73条规定："法人被宣告破产的，依法进行破产清算并完成法人注销登记时，法人终止。"可见，非营利法人的清算应分为破产清算与非破产清算两种，目前实行破产清算的非营利法人主要是社会服务机构，其他非营利法人主要实行非破产清算。清算期间，非营利法人仍然存续，但不得开展清算事务之外的业务活动。当然对这一项规则不能机械适用，对于一些运作型基金会和大部分社会服务机构而言，其业务活动并非随时可以停止。例如公益性民办学校的清算，应当以妥善安置学生为前提，需要充分考虑教学活动的规律性。

二　非营利法人的非破产清算

（一）清算义务人和清算组的组成

《民法总则》第70条规定，除法律、行政法规另有规定外，法人的董事、理事等执行机构或者决策机构的成员为清算义务人。清算义务人负有及时组成清算组进行清算的义务。《事业单位登记管理暂行条例实施细则》第52条规定，事业单位法人清算组应在举办单位和其他有关机关指导下成立；《社会团体登记管理条例》第20条、《民办非企业单位登记管理暂行条例》第16条规定，社会团体法人和民办非企业单位法人的清算组应在业务主管单位及其他有关机关的指导下成立；《基金会管理条例》第 18 条规定，基金会法人的清算组应在登记管理机关、业务主管单位的指导下成立。

《民法总则》第 70 条第 3 款还规定："清算义务人未及时履行清算义务，造成损害的，应当承担民事责任；主管机关或者利害关系人可以申请人民法院指定有关人员组成清算组进行清算。"该款规定了清算人违反清算义务的民事责任，但是对于向谁承担责任、承担何种责任规定不明确。实践中清算义务人怠于成立清算组进行清算，可能导致法人责任财产减少，直接损害法人利益、间接损害其他利害关系人的利益；但由于清算义务人本就是非营利法人的执行机构或决策机构成员，由法人直接向违反义务的清算义务人主张民事责任可能存在现实障碍，因此应赋予受到间接损害的其他利害关系人主张民事责任的权利。此种民事责任应为损害赔偿责任。

（二）清算组的职权

目前《民法总则》及各类非营利法人的特别法均未规定清算组的职权。《社会服务机构登记管理条例》第 22 条则拟对此进行规定，清算组的职权包括：（一）清理社会服务机构财产，分别编制资产负债表和财产清单；（二）通知、公告债权人；（三）处理与清算有关的社会服务机构未了结的业务；（四）清缴所欠税款以及清算过程中产生的税款；（五）清理债权、债务；（六）处理社会服务机构清偿债务后的剩余财产；（七）代表社会服务机构参与民事诉讼活动。以上七项职权完全借鉴自《公司法》第 184 条关于公司清算时清算组法定职权的规定。结合《民法总则》第 71 条的规定，事业单位、社会团体、基金会、社会服务机构均可借鉴《公司法》第 184 条的规定，确定清算组的法定职权。清算组成员应当依法履行清算义务，不得利用职权收受贿赂或者其他非法收入，不得侵占非营利法人的财产。清算组成员因故意或者重大过失给非营利法人或者债权人造成损失的，应当承担损害赔偿责任。

（三）清算程序

目前除事业单位法人的清算程序有简单规定外，社会团体、基金会、社会服务机构法人的相关特别法均未规定这些非营利法人的清算程序。《事业单位登记管理暂行条例实施细则》第 52 条规定："清算组织应当自成立之日起 10 日内通知债权人，并于 30 日内至少发布三次拟申请注销登记的公告。债权人应当自第一次公告之日起 90 日内，向清算组织申报其债权。"《社会服务机构登记管理条例》第 23 条、第 24 条拟规定清算程序，包括通知并公告债权人申报债权、进行债权登记；清理社会服务机构财产、编制资产负债表和财产清单；制定清算方案，并报理事会或者人民法院确认；支付清算费用、按照债权类别进行清偿；剩余财产处理。上述规定也大致借鉴了《公司法》第 185 条、第 186 条关于公司清算程序的规定，这也符合前述《民法总则》第 71 条的规定。在参照《社会服务机构登记管理条例》第 23 条和第 24 条、《公司法》第 185 条和第 186 条的规定时，需要考虑各类非营利法人在组织结构、业务范围、债权类型等方面的特殊性。例如有权确认批准清算方案的机构或单位，事业单位法人应为主办机关或人民法院；社会团体法人应为会员大会、会员代表大会或人民法院；基金会和社会服务机构应为业务主管单位和人民法院。又如财产分配方案中债权类别的设定，社会服务机构必须考虑所欠服务对象的费用，而有的非营利法人由于不开展经营活动并能享受免税待遇，因而没有税费债权。

（四）剩余财产处理

本书第一章第二节已经论及非营利法人的剩余财产分配。并非所有的非营利法人都不得分配剩余财产，禁止分配剩余财产的规则仅针对公益法人。但是禁止分配原则只能解决不向谁分配剩余财产的问题，并没有最终解决剩余财产的分配。

非营利社团法人解散后，关于其剩余财产的归属问题，比较法上主要有三种立法例：一种观点认为，非营利社团法人解散后剩余财产应归属于同样目的或者类似目的的其他非营利法人，或者归属于国库。第二种观点认为，非营利社团法人剩余财产的归属可以由社团章程或者社员大会决定；没有章程规定也无法达成协议的，归属于相同或者类似目的的其他非营利法人，或者归属于国家。第三种观点认为，应区分公益性社团法人与中间目的的社团法人，公益社团法人的剩余财产不得分配给社员，只能归属于相同或者类似目的的其他公益法人，或者归属于国家；中间目的的社团法人的剩余财产根据社员大会的决议可以归属于社员，无法形成此种决议的，可以归属于国家。这一问题在本书第一章已有较为详细的论述，我国《民法总则》第95条的规定表明，我国实际上采纳了第三种观点。

财团终止后的剩余财产归属有不同立法例。《德国民法典》第88条规定："财团消灭时，财产归属于章程指定之人。无关于归属权人的规定的，财团的财产归属于财团所在地曾经在的州的国库，或者归属于其他依照该州的法律确定的归属权人。"《日本民法典》第72条采同样的观点。《瑞士民法典》第83条第3款、第84条则规定如果财团组织不健全或者目的已经实现或者无法实现时，监督机关应该变更财团的组织或者目的；仍然无法解决问题时，应将财团财产划归与原宗旨最相一致的另一财团，但不能违反捐助人的意思或者财团证书的明确规定。我国台湾地区的"财团法人法"（草案）第46条规定："财团法人解散后，除法律另有规定外，于清偿债务后，其剩余财产之归属，应依其捐助章程之规定。但不应归属于自然人或以营利为目的之团体。如无前项法律或捐助章程之规定时，其剩余财产归属于法人住所地之地方自治团体。"此种立法例没有强调必须将剩余财产归属于目的最相一致的财团或者社团，只要不用于营利事业以及私人即可。《意大利民法典》第28条、29条、30条、31条规定了公益财团的重整制度，即在财团目的达到、目的实现不能或缺少利益或者资金不足时，政府主管机关除宣告财团法人终止外，还可以尽可能按照创办人的意愿对财团进行重组。清算完成后法人的剩余财产，依设立文件和章程的规定处理，没有规定的，政府主管机关可以将财产分配给具有类似目的的团体。德国、日本及我国台湾地区均允许设立非公益目的的财团法人，德国甚至允许设立为特定私人利益的财团法人。我国《民法总则》规定的基金会法人、社会服务机构均限于公益法人，应服从《民法总则》第95条规定的公益法人禁止分配剩余财产的原则。相对而言，意大利民法典关于公益财团法人剩余财产归属的规定更具可借鉴性。

我国《事业单位登记管理暂行条例》及其实施细则均未规定事业单位法人终止以后剩余财产的处理。事业单位清算完毕后剩余的财产仍然属于国有资产，显然不得分配给个人，而是按照有关国有资产管理的规则进行特别处理。2012年财政部颁布的《事业单位财务规则》第53条规定："事业单位清算结束后，经主管部门审核并报财政部门批准，其资产分别按照下列办法处理：（一）因隶属关系改变，成建制划转的事业单位，全部资产无偿移交，并相应划转经费指标。（二）转为企业管理的事业单位，全部资产扣除负债后，转作国家资本金。需要进行资产评估的，按照国家有关规定执行。（三）撤销的事业单位，全部资产由主管部门和财政部门核准处理。（四）合并的事业单位，全部资产移交接收单位或者新组建单位，合并后多余的资产由主管部门和财政部门核准处理。（五）分立的事业单位，资产按照有关规定移交分立后的事业单位，并相应划转经费指标。"

《社会团体登记管理条例》第22条规定，社会团体处分注销后的剩余财产，按照国家有关规定办理。按照《民法总则》第72条的规定，法律没有特别规定的，法人清算后的剩余财产，根据法人章程的规定或者法人权力机构的决议处理。由于社会团体法人并不限于以公益为目的，因此公益性社会团体法人应受《民法总则》第95条规制，不得向会员分配剩余财产，最终剩余财产仍然应当按照法人章程的规定或者权力机构的决议用于公益目的；其他中间目的的社会团体法人不受此项禁止分配的限制，剩余财产分配完全根据法人章程的规定或者法人权力机构的决议处理。

《基金会管理条例》第33条规定："基金会注销后的剩余财产应

当按照章程的规定用于公益目的；无法按照章程规定处理的，由登记管理机关组织捐赠给与该基金会性质、宗旨相同的社会公益组织，并向社会公告。"该项规定与前述比较法上公益财团法人终止后剩余财产归属的典型做法类似，值得赞赏。

《民办非企业单位登记管理暂行条例》没有规定民办非企业单位终止后的剩余财产归属。但是《社会服务机构登记管理条例》第24条拟规定：社会服务机构清偿债务后的剩余财产，应当依照章程的规定用于特定的社会服务和公益目的；无法按照章程规定处理的，由登记管理机关组织捐赠给与该社会服务机构性质、宗旨相同的非营利组织，并向社会公布。本条例施行前登记的民办非企业单位清偿后的剩余财产处理，由国务院民政部门会同有关部门制定。将来新设社会服务机构剩余财产的处理与基金会管理条例确立的规制完全相同。

三 非营利法人的破产清算

（一）非营利法人破产清算的法律依据

《民法总则》和相关非营利法人特别法均未规定非营利法人破产清算的具体规则。《社会服务机构登记管理条例》第21条拟规定，社会服务机构不能清偿到期债务，且资产不足以清偿全部债务或者明显缺乏清偿能力的，参照适用《企业破产法》的相关程序。事实上，目前通过破产程序来终止的非营利法人主要是社会服务机构。我国《企业破产法》第135条规定："其他法律规定企业法人以外的组织的清算，属于破产清算的，参照适用本法规定的程序。"2010年12月16日，最高人民法院针对贵州省高级人民法院《关于遵义县中山中学被终止后人民法院如何受理"组织清算"的请示》（2010）黔高研请字第1号）的批复（法释〔2010〕20号）指出："依照《中华人民共和国民办教育促进法》第九条批准设立的民办学校因资不抵债无法继续办学被终止，当事人依照《中华人民共和国民办教育促进法》第五十八条第二款规定向人民法院申请清算的，人民法院应当依法受理。人民法院组织民办学校破产清算，参照适用《中华人民共和国企业破产法》规定的程序，并依照《中华人民共和国民办教育促进法》第五十九条规定的顺序清偿。"现行《民办教育促进法》第56条、第57条规定"因资不抵债无法继续办学的"，民办学校应当终止，由人民法院组织清算。

（二）社会服务机构破产清算的法律适用

社会服务机构属于非营利法人中的捐助法人，就其组织架构而言属于财团法人。因此与作为营利法人、社团法人的公司存在重大区别。这就决定了以公司这种企业法人为原型而构建的我国现行《企业破产法》并不能直接移植或扩张适用于社会服务机构。社会服务机构的破产清算只能参照适用《企业破产法》的规定。

1. 破产标准。《企业破产法》第2条规定，企业法人的破产标准是企业法人不能清偿到期债务，并且资产不足以清偿全部债务或者明显缺乏清偿能力。《民办教育促进法》规定的破产标准是"因资不抵债无法继续办学"。从立法技术上讲，《民办教育促进法》规定的"无法继续办学"在含义上较不确定，因此不如《企业破产法》规定的"不能清偿到期债务"具体明确；而且一律以"资不抵债"作为破产标准，没有采用"明显缺乏清偿能力"的标准，一方面增加了债权人诉请启动破产程序的难度；另一方面可能导致财产的浪费。因此《企业破产法》规定的破产标准在立法技术上更为可行。《社会服务机构登记管理条例》第20条关于终止事由的规定就正是拟采用此种破产标准。但是前已述及，在资不抵债的具体判断中，需要考虑社会服务机构资产来源的特殊性。其中最为关键的问题是社会服务机构通过划拨方式无偿取得的土地使用权是否可以列入资不抵债的资产之中。根据《民办教育促进法》第51条第2款的规定，民办学校的"教育用地不得用于其他用途"。除非政府批准教育用地可以转变使用功能并用于拍卖，否则此类固定资产不能计入破产财产，也就不能计入判断是否资不抵债的资产中了。

2. 破产申请人。社会服务机构的破产申请人可以是社会服务机构法人或其清算组，还可以是债权人和主管部门。鉴于社会服务机构的公益属性，以及一些社会服务机构服务对象众多关涉社会稳定的特点，申请社会服务机构破产的债权人应有所限制，例如在限制债权人最低债权额的标准之外，还应当增加一个对债权人的债权数额占债务人不能清偿到期债务的比例限制。

3. 破产重整和和解程序。社会服务机构破产是否适用《企业破产法》规定的重整和和解程序，理论上和实践中存在争议。从社会服务机构适用破产程序的目的来看，主要是为了在资产不足偿付负债的情况下通过适当的程序实现债权的分类优先受偿，并不包含使社会服务机构"起死回生"的目的。因此社会服务机构破产不应适用重整和和解程序。

4. 破产财产分配顺序。《企业破产法》第 113 条规定："破产财产在优先清偿破产费用和共益债务后，依照下列顺序清偿：（一）破产人所欠职工的工资和医疗、伤残补助、抚恤费用，所欠的应当划入职工个人账户的基本养老保险、基本医疗保险费用，以及法律、行政法规规定应当支付给职工的补偿金；（二）破产人欠缴的除前项规定以外的社会保险费用和破产人所欠税款；（三）普通破产债权。破产财产不足以清偿同一顺序的清偿要求的，按照比例分配。破产企业的董事、监事和高级管理人员的工资按照该企业职工的平均工资计算。"此种受偿顺序其实只是针对一般的企业法人破产，特殊的企业法人例如保险公司、银行破产均有其特别规则。社会服务机构破产债权的受偿顺序也应充分考虑其自身特点，《民办教育促进法》第 59 条将"应退受教育者学费、杂费和其他费用"列为第一顺序破产债权受偿。《社会服务机构登记管理条例》第 24 条拟规定非破产清算程序中债权的受偿顺序为："（一）支付所欠服务对象费用；（二）给付职工工资；（三）社会保险费用和法定补偿金；（四）缴纳所欠税款；（五）偿还其他债务。"社会服务机构破产的，应将所欠服务对象费用列为第一受偿顺序。

四　非营利法人的注销登记

经登记成立的非营利法人清算完毕后均需办理注销登记，办理注销登记后法人资格消灭。登记管理机关经确认非营利法人已经清算完毕，收缴有关法人资格证书、印章等，办理注销登记手续。登记管理机关在注销登记完成后还需向社会发布法人已注销的公告。

五　非营利法人的合并分立

非营利社团法人的合并分立、非营利财团法人的合并属于须经特别程序议决的重大事项。《民法总则》第67条规定："法人合并的，其权利和义务由合并后的法人享有和承担。法人分立的，其权利和义务由分立后的法人享有连带债权，承担连带债务，但是债权人和债务人另有约定的除外。"法人分立合并无需清算，但应办理相应的变更或注销登记手续。

第六章　非营利法人的行为制度

第一节　公益捐赠的私法规制

一　公益捐赠的私法形式

"捐赠"并非私法上的精确概念。依实施方式的不同，公益捐赠其实可能对应私法上的四种行为：赠与、捐助、委托和信托。捐赠人可以向公益组织捐款，也可以直接向受益人捐款，这是赠与、也是最狭义的公益捐赠；捐赠人还可以捐助设立非营利法人、委托公益组织管理公益项目并负责向受益人发放善款、以公益组织或信托公司为受托人设立公益信托。

（一）赠与

公益捐赠最常见的形式是赠与。《合同法》第185条规定："赠与合同是赠与人将自己的财产无偿给予受赠人，受赠人表示接受赠与的合同。"当然并不能就此得出结论，订立赠与合同只能由赠与人为要约，受赠人为承诺。实践中也可以由受赠人为要约、赠与人为同意赠与的承诺。因此募捐行为可能是订立赠与合同的要约邀请，也可能是要约。具体性质如何，取决于募捐内容是否具体确定，以及是否包含一经赠与人同意，受赠人即受该赠与合同约束的意思。从我国《慈善法》的相关规定来看，募捐是慈善捐赠的前置环节，并非独立的捐赠方式。《合同法》《公益事业捐赠法》《慈善法》均未规定捐

226

赠协议或赠与合同的形式要求，因此除非当事人要求，否则捐赠协议无需采用书面形式订立。

（二）捐助

在私法上，捐助行为与赠与行为完全不同，前者属于单方行为而后者属于双方行为。捐助可以采用生前行为，也可以采用遗嘱行为。捐助行为实施时，作为受赠人的基金会和社会服务机构尚未设立，无法订立赠与合同。因此捐助行为典型地被用来设立捐助法人，包括设立基金会和社会服务机构。我国《民法总则》《公益事业捐赠法》《慈善法》《基金会管理条例》《民办非企业单位登记管理暂行条例》均未规定捐助行为。比较法上，捐助行为属于要式行为，应采用法定的特定形式要件。《德国民法典》第81条规定："生前捐助行为必须使用书面形式。"除了要求采用一般书面形式外，有立法例还要求采用特殊书面形式，例如《澳门民法典》第174条第3款规定："藉生前行为创立财团，应以具有创立人签名并经认证之文书为之。"《瑞士民法典》第81条规定："设立财团必须以公证方式或遗嘱方式设立。"《意大利民法典》第14条规定："社团和财团必须以公证的方式设立，财团也可以以遗嘱的方式设立。"如果以遗嘱的方式设立财团，那么遗嘱就必须符合法律关于遗嘱的形式要件。从比较法考察来看，捐助行为何时可以撤销、以何种方式撤销、撤销权的期限、行使方式都存在很大的争议。

（三）委托

捐赠人可以与公益组织订立委托合同，就公益项目管理实施等事项做出安排，这也是一种双方民事法律行为。此种委托合同关系与向公益法人为赠与、再由公益法人向受益人为赠与或资助的法律关系不同，捐赠的款物并不先转移为公益法人所有，再由公益法人移转给受益人。民法上的委托分有偿与无偿两种，公益捐赠中的委托当属无偿委托，受托人不得就委托事务要求报酬，只能要求必要的管理费用。

（四）信托

信托是实施公益捐赠的一种重要方式。继《信托法》规定公益信托、《慈善法》规定慈善信托之后，新近银监会又发布了《慈善信托管理办法》。慈善信托是指委托人基于慈善目的，依法将其财产委托给受托人，由受托人按照委托人意愿以受托人名义进行管理和处分，开展慈善活动的行为。根据《慈善法》第44条的规定，慈善信托名义上属于公益信托的一种，但实际上与公益信托设立程序、是否必须设置信托监察人、公益事业管理机构的职权等方面存在重大差别。依《慈善法》第45条，设立慈善信托需采用书面形式，并向受托人所在地县级以上人民政府民政部门办理备案手续。但是依《信托法》第62条的规定，设立公益信托须经国家公益事业管理机构的批准，未经批准不得以公益信托的名义活动。依《信托法》第64条的规定，公益信托必须设置监察人；但是依《慈善法》第49条的规定，慈善信托是否设置监察人取决于委托人的需要。此外，公益信托中公益事业管理机构就监察人的指定、信托事务检查、受托人辞任或变更、信托文件变更、清算报告核准、剩余财产归属等方面有核准权或决定权；但是这些职权在慈善信托中基本都被取消了，慈善信托中整体上更强调委托人的自主权。

二 法律关系与法律体系

（一）有关公益捐赠的主要法律关系类型

根据主体的不同，公益捐赠主要涉及六类民事法律关系。第一，捐赠人、捐助人或公益信托的委托人与非营利法人之间的法律关系，二者之间具体可能是赠与、委托、捐助或信托关系。最为常见的赠与合同关系具体又有多种形式，包括附条件的赠与、附目的的赠与、第三方配捐、义演义卖捐赠等。第二，非营利法人与受益人之间的法律关系，二者之间具体也可能是赠与（金钱或财物、服务、项目支持、捐建建筑物）关系、委托或信托中的受托人与受益人关系等。第三，不同非营利组织之间因借用公募资格、代为收款等产生的法律关系。第四，政府与非营利法人之间因购买公益服务形成的法律关系。第五，非营利法人为筹措运营经费而向他人有偿提供服务或售卖商品形成的服务合同或买卖合同关系。第六，非营利法人与志愿者之间的志愿服务合同关系等。前两类法律关系是公益捐赠的核心法律关系，后四类法律关系是围绕核心法律关系派生出来的，属于广义的公益捐赠法律关系。非营利法人为存续而租赁场地、购买办公用品、雇佣员工与其非营利身份或公益捐赠无关，所形成的法律关系不具特殊性。

（二）有关公益捐赠的法律体系

鉴于与公益捐赠有关的民事法律关系较为复杂多样，有关公益捐赠的法律体系亦相应地较为广泛，包括《公益事业捐赠法》、《慈善法》、《合同法》、《信托法》公益信托制度、《慈善信托管理办法》以及各非营利特别法中有关公益捐赠的法律制度。《公益事业捐赠法》《慈善法》规定的公益捐赠主要针对向公益性非营利法人的捐赠，也就是最狭义的公益捐赠。

三 公益捐赠法律关系的主体

（一）捐赠人

我国相关公益捐赠的法律制度并未对捐赠人的资格进行一般限定，原则上任何人都可以基于慈善目的自愿实施公益捐赠，仅在一些特殊情况下对捐赠人资格有所限制。首先，捐赠人可以是自然人、法人和非法人组织。由于公益捐赠属于民事法律行为，因此自然人捐赠人必须具有完全民事行为能力，即年满 18 周岁且精神智力正常。未成年人捐赠必须由法定代理人代理。其次，捐赠人不受地域和国籍限制，可以是本地人也可以是外地人；可以是中国人也可以是外国人和侨胞，但是涉及境外捐赠时需要履行相应的入境手续。最后，捐赠人可以是国有企业、集体企业和私营企业，但国有企业实施慈善捐赠应当遵守有关国有资产管理的规定，履行批准和备案程序。

（二）受赠人

1. 由于捐赠的形式多样，因此受赠人可以是公益组织，也可以是受益人。我国 1999 年制定的《公益事业捐赠法》第 2 条规定："自然人、法人或者其他组织自愿无偿向依法成立的公益性社会团体和公益性非营利的事业单位捐赠财产，用于公益事业的，适用本法。"根据该条规定，公益捐赠的受赠人限于"公益性社会团体"和"公益性非营利的事业单位"。但根据该法第 10 条的规定，"公益性社会团体"是指依法成立的，以发展公益事业为宗旨的基金会、慈善组织等社会团体；"公益性非营利的事业单位"是指依法成立的，从事公益事业的不以营利为目的的教育机构、科学研究机构、医疗卫生机构、社会公共文化机构、社会公共体育机构和社会福利机构等。《公益事业捐赠法》的上述两条规定看似冲突，实则相容。《公益事业捐赠法》制定时，始于 1988 年的《基金会管理办法》还在施行，后者将基金会定位为"社会团体法人"，这一错误一直延续至 2004 年我国制定现行《基金会管理条例》才纠正过来。《公益事业捐赠法》正是根据《基金会管理办法》的规定才将基金会包含在"公益性社会团体"中。因此向基金会法人实施捐赠无疑可以适用《公益事业捐赠法》。此外，虽然《公益事业捐赠法》未明确将民办非企业单位纳入公益捐赠的受赠人范围，但是鉴于民办非企业单位公益营利截然二分的改革，可以根据该法第 10 条的规定对"公益性非营利的事业单位"做扩大解释，将公益性的社会服务机构纳入公益捐赠受赠人范围。

根据我国《公益事业捐赠法》第 11 条的规定，在发生自然灾害或属于境外捐赠且捐赠人要求时，县级以上人民政府及其职能部门可以作为受赠人接受捐赠。事后县级以上人民政府及其职能部门可以将受赠财产转交公益性社会团体或者公益性非营利的事业单位；也可以按照捐赠人的意愿分发或者兴办公益事业，但是不得以本机关为受益对象。人民政府及其职能部门属于国家机关，而《民法总则》规定国家机关属于特别法人。因此我国公益捐赠的受赠人实际上可以是特别法人中的国家机关，也可以是公益性的非营利法人。

2. 由于公益募捐存在地域限制，相应地受赠人具有地域性。我国《基金会管理条例》第 25 条规定："境外基金会代表机构不得在中国境内组织募捐、接受捐赠。"因此境外基金会代表机构不得成为公益捐赠的受赠人。

3. 依是否具有公募资格，受赠人可以分为公募组织与非公募组织。依法登记满 2 年、内部治理结构健全、运作规范的慈善组织经申请可以取得公开募捐资格。公募组织可以开展公开募捐，包括在公共场所设置募捐箱、举办面向社会公众的义演义赛义卖义展义拍慈善晚会、通过广播电视报刊互联网等媒体发布募捐信息等；非公募组织只能开展定向募捐。但是不具有公开募捐资格的组织或者个人基于慈善目的，可以与具有公开募捐资格的慈善组织合作，由该慈善组织开展公开募捐并管理募得款物。

4. 宗教捐赠的受赠人有特殊限制。根据我国《宗教事务管理条例》第 20 条的规定，宗教活动场所可以按照宗教习惯接受公民的捐献。非宗教团体、非宗教活动场所不得组织、举行宗教活动，不得接受宗教性的捐献。

（三）受益人

依《慈善法》第 40 条的规定，公益捐赠法律关系中的受益人不能是捐赠人的利害关系人。

（四）受托人

以委托或信托方式实施的公益捐赠均需确定受托人。前者的受托人通常是公益法人，后者的受托人可以是公益法人或信托公司。

四　捐赠人的权利义务

（一）捐赠人的瑕疵担保义务

1. 《合同法》上赠与人的瑕疵担保义务。瑕疵担保分为物的瑕疵担保与权利瑕疵担保。我国《合同法》第191条规定："赠与的财产有瑕疵的，赠与人不承担责任。附义务的赠与，赠与的财产有瑕疵的，赠与人在附义务的限度内承担与出卖人相同的责任。赠与人故意不告知瑕疵或者保证无瑕疵，造成受赠人损失的，应当承担损害赔偿责任。"可见赠与合同中，原则上赠与人无瑕疵担保义务。仅在附义务的赠与以及故意不告知瑕疵或保证无瑕疵的情况下承担相应责任。其中所谓"造成受赠人损失"并非指赠与物本身的损失，而是指受赠人因相信赠与物无瑕疵所受到的损失。①

2：《慈善法》上公益捐赠人的特殊瑕疵担保义务。我国《慈善法》第36条规定，捐赠人捐赠的财产应当是其有权处分的合法财产，包括货币、实物、房屋、有价证券、股权、知识产权等有形和无形财产。捐赠人捐赠的实物应当具有使用价值，符合安全、卫生、环保等标准。捐赠人捐赠本企业产品的，应当依法承担产品质量责任和义务。由此可知，公益捐赠中捐赠人的瑕疵担保义务在三个方面与一般赠与不同。第一，公益捐赠的捐赠人负有权利瑕疵担保义务，应保证所捐赠的财产上不存在第三人的权利；第二，公益捐赠的捐赠人负有物的瑕疵担保义务，应保证所捐出的财产不仅"无害"（符合安全、卫生、环保等标准）、还必须"有用"（具有使用价值）；第三，捐赠人是产品的生产者的，按照侵权责任法和产品质量法的规定承担严格的产品质量责任，此种责任承担不以一般赠与中"故意不告知瑕疵或保证无瑕疵"为要件。

一般赠与中，基于赠与合同的无偿性、鼓励赠与互助以及鼓励"废物"利用的考虑，法律规定赠与人负有较出卖人更轻的瑕疵担保义务。但由于公益捐赠关涉公共利益，因此有关特别法规定捐赠人负有较一般赠与明显更加严格的瑕疵担保义务。公益实践中尤其是重大自然灾害发生后，一些个人或企业捐赠大量灾区急需的物资例如矿泉

---

① 参见崔建远《合同法》，法律出版社2010年版，第416页。

水、方便面、衣物等，此时作为受赠人的公益组织或地方政府根本没有时间、也不可能——甄别捐赠物资的安全性；而一旦捐赠物资出现质量问题，将会引发不可估量、甚至难以挽回的严重后果。实践中还有一些个人或企业将临近保质期或已经过了保质期的物资捐赠给灾区，企图以成本最小化的方式博取公益名声。而作为受赠人的公益组织或地方政府一旦拒绝或不欢迎此种物资捐赠，只接受货币捐赠，又将引发公益组织"挑肥拣瘦"的舆论风波，对我国本就敏感脆弱的社会公益心造成不利影响。即便是货币捐赠，实践中也有一些特殊情况，例如慷他人之慨进行捐赠、或贪污受贿的公职人员捐出赃款，事后引发一系列法律纠纷。因此，公益捐赠的捐赠人负较为严格的瑕疵担保义务，有助于兼顾公共利益和鼓励捐赠，也完全符合公益实践规律。

（二）捐赠人的撤销权

1. 任意撤销权。《合同法》第 186 条、188 条规定，赠与人在赠与财产的权利转移之前可以撤销赠与，但具有救灾、扶贫等社会公益、道德义务性质的赠与合同或者经过公证的赠与合同除外。后三种赠与合同的赠与人不交付赠与财产的，受赠人可以要求交付。因此具有社会公益性质的赠与合同在履行前不可任意撤销，事实上与实践性合同无异。但由于社会公共利益为不确定概念，导致实践中对于哪些赠与合同具有社会公共利益、不可撤销存在争议。《慈善法》第 41条明确规定两类情形下受赠人有权请求履行并诉请执行：一是捐赠人通过广播、电视、报刊、互联网等媒体公开承诺捐赠的；二是捐赠财产用于《慈善法》第 3 条第一项至第三项规定的慈善活动，并签订书面捐赠协议的。我国《慈善法》对"慈善"采用了一种"公益"意义上的广义定义，该法第 3 条列举的慈善活动包括："（一）扶贫、济困；（二）扶老、救孤、恤病、助残、优抚；（三）救助自然灾害、事故灾难和公共卫生事件等突发事件造成的损害；（四）促进教育、科学、文化、卫生、体育等事业的发展；（五）防治污染和其他公害，保护和改善生态环境"等。因此根据《慈善法》第 41 条的规定，上述第一、第二、第三项公益性捐赠可以采用通过媒体公开承诺捐赠与签订捐赠协议两种形式，而第四、第五项公益性捐赠只有采用通过媒体公开承诺捐赠的方式才不可撤销。结合《合同法》的规定，以上五项公益性捐赠经过公证的，当然也不得任意撤销。上述三种情形下的公益捐赠，捐赠人不享有任意撤销权。综合来看，《慈善法》通过强化公益性捐赠的形式要件，不仅明确而且限缩了不得任意撤销的公益性捐赠的范围。

2. 法定撤销权。根据《合同法》第 192 条的规定，受赠人严重侵害赠与人或者赠与人的近亲属、对赠与人有扶养义务而不履行、不履行赠与合同约定的义务时，赠与人还享有基于受赠人不当行为的法定撤销权。由于公益捐赠通常面向不特定的众多受益对象，因此《合同法》第 192 条规定的此种撤销权一般难以适用于公益捐赠。即便个别受益人侵害赠与人或其近亲属，也不宜导致整项公益捐赠被撤销。此外，从行使法定撤销权的效果来看，由于法定撤销权将发生溯及既往的效力，捐赠人有权要求受赠人返还已经交付的受赠财产甚至赔偿无法返还的赠与物，此种法律效果对于以公益组织为受赠人的公益捐赠而言并不适用，捐赠人不应享有法定撤销权。

（三）捐赠人的穷困抗辩权

《合同法》第 195 条规定，赠与人的经济状况显著恶化，严重影响其生产经营或者家庭生活的，可以不再履行赠与义务。这就是赠与人的穷困抗辩权。《慈善法》第 41 条第 2 款规定："捐赠人公开承诺捐赠或者签订书面捐赠协议后经济状况显著恶化，严重影响其生产经营或者家庭生活的，经向公开承诺捐赠地或者书面捐赠协议签订地的民政部门报告并向社会公开说明情况后，可以不再履行捐赠义务。"穷困抗辩权主要针对赠与不可任意撤销但尚未履行的情况，因此《慈善法》结合不得适用任意撤销权的情形规定了公益捐赠中捐赠人的穷困抗辩权，并且规定捐赠人行使穷困抗辩权时需向民政部门报告并向社会公开说明情况。

（四）捐赠人的解除权

公益捐赠通常附有特定目的。具体而言，首先《社会团体登记管理条例》第 26 条、《基金会管理条例》第 25 条、《民办非企业单位登记管理条例》第 20 条均规定，相关非营利法人在接受捐赠、资助时，必须符合章程规定的宗旨和业务范围。捐赠人对捐赠对象的选择，包含了捐赠财产的使用目的。因此捐赠资金的使用应当遵循章程的规定。[①] 其次，捐赠人可能在法人业务范围内对捐赠财产的使用目的有更加具体的要求。如果捐赠人指定了财产用途，那么捐赠财产所使用的公益领域还要同时符合捐赠人所指定的用途。[②] 而根据捐助人对捐赠用途的要求不同，捐赠合同可以分为以下几种情况：既指定财产用途又指定受益人的捐赠合同；指定财产用途但没有指定受益人的捐赠合同例如捐建建筑物；既没有指定财产用途也没有指定受益人的捐赠。[③]

虽然受赠人负有按照约定目的和方式管理、使用捐赠财产的方式性义务，但此种捐赠属于目的性赠与而非附义务的赠与。《合同法》第 192 条所规定的"不履行赠与合同约定的义务"主要是指违反了附义务的赠与中的义务，而附义务赠与中的义务不应包含方式性义务。[④] 在以公益组织为受赠人的情况下，作为受赠人的公益法人可能存在若干以适当方式管理、使用捐赠财产的方式性义务，不履行此种约定义务，不应导致捐赠人行使法定撤销权。《合同法》没有专门规定目的性赠与，受赠人违反合同目的管理、使用赠与物的，捐赠人只

[①] 胡岩：《财团法人之研究》，中国政法大学出版社 2013 年版，第 170 页；马昕：《基金会立法中的财产问题研究》，载魏定仁《中国非营利组织法律模式论文集》，中国方正出版社 2006 年版，第 246 页。

[②] 许光：《构建和谐社会的公益力量——基金会法律制度研究》，法律出版社 2007 年版，第 131 页。

[③] 王雪琴：《慈善法人研究》，山东人民出版社 2013 年版，第 221 页。

[④] 王利明：《合同法分则研究》（上卷），中国人民大学出版社 2012 年版，第 199 页。

能按照各非营利特别法以及《合同法》第 93 条、第 94 条、第 97 条的规定行使约定或法定解除权。① 例如《基金会管理条例》第 39 条第 2 款规定："基金会违反捐赠协议使用捐赠财产的，捐赠人有权要求基金会遵守捐赠协议或者向人民法院申请撤销捐赠行为、解除捐赠协议。"

捐赠协议解除后，没有履行的赠与可以不再履行；已经履行的部分，则应根据更加具体的公益捐赠特别法的规定来处理。《公益事业捐赠法》第 28 条规定："受赠人未征得捐赠人的许可，擅自改变捐赠财产的性质、用途的，由县级以上人民政府有关部门责令改正，给予警告。拒不改正的，经征求捐赠人的意见，由县级以上人民政府将捐赠财产交由与其宗旨相同或者相似的公益性社会团体或者公益性非营利的事业单位管理。"《慈善法》第 42 条第 2 款规定："慈善组织违反捐赠协议约定的用途，滥用捐赠财产的，捐赠人有权要求其改正；拒不改正的，捐赠人可以向民政部门投诉、举报或者向人民法院提起诉讼。"根据上述规定可知，公益组织违反捐赠目的使用捐赠财产导致捐赠协议被撤销后，捐赠人无权要求返还已经移转的捐赠财产，就捐赠财产本身更不能要求赔偿损失。但是实践中不排除捐赠人与作为受赠人的非营利法人约定，作为受赠人的非营利法人违反捐赠协议管理、使用捐赠财产的，需承担一定的违约金责任。前述中国扶贫基金会向捐款人曹德旺先生就向西南五省十万贫困家庭捐款的项目实施、善款发放作出的违约金责任承诺，即为适例。

广义的公益捐赠还包括非营利法人向受益人实施的赠与。由于《公益事业捐赠法》仅调整捐赠人与公益法人之间的捐赠关系、《慈善法》仅调整捐赠人与公益法人或捐赠人与受益人之间的捐赠关系，

---

① 有学者据此提出了捐赠人实现捐赠意图的权利——捐赠意图实现权，是指慈善捐赠人有权要求受赠人依照其捐赠目的管理和使用捐赠财产，以实现慈善公益目的的权利。关于捐赠意图实现权存在一些争议，例如严格遵守捐赠人的捐赠意图会产生较多成本，导致捐赠资金使用缺乏效率。参见李喜燕《慈善捐赠人权利研究》，法律出版社 2013 年版，第 99—133 页。

因此基金会等公益法人与受助人之间的赠与关系只能适用《合同法》的一般规定以及各该非营利法人特别法。我国《基金会管理条例》第31条规定："基金会可以与受助人签订协议，约定资助方式、资助数额以及资金用途和使用方式。基金会有权对资助的使用情况进行监督。受助人未按协议约定使用资助或者有其他违反协议情形的，基金会有权解除资助协议。"这是基金会法人对受助人享有的法定解除权，至于行使法定解除权的后果则不适用前述《公益事业捐赠法》第28条和《慈善法》第42条第2款，只能适用《合同法》第97条关于合同解除法律后果的一般规定，即尚未履行的，终止履行；已经履行的，根据履行情况和合同性质，当事人可以要求恢复原状、采取其他补救措施，并有权要求赔偿损失。

（五）捐赠人的其他权利义务

1. 捐赠人的知情权。例如《慈善法》第42条第1款规定："捐赠人有权查询、复制其捐赠财产管理使用的有关资料，慈善组织应当及时主动向捐赠人反馈有关情况。"又如《基金会管理条例》第39条第1款规定："捐赠人有权向基金会查询捐赠财产的使用、管理情况，并提出意见和建议。对于捐赠人的查询，基金会应当及时如实答复。"

2. 捐赠人负有交付捐赠财产的义务。捐赠人负有按照捐赠协议、捐助法人设立程序要求、委托合同或信托文件规定的时间、方式、数量等向受赠人交付赠与财产并移转相关权利的义务。公益捐赠被撤销的，捐赠人自始不负交付捐赠财产的义务。

五　受赠人的权利义务

（一）受赠人的权利

受赠人的权利包括两个方面。一是对于不可撤销的赠与，受赠人享有请求捐赠人履行的权利；二是享有受领并保有捐赠人的履行的权利。我国《公益事业捐赠法》第7条规定，公益性社会团体受赠的财产及其增值为"社会公共财产",受国家法律保护。此所谓"社会公共财产"在现今物权法的框架下难以理解,仍应解释为归属于公益法人。

（二）受赠人的义务

赠与合同属于单务合同,受赠人不负捐赠人的对待给付义务。受赠人的义务主要包括四个方面。一是在附义务的赠与中,受赠人应履行所负义务,但此种情况在公益捐赠中实属罕见;二是在目的性赠与中,受赠人负有按照募捐方案或捐赠协议中的既定目的管理使用捐赠款物的义务;三是受赠人负有公开接受捐赠的情况和受赠财产的使用、管理情况,接受社会、政府主管部门、内部监督机构的监督的义务;四是负有厉行节约,降低管理成本的义务。后两项义务只适用于以公益法人为受赠人的情形。

六 公益捐赠中的其他问题

（一）新型公益捐赠方式

1. 配捐。配捐是指公益组织或企业承诺,按照社会捐赠的一定比例向同一个或同一批公益项目进行公益捐赠。例如在 2017 年的"9.9 公益日",腾讯公益基金承诺网友每捐 1 元,该基金将向同一批公益项目按照一比一的比例配捐,总额度不超过 6 亿元。此种公益捐赠方式对于激发社会的公益热情、同时集中宣传企业有较好的作用。从私法的角度看,配捐实际上是一种附条件的捐赠。

2. "你点赞我捐款"。"免费午餐"项目在 2017 年的"9.9 公益日"发起"你点赞我捐款"的网络募捐活动,由捐款人在"微信朋友圈"发布信息,向微信好友索要"点赞",并且承诺每获得一个点赞,即通过"微信红包"向该公益项目捐款,捐款人可以根据自己的实际情况选择 10 赞 1 元、1 赞 1 元、1 赞 10 元、1 赞 100 元等不同比例捐款。从私法的角度看,点赞捐款实际上也是一种附条件的捐赠。

（二）公益法人之间的合作关系

公益捐赠的法律关系主要发生于捐赠人、公益法人、受益人之间。但公益法人之间亦可能因公益捐赠而存在合作法律关系。此种合作关系典型地表现为两类情形。

1. 借用公募资格形成的合作关系。公益法人有的具有公募资格，有的没有此种资格。公募资格须经依法审批取得。具有公募资格也就意味着更强的募集捐款能力。一些暂不具备公募资格的公益法人可能将公益项目挂靠具有公募资格的公益法人，以公益项目和具备公募资格的公益法人的名义公开募捐，募集的捐款直接进入具备公募资格的公益法人账户并由该法人进行管理，用于特定公益项目。当事双方根据项目挂靠、资格借用协议确定双方的权利义务。

2. 共同受托形成的合作关系。委托管理实施公益项目或慈善信托的受托人可以是单一的，也可以二人以上。《慈善信托管理办法》第 17 条规定："同一慈善信托有两个或两个以上的受托人时，委托人应当确定其中一个承担主要受托管理责任的受托人按照本章规定进行备案。备案的民政部门应当将备案信息与其他受托人所在地的县级以上人民政府民政部门共享。"该项规定主要涉及两个以上受托人与外部管理部门之间、管理部门与管理部门之间的关系问题。委托人与受托人、两个以上受托人之间的法律关系只能适用私法上关于共同委托或共同信托的法律规则。《合同法》第 409 条规定："两个以上的受托人共同处理委托事务的，对委托人承担连带责任。"《信托法》第 31 条、第 32 条对共同信托作出了更加具体的规定。首先，在事务处理上共同受托人应当共同处理信托事务，但信托文件规定对某些具体事务由受托人分别处理的，从其规定。共同受托人共同处理信托事务，意见不一致时，按信托文件规定处理；信托文件未规定的，由委托人、受益人或者其利害关系人决定。其次，在意思表示的受领方面，第三人对共同受托人之一所作的意思表示，对其他受托人同样有效。再次，在对第三人的债务承担上，共同受托人处理信托事务对第三人所负债务，应当承担连带清偿责任。最后，在对委托人和受益人的赔偿责任承担上，共同受托人之一违反信托目的处分信托财产或者因违背管理职责、处理信托事务不当致使信托财产受到损失的，其他受托人应当承担连带赔偿责任。

（三）政府购买公益服务的法律关系

政府向公益组织购买服务是政府对公益法人的一种间接支持。采购服务属于有偿法律行为，采购服务的政府及其相关部门不是公益法人提供服务的受益人。《慈善法》第87条规定："各级人民政府及其有关部门可以依法通过购买服务等方式，支持符合条件的慈善组织向社会提供服务，并依照有关政府采购的法律法规向社会公开相关情况。"向慈善组织购买服务的信息还属于县级以上人民政府民政部门和其他有关部门应当及时向社会公开的慈善信息。政府购买公益服务应当根据《政府采购法》规定的程序确定采购对象并订立政府采购合同。双方的权利义务根据《政府采购法》和采购合同来确定。

（四）非营利法人与志愿者之间的合同关系

慈善组织开展慈善服务，可以委托有服务专长的其他组织提供，也可以自己提供或者招募志愿者提供。《慈善法》第64条规定，慈善组织根据需要可以与志愿者签订协议，明确双方权利义务，约定服务的内容、方式和时间等。因慈善组织无需向志愿者支付报酬，因此慈善组织与志愿者之间订立的合同并非劳动合同或雇用合同，也不是《合同法》或其他法律规定的有名合同。慈善组织与志愿者之间的合同关系应由《慈善法》和《合同法》来进行调整，并在充分考虑其无偿性的基础上参照适用《劳动合同法》的规定。根据《慈善法》第65条、66条、67条、68条的规定，慈善组织负有下列义务：第一，应当对志愿者实名登记，记录志愿者的服务时间、内容、评价等信息。第二，根据志愿者的要求，慈善组织应当无偿、如实出具志愿服务记录证明。第三，慈善组织应当为志愿者参与慈善服务提供必要条件，保障志愿者的合法权益。第四，慈善组织安排志愿者参与可能发生人身危险的慈善服务前，应当为志愿者购买相应的人身意外伤害保险。志愿者接受慈善组织安排参与慈善服务的，负有服从管理的义务。

第二节　非营利法人目的外行为的效力

一　类似问题的两种语境

在许多国家，非营利法人从事营利活动都是非营利部门所客观存在的一种现象。这也是研究非营利组织法的学者所关注的一个热点问题，有关这一方面的讨论已经不少。① 从组织法的角度看，这是一个非营利组织的治理结构以及有关主管部门的监管力度问题。然而在民法行为法的语境下，这是一个"法人目的外行为的效力"或者"法人越围行为的效力"是否有效或者违法的问题。由于法人目的外的行为有可能是法律行为，也有可能是事实行为，因此只有目的外的法律行为才需进行是否有效的判断。至于事实行为，只有是否违法的问题。从民法学界讨论的重点来看，法律行为、也就是合同行为受关注较多；营利法人的此类问题比非营利法人受关注更多。

当然严格来看，这两个问题也不完全一样。法人目的外的行为可能是营利行为，也有可能是营利行为之外的行为，包括营利法人从事公益行为或者非营利法人从事事业范围外的其他非营利行为。法人的营利行为可能是目的外的行为，也可能是目的内或与目的相

① 参见金锦萍《论非营利法人从事商事活动的现实及其特殊规则》，《法律科学》2007 年第 5 期；税兵：《非营利组织商业化及其规制》，《社会科学》2007 年第 12 期；祝建兵、陈娟娟：《非营利组织市场化的动因与风险规避》，《广东行政学院学报》2007 年第 3 期；吕来明、刘娜：《非营利组织经营活动的法律调整》，《环球法律评论》2005 年第 6 期；曾军、梁琴：《非营利组织的营利行为有效性判断》，《西南政法大学学报》2009 年第 6 期；Lester M. Salamon, The Marketization of Welfare: Changing Nonprofit and For-Profit Roles in the American Welfare State, *The Social Service Review*, Vol. 67, No. 1 (Mar. 1993), pp. 16 – 39.

关的行为。从事目的外行为的主体有可能是非营利法人，也有可能本就是营利法人。营利法人从事非营利事业是一种特殊的、广义的目的外行为，较少引起学界的关注，但其实亦属非营利组织法应关注的问题。

组织法或行为法两种角度对法人目的外行为的观察既有关联性又有差异性。关联性是指，组织法包括监管法关于非营利法人不得从事经营活动或营利性经营活动的强制性规定可能影响行为法上目的外行为的效力判断。行为法上行为无效的判断反过来又可以为组织法上的监管制裁后果提供可行路径。① 差异性是指行为法上目的外行为的效力判断是针对每一个具体行为而言，而组织法上的观察可以是个别行为也可以是系列行为、可以是法律行为也可以是事实行为。行为法上做有效判断的非营利法人目的外行为，在组织法上可能仍然会引发监管措施。从组织法上看，"越围"行为不应该成为一种常态而应该是偶然现象。即使是企业法人，如果长期从事其他未经登记的事业，甚至从来不从事经登记的事业范围而仅从事目的外行为，则显然不应该鼓励。对于公益法人，如果经过核准登记的业务范围并不包含营利事业，则法人超越目的事业范围从事营利活动也不应该鼓励。

二 非营利法人的营利事业和营利法人的公益事业

（一）非营利法人的营利事业

我国法律法规对非营利法人能否从事经营活动的态度不完全一致。

第一种意见认为，非营利法人不能以自身名义开展经营活动，但可以开设企业法人或其他经营性组织专门从事经营活动。1995 年《民政部、国家工商行政管理局关于社会团体开展经营活动有关问

---

① 针对非营利法人从事营利性经营活动，监管部门有权"责令改正"。该行政监管措施的具体落实有赖于私法上对已经发生的此类经营行为进行无效判断。

题的通知》第 3 条规定："社会团体开展经营活动，可以投资设立企业法人，也可以设立非法人的经营机构，但不得以社会团体自身的名义进行经营活动。社会团体从事经营活动，必须经工商行政管理部门登记注册，并领取《企业法人营业执照》或《营业执照》。"该项规定 2010 年已经失效。2004 年制定的《事业单位登记管理暂行条例》第 2 条第 2 款规定："事业单位依法举办的营利性经营组织，必须实行独立核算，依照国家有关公司、企业等经营组织的法律、法规登记管理。"

第二种意见认为，非营利法人不得从事"营利性经营活动"。1998 年制定的《社会团体登记管理条例》第 4 条第 2 款明确规定："社会团体不得从事营利性经营活动。"第 33 条规定，社会团体超出章程规定的宗旨和业务范围进行活动的，由登记管理机关给予警告，责令改正，可以限期停止活动，并可以责令撤换直接负责的主管人员；情节严重的，予以撤销登记；构成犯罪的，依法追究刑事责任。该两项规定在现行《社会团体登记管理条例》第 4 条和第 30 条中依然存在。同为 1998 年制定的《民办非企业单位登记管理暂行条例》第 4 条和第 25 条有相同的规定。至于何谓"营利性经营活动"值得进一步解释，非营利法人提供有偿服务显然并非一律属于营利性经营活动。

第三种意见认为，无论非营利法人还是营利法人，"取得收入"均需缴纳所得税。2007 年制定的《中华人民共和国企业所得税法实施条例》第 3 条规定："企业所得税法第二条所称依法在中国境内成立的企业，包括依照中国法律、行政法规在中国境内成立的企业、事业单位、社会团体以及其他取得收入的组织。"《财政部、国家税务总局关于非营利组织企业所得税免税收入问题的通知》规定："非营利组织的下列收入为免税收入：（一）接受其他单位或者个人捐赠的收入；（二）除《中华人民共和国企业所得税法》第七条规定的财政拨款以外的其他政府补助收入，但不包括因政府购买服务取得的收入；（三）按照省级以上民政、财政部门规定收取的会费；（四）不征税收入和免税收入孳生的银行存款利息收入；（五）财政部、国家税务总局规定的其他收入。"也就是说，非营利组织除此之外的其他收入应该缴纳所得税。当然，此类规定并不代表非营利法人所从事营利行为的合法化，更多的是一种对现实的回应和默认。

以上不同意见明确涉及事业单位、社会团体、民办非企业单位三类非营利法人，不包括基金会法人。《基金会管理条例》中没有禁止基金会法人从事营利性经营活动的规定，但这并不意味着基金会法人从事营利性经营活动是合法的。实践中基金会法人经费相对较为充足，主要依靠公益捐赠、基金运营收入、政府补助等维持运转，商品和服务收费收入占我国基金会总收入不足 1%。① 基金会法人较少从事"营利性经营活动"，因此法律没有就此作出规定。

非营利法人从事营利事业的主要原因在于，现在世界范围内许多非营利组织面临运营经费上的压力。根据美国约翰·霍普金斯大学莱斯特·M. 塞拉蒙教授所负责的"非营利部门比较项目"的研究成果，从 1995 年到 2000 年，在进行数据采集的 34 个国家中，整体上非营利部门的资金来源中，慈善捐赠占 31%（还包含了志愿者投入时间的价值，如果不包括志愿者的时间价值则为 12%）、收费收益占 42%、政府资助补贴占 26%。当然，在不同的国家这一比值分布不一样。收费收益占比最高的为菲律宾，收费收益占非营利组织总收入的比重高达 92%；政府资助占比最高的为爱尔兰和比利时，政府资助补贴占总收入的比重均高达 77%；而慈善捐赠占比最高的国家为巴基斯坦，其次为乌干达（均非发达国家），慈善捐赠占总收入的比重分别为 43% 和 38%。② 这些数据表明，世界范围内非营利法人运

---

① 参见中国基金会发展报告课题组《中国基金会发展报告（2015—2016）》，社会科学文献出版社 2016 年版，第 36 页。

② ［美］莱斯特·M. 萨拉蒙等著：《全球公民社会——非营利部门国际指数》，陈一梅等译，北京大学出版社 2007 年版，第 37—39 页。

营经费的最大来源恰恰是自身收费收益，相对最小的来源渠道是慈善捐赠。对许多非营利组织的管理人员来说，一般都承认慈善捐赠是一种并不可靠的公益经费来源。募捐并不是一件容易的事情，在某一地域范围内的公益捐赠力量总体相对固定的情况下，可能由于某个突发的灾难吸收了大量的捐赠，导致一般的公益捐赠会大幅度减少。在实行政党轮换制度的国家，来自国家的资助补贴可能随着政党政策的变更而并不稳定。基于这样的现实，非营利组织从事营利活动以获取收入就不再是一个需要讨论的问题。存在讨论空间的是如何规范非营利组织的营利活动，最大的反对理由在于：非营利组织在享受国家税收等优惠政策的同时又可以从事营利事业，将对营利组织构成不公平竞争。除此之外，对非营利组织蜕变为营利组织成为向个人输送利益的工具的担心①、对非营利组织从事市场化活动可能更加剧其财务风险的担心②、对非营利组织从事商业活动影响其主营业务的担心、对非营利组织从事营利事业会损害其社会形象并进而影响其获得公益捐赠的担心等，都是不无道理的。公益和营利两类事业究竟应该"分业"经营还是允许"混业"经营，目前在公益理论界和实务界都存在严重分歧。

其实，非营利组织作为社会的第三部门，民间性应是其本性之一。非营利组织本就是利用民间自发的公益力量来为社会提供公共服务，或者为会员利益服务。通俗地说，民间力量自发孕育的非营利组织本来就应该"有多大的力量办多大的事"。作为与政府、市场并列的第三部门，非营利组织需与政府、市场保持一定的距离。如果非营利组织以提供更多公共服务的名义寻求发展壮大，一方面向社会募捐、向政府争取资助补贴、享受税费优待，另一方面又与市场上的企

---

① 参见税兵《非营利组织商业化及其规制》，《社会科学》2007 年第 12 期。

② 参见吕来明、刘娜《非营利组织经营活动的法律调整》，《环球法律评论》2005 年第 6 期；另参见祝建兵、陈娟娟《非营利组织市场化的动因与风险规避》，《广东行政学院学报》2007 年第 3 期。

业进行不公平竞争，显然将使非营利组织丧失其作为第三部门得以存在的合理性。政策和法律不能过分推动非营利法人的发展壮大，包括对非营利法人的营利活动持放任和鼓励的态度。从组织法和公法的角度来看，如果非营利组织所从事的经营活动属于利用其自身的资源（知识、技能、劳动力、场地等）去从事无风险的活动，且不妨碍非营利目的的实现，法律应该允许。经营活动的内容应与非营利的宗旨相关，因为通常这样才能发挥非营利组织自身的知识技能等方面的优势。

就财团法人而言，其从事经营活动的原理其实与非营利社团法人有很大的不同。所谓运营经费短缺的问题对于财团法人来说，整体上不如社团法人突出。社团法人的最大资源是社员从事公益活动的热情、专业知识等，难免常会面临资金紧张的局面。但是设立财团法人本就是有人捐出大笔基础财产，只不过这些庞大的基础财产本身并不能够都拿来从事目的事业，事业运营的经费主要来自于基础财产的投资收益。因此财团法人虽然坐拥巨额资产，但仍然天生地需要从事经营活动。因为巨额的基础财产需要投资于风险较低、能够获取稳定收益的事业。因此，任何一个财团法人都有事业运营与财务运营两个方面的问题。财务运营必须以基础财产保值基础上的增值为原则。但本书前已论及，随着基金会基金资产形态以及基金运营环境的复杂化，基金会基础财产的运营本身就有"营利性经营活动"的嫌疑。例如对于股权型基金会来说，其自成立之日起就是某些企业的股东、甚至是大股东。虽然这样的股权可能在表决权上要受到一些限制，但是基金会仍然难逃经营企业之嫌，而此种行使股权的行为也只能解释为"与宗旨有关的经营活动"。财团法人的经营活动应限于与其基础财产财务运营有关的活动。

（二）营利法人的公益事业

营利法人的公益事业在法学、管理学上的命题为"企业法人的社会责任"。实践中的焦点问题是企业法人的公益捐赠问题。2008 年汶川地震后个别企业吝捐的行为引起广泛的舆论探讨。客观地看，企业的董事会在决定是否需要进行慈善捐赠以及捐赠多少的问题上，确实面临两难的境地。一方面出于公益心也好、迫于社会舆论的压力也好，企业都希望尽量多捐一点；另一方面，企业的董事会需要维护股东的利益，如果董事会一味地慷股东之慨而不顾企业的实际情况进行慈善捐赠的话，会因为违反董事之注意义务或者忠实义务而需承担责任。对于企业而言，哪怕是慈善捐赠也是需要回报的；而对于捐赠对象、税务机关和公众而言，希望企业进行纯粹的公益捐赠，也只有这样的捐赠才能使企业的行为获得税收减免的合理性。相对折中并使双方都能接受的办法是，企业为了改善社会形象，或者扩大企业的知名度、美誉度而进行慈善捐赠。社会大众需要准确定位营利企业，不能对营利企业从事公益事业给予过高期望。企业"吝捐"，问题可能不是出在企业，而可能出在社会期待过高。

三　非营利法人目的外行为的效力

依现在民法学界的一般观点，法人目的或者事业范围所限制的是法人的行为能力。目前法律对法人从事目的事业范围外行为采取较为宽容的态度，并非绝对无效。无论是"代表权限制说"[1]、还是"行为能力限制说"[2]，都是在谋求对于法人目的外行为的有效性解释。非营利法人目的外行为可以分为目的外的营利行为与目的外的非营利行为两种类型。

（一）非营利法人营利行为的效力

《最高人民法院关于适用〈中华人民共和国合同法〉若干问题的解释（一）》第10条规定："当事人超越经营范围订立合同，人民法院不因此认定合同无效。但违反国家限制经营、特许经营以及法律、

---

① 温世扬、何平：《法人目的范围外行为与"表见代表"规则》，《法学研究》1999年第5期。
② 余延满等：《企业法人目的外行为新探》，《安徽大学法律评论》2004年第1期。

行政法规禁止经营规定的除外。"其出发点主要在于使法人适应市场经济的不确定性和瞬息多变性，增强适应复杂市场环境的能力。此种理由对于营利的社团法人在特定情况下固然多有益处，对于其他从事一定范围内营利事业的公益社团法人也可以适用，但不能扩大解释并推广于所有的法人。其原因在于：第一，事业单位、社会团体、基金会、民办非企业单位本身没有"经营范围"而只有"业务范围"之说，相应管理条例中均规定为"业务范围"。因此从文意解释来看，上述司法解释所称"经营范围"应该专指营利法人或企业法人而言。第二，法人超越目的事业范围而为经营活动的合理性在于市场的复杂多变，为避免一些市场主体受经营范围限制而错失突然出现的商机而设。这就决定了这一制度主要针对市场上的经营者而非不以营利为目的的法人。因此该项司法解释难以直接适用于非营利法人，只能起到参照适用的作用。那么现行法律、行政法规关于非营利法人不得从事经营活动的规定是否构成此处所称禁止经营、限制经营的规定呢？对此学者们有不同认识。

有人认为，非营利法人和营利法人的区别在于利润不得分配，而不在于是否有盈利。非营利法人从事的有偿活动只要属于其业务范围内或者直接相关，就无须另外取得工商管理部门批准；只有从事与业务范围没有直接关系的有偿活动时，法律上才应有所限制。也就是说，如果非营利法人的营利行为是在其业务范围内或者与之直接相关，那么这种营利行为就是有效的，反之才为无效。[①] 还有人认为，根据慈善法人行为与慈善目的的关系可以将其行为分为四类：一是传统的慈善行为，即纯慈善行为；二是与慈善目的相关的营利行为；三是与慈善目的不相关但符合法律规定和章程规定的营利行为；四是与慈善目的不相关却超过限制的营利行为。其中，前三种行为属于慈善法人的目的内行为，第四种行为属于慈善法人的目的外行为。慈善法

---

① 参见葛云松《非营利法人的财产法律问题》，载魏定仁《中国非营利组织法律模式论文集》，中国方正出版社 2006 年版，第 223 页。

人的转型在实践上和立法上都已得到支持，允许慈善法人进行营利是历史的必然选择，法律的关键是如何规制其盈利方式、经营范围以及利润的使用。从整体上看，慈善法人进行的营利活动不能作为其活动的主要模式，即程度上应该有所限制；从个案上看，有些约定俗成的商业活动、偶尔或临时的交易、慈善法人的业务或是最有效完成业务的方法、收受第三人支付的报酬且是为了实现慈善目的的都是法律所允许的营利行为。① 曾军、梁琴认为非营利法人的营利行为效力需从三个方面进行判断：首先从主体上看，不同的非营利性组织有不同的宗旨，在其宗旨范围内的营利活动均可视为维持其自身发展的有效行为。其次从行为的内容上看，就各主体突破其宗旨范围的活动的效力不应一概而论，非营利性组织在宗旨范围外的营利活动其效力主要应判断是否会影响其公益形象。最后从行为的目的上来看，在无法律明文禁止之下，对其效力应进行最后的目的判断，即看其是否以营利为目的。②

对非营利组织从事商业活动（营利活动、经营活动）的限制，目前比较一致的看法是允许非营利组织从事与宗旨相关的一定范围内的营利活动。③ 至于如何区分与宗旨相关的经营活动以及与宗旨无关的经营活动则并不容易。一种观点认为，相关经营活动应限定在"向社会提供其宗旨范围内的服务而收取超过成本的费用的活动"。④ 此种观点似有过于狭隘之嫌。非营利组织提供其宗旨范围

---

① 参见王雪琴《慈善法人研究》，山东人民出版社 2013 年版，第 82—91 页、156—166 页。

② 参见曾军、梁琴《非营利性组织的营利行为有效性判断》，《西南政法大学学报》2009 年第 6 期。

③ 参见金锦萍《论非营利法人从事商事活动的现实及其特殊规则》，《法律科学》2007 年第 5 期；参见税兵《非营利组织商业化及其规制》，《社会科学》2007 年第 12 期；参见吕来明、刘娜《非营利组织经营活动的法律调整》，《环球法律评论》2005 年第 6 期。

④ 吕来明、刘娜：《非营利组织经营活动的法律调整》，《环球法律评论》2005 年第 6 期。

内的服务固然应该属于关联活动；但出售与宗旨相关的产品也应属于关联活动；将非营利组织的部分活动场所出租获取租金也可以认定为关联活动。还有一种观点认为，非营利组织开展的商业活动是否具有关联性，取决于以下几个判断标准：第一，非营利组织是否具有逐利动机；第二，非营利组织所从事的业务是否为贸易或商业活动；第三，非营利组织开展的商业活动是否常态化，即非营利组织是否在一个相当长的时期内广泛地从事贸易或商业活动。① 此种观点明显主要是从组织法或监管的角度来进行判断的。非营利组织是否具有营利动机、商业活动是否常态化，是一个事关非营利组织性质的问题。非营利组织所从事的经营活动是否与其宗旨相关，应就活动的内容本身来看待。除此之外，有学者认为还应该注意所从事的经营活动的风险，并对非营利组织提供服务收取费用的价格也要进行限制。② 与非营利组织宗旨相关的活动其经营风险应该比较小，甚至完全没有风险。如果某项经营活动风险很大，就可以从侧面推知应与宗旨无关。

财团法人的问题更为复杂。财团法人的制度价值本在于提供一种消极的财产管理制度以确保财产的保值和稳定增值，因为财产的安全性是达到财团目的的基础，所以财产的安全性是基金会财务运营首要考虑的因素。而对于瞬息万变的市场，机遇与风险并存，特别是对于"突然出现的商机"，很难在短时间内评估行为的风险，因此从事营利事业对于财团财产的安全性来说是不利的。更为现实的问题在于，我国《民办非企业单位管理暂行条例》有此种禁止性规定，而《基金会管理条例》并没有关于基金会法人不得从事营利活动的禁止性规定，由基金资产的安全使用规则很难直接推导出禁

---

① 参见税兵《非营利组织商业化及其规制》，《社会科学》2007 年第 12 期。

② 参见祝建兵、陈娟娟《非营利组织市场化的动因与风险规避》，《广东行政学院学报》2007 年第 3 期；另参见吕来明、刘娜《非营利组织经营活动的法律调整》，《环球法律评论》2005 年第 6 期。

止经营性活动的强制性规定；且基金资产的投资使用本身可能带有经营活动的性质。比较法上各国对财团法人商业行为进行规范的尺度不一，主要有以下四种立法例：第一，最终用途规则，指财团法人应将其商业活动所得收益用于其组织的非营利目的。第二，目的关联性规则，指财团法人应当在目的范围内开展商业活动，或者商业活动应与法人目的相关或对目的的实现有益。第三，副业特权/商业化规则，指财团法人在追求其非营利宗旨的过程中可以经营某些营利性副业，但商业活动只能成为财团法人的辅助性业务，不能成为主业。第四，非关联性商业活动限制规则，即法律并不绝对禁止财团法人开展与其目的不具有相关性的商业活动，而主要通过税收手段引导财团法人自觉地从事目的相关性活动。[①] 以上四种规则中，第一种和第四种规则明显失之过宽，不足采纳。第二种和第三种实际上规制角度不一样，一个是目的角度，一个是业务量角度。我国财团法人从事营利活动的限制应兼顾目的和业务量两个角度，将财团法人的营利事业限定于与公益目的及其具体业务范围相关、且在业务量上不得超越公益目的的主业。基金会基础财产的正常投资管理应解释为此种目的范围内具有辅助性的经营行为。目的相关性和辅助性两项标准也符合学界关于非营利法人营利行为合法性的大致共识，可以推广适用于其他非营利法人。

（二）非营利法人"越围"非营利行为的效力

非营利法人超越业务范围从事其他非营利行为的效力问题、监管问题都较少引起关注。例如公益法人从事业务范围外的公益活动似乎并无不妥。前已述及，2008年汶川地震时，某以资助唇腭裂为业务范围的基金会向地震灾区捐款数百万元用于救灾，这是一个明显的资金违规使用行为，也是一个明显有悖于基金会既定业务范围的"越围"行为，但并未触动公众的敏感神经。

---

① 参见刘利君《财团法人商业行为的法律规制》，《法学杂志》2014年第1期。

我国《事业单位登记管理暂行条例》第 27 条、《社会团体登记管理条例》第 30 条、《基金会管理条例》第 42 条、《民办非企业单位登记管理暂行条例》第 25 条均有关于各非营利法人"应当在核准登记的业务范围内开展活动"或不得"超出章程规定的宗旨和业务范围进行活动"的规定。但此种规定主要是从组织法的角度进行规定的，其法律后果主要是"由登记管理机关给予警告，责令改正，可以限期停止活动，并可以责令撤换直接负责的主管人员；情节严重的，予以撤销登记；构成犯罪的，依法追究刑事责任"。因而非营利法人从事"越围"非营利行为的效力问题，需要具体探讨。

就财团法人而言，因财团目的和财团章程系由捐赠人事先确定，即使是捐助人事后一般也无权要求修改。其用意主要在于确保财团财产的管理人能够完全执行捐助人的意思或者确保财团目的实现。因此财团法人不能从事目的外行为，包括目的外的非营利行为。如果确有需要，应该通过合法途径变更财团章程，以寻求行为的合法性而不应该简单承认目的外行为的合法性。但就此种越围行为的效力问题，我国台湾地区"民法"第 64 条规定："财团董事，有违反捐助章程之行为时，法院得因主管机关、检察官或利害关系人之声请，宣告其行为为无效。"我国《民法总则》第 94 条第 2 款规定："捐助法人的决策机构、执行机构或者法定代表人作出决定的程序违反法律、行政法规、法人章程，或者决定内容违反法人章程的，捐助人等利害关系人或者主管机关可以请求人民法院撤销该决定，但是捐助法人依据该决定与善意相对人形成的民事法律关系不受影响。"依据该项规定，捐助法人超越既定业务范围开展活动，原则上只能依据上述规定以有违捐助章程为由主张撤销；同时为维护交易安全，撤销的效力不及于已与善意相对人形成的民事法律关系。该项规定系机械照抄《公司法》第 22 条第 2 款的规定，对于捐助法人中捐助人意志的维护较为不力。超越既定业务范围开展活动并非一般的违反章程行为。我国当前只能将《基金会管理条例》《民办非企业单位登记管理暂行条例》中有关基金会、民办非企业单位需按照"章程规定的宗旨和业务范围进行活动"的管理性规定勉强解释为法律法规的强制性规定，将捐助法人违反章程既定业务范围的行为认定为无效行为，且直接及于已经对外形成的法律关系。[①] 相对人的损失应由违法决议的理事负责，在价值判断上捐助人意志维护较之于交易安全的最佳保护应处于更为有利的位置。

非营利社团法人超越既定业务范围从事非营利活动，由于无需考虑捐助法人制度上对捐助人意志保护的特殊要求，因此可以借鉴《公司法》第 22 条的规定或者《民法总则》第 94 条的规定，赋予会员在一定期限内向人民法院起诉主张撤销的权利。

至于非营利法人使用附有特别目的的专项捐赠资金从事有违业务范围且同时有违特定目的的活动时，对捐赠协议本身的效力影响应结合本章第一节的分析来进行认定。

第三节　公益法人对外担保和投资的限制

公益法人的资产使用应该服从合法、安全、有效的原则，因此在对外提供担保和对外投资方面面临一些限制。

一　公益法人对外担保的限制

我国现行法律对公益法人对外担保的限制表现在两个方面：

1. 禁止公益法人成为保证人。《担保法》第 9 条规定，学校、幼儿园、医院等以公益为目的的事业单位、社会团体不得为保证人。由于保证系以保证人的全部财产作为责任财产，因此无论一般保证还是连带责任保证，一旦保证人需承担责任，保证人的全部财产都会面临被拍卖、变卖处置的风险，此种处置会妨碍非营利法人

---

① 捐助人等以决议违反法律法规而主张决策机构决议无效不同于其他违法无效的民事法律行为，不必然以违反效力性法律法规为限。

的公益职能。

2. 公益法人的公益性资产不得抵押。根据《物权法》第 184 条、《担保法》第 37 条和《最高人民法院关于适用〈中华人民共和国担保法〉若干问题的解释》第 53 条的规定，学校、幼儿园、医院等以公益为目的的事业单位、社会团体的教育设施、医疗卫生设施和其他社会公益设施不得抵押。但学校、幼儿园、医院等以公益为目的的事业单位、社会团体，以其教育设施、医疗卫生设施和其他社会公益设施以外的财产为自身债务设定抵押的，人民法院可以认定抵押有效。这样规定系出于与上述禁止公益法人成为保证人相同的理由。

此外，《物权法》第 223 条规定应收账款可以设定权利质押。司法实践中存在是否需要对可质押的应收账款类型进行限制、禁止公益法人以业务收费债权例如医院对患者的医疗费债权和学校对学生的学费债权进行权利质押的争议。

根据《最高人民法院关于适用〈中华人民共和国担保法〉若干问题的解释》第 3 条的规定，国家机关和以公益为目的的事业单位、社会团体违反法律规定提供担保的，担保合同无效。因此给债权人造成损失的，债务人、担保人、债权人有过错的，应当根据其过错各自承担相应的民事责任。

二 公益法人对外投资的限制

《合伙企业法》第 3 条规定："国有独资公司、国有企业、上市公司以及公益性的事业单位、社会团体不得成为普通合伙人。"合伙企业的合伙人有普通合伙人与有限合伙人之分，前者需对合伙企业的债务负无限责任；后者仅以出资为限对合伙企业的债务负责。因此相对而言，普通合伙人的投资风险远大于有限合伙人。基于公益法人资产使用的安全原则，公益法人不得成为普通合伙人。此外根据《合伙企业法》第 67、68 条的规定，有限合伙企业的事务由普通合伙人执行；有限合伙人不执行合伙事务，不得对外代表有限合伙企业。因此公益法人作为有限合伙人参与投资设立有限合伙企业，与作为无经营表决权的优先股股东类似，不违反公益法人从事营利事业的限制。

参考文献

一　著作

（一）译著

[德] K. 茨威格特、H. 克茨：《比较法总论》，潘汉典等译，法律出版社 2003 年版。

[德] 迪特尔·梅迪库斯：《德国民法总论》，邵建东译，法律出版社 2001 年版。

[德] 哈贝马斯：《公共领域的结构转型》，曹卫东等译，学林出版社 2004 年版。

[德] 卡尔·拉伦兹：《德国民法通论》（上册），王小晔等译，法律出版社 2003 年版。

[德] 考夫曼：《法律哲学》，刘幸义等译，法律出版社 2003 年版。

[德] 拉德布鲁赫：《法哲学》，王朴译，法律出版社 2005 年版。

[德] 罗伯特·霍恩、海因·科茨、汉斯·G. 莱塞：《德国民商法导论》，楚健译，中国大百科全书出版社 1996 年版。

[法] 托克维尔：《论美国的民主》（上）、（下），董国良译，商务印书馆 2009 年版。

[法] 雅克·盖斯旦、吉勒·古博：《法国民法总论》，陈朋等译，法律出版社 2004 年版。

［美］阿瑟·库恩：《英美法原理》，陈朝璧译注，法律出版社 2002 年版。

［美］弗雷施曼、科勒、辛德勒：《基金会案例：美国的秘密》，北京师范大学社会发展与公共政策学院社会公益研究中心译，上海财经大学出版社 2013 年版。

［美］弗雷施曼：《基金会：美国的秘密》，北京师范大学社会发展与公共政策学院社会公益研究中心译，上海财经大学出版社 2013 年版。

［美］莱斯特·M. 萨拉蒙等：《全球公民社会——非营利部门国际指数》，陈一梅等译，北京大学出版社 2007 年版。

［美］莱斯特·M. 萨拉蒙等：《全球公民社会——非营利部门视界》，贾西津等译，社会科学文献出版社 2007 年版。

［美］劳伦斯·E. 科卡德、凯瑟琳·M. 利特里瑟：《基金会和捐赠基金投资——世界顶级投资者和投资机构的理念与策略》，郑佩芸等译，上海财经大学出版社 2016 年版。

［美］约翰·亨利·梅利曼：《大陆法系》（第二版），顾培东等译，法律出版社 2004 年版。

［葡］Carlos Alberto da Mota Pinto：《民法总论》，澳门大学法学院法律翻译办公室，1997 年版。

［葡］范高祖等：《民法概要 I》，冯文庄译，法律出版社 1993 年版，第 102 页。

［日］大村敦志：《民法总论》，江溯、张立艳译，北京大学出版社 2004 年版。

［日］富井政章：《民法原论》，陈海瀛、陈海超译，商务印书馆（香港）有限公司 2001 年版。

［日］金子宏：《日本税法》，战宪斌、郑林根等译，法律出版社 2004 年版。

［日］近江幸治：《民法讲义 I·民法总则》，渠涛等译，北京大学出

版社 2015 年版。

[日] 山本敬三:《民法讲义》(Ⅰ),解亘译,北京大学出版社 2004
年版。

[日] 四宫和夫:《日本民法总则》,唐晖、钱孟珊译,五南图书出版
公司 1995 年版。

[日] 我妻荣:《新订民法总则》,于敏译,中国法制出版社 2008
年版。

[日] 星野英一:《现代民法基本问题》,段匡、杨永庄译,上海三联
书店 2012 年版。

[苏] B. T. 斯米尔洛夫等:《苏联民法》(上),黄良平、丁文琪译,
中国人民大学出版社 1987 年版。

[苏] 坚金·布拉图斯:《苏维埃民法》(第一册),李光谟等译,法
律出版社 1956 年版。

[英] 巴里·尼古拉斯:《罗马法概论》,黄风译,法律出版社 2004
年版。

(二) 中文著作

《"最高法院"裁判要旨》(上册),台湾地区"最高法院"判例编辑
委员会 1997 年版。

《高点精编六法全书民法·总则》,台北高点文化事业有限公司 1998
年版。

《基金会内部治理与公信力建设》编委会编:《基金会内部治理与公
信力建设》,中国社会出版社 2010 年版。

《民事法令释示汇编》,台湾地区"司法院"民事厅编辑 1994 年版。

《中国民法典草案建议稿》,课题组负责人:梁慧星,法律出版社
2003 年版。

《中国民法典学者建议稿及立法理由·总则篇》,项目负责人:王利
明,法律出版社 2005 年版。

蔡磊：《非营利组织基本法律问题研究》，厦门大学出版社 2005年版。

曾世雄：《民法总则之现在与未来》，中国政法大学出版社 2001年版。

陈朝璧：《罗马法原理》，商务印书馆 1936 年版。

陈惠馨：《财团法人监督问题之探讨》，台湾地区"行政院研究发展考核委员会"编印，1995 年版。

陈金罗等：《中国非营利组织法的基本问题》，中国方正出版社 2006年版。

陈昔武：《非营利组织治理机制研究》，中国人民大学出版社 2008年版。

陈晓军：《互益性法人法律制度研究——以商会、行业协会为中心》，法律出版社 2007 年版。

陈新民：《德国公法学基础理论（上册）》，山东人民出版社 2001年版。

陈猷龙：《民法总则》，（台北）五南图书出版公司 2003 年版。

陈銃雄：《民法总则新论》，（台北）三民书局。

陈岳瑜、廖世昌：《财团法人实务争议问题研究》，（台北）元照出版社 2016 年版。

陈忠五主编：《民法》，（台北）学林出版社 2000 年版。

褚蓥：《美国公共慈善组织法律规则》，知识产权出版社 2015 年版。

褚蓥：《美国私有慈善基金会法律制度》，知识产权出版社 2012年版。

崔建远：《合同法》，法律出版社 2010 年版。

戴森雄编纂：《民事法裁判要旨汇编》（第一册），（台北）三民书局 1982 年版。

邓国胜：《非营利组织评估》，社会科学文献出版社 2001 年版。

范健、王建文：《商法学》，法律出版社 2012 年版。

方嘉麟：《信托法之理论与实务》，中国政法大学出版社 2004 年版。

冯契主编：《哲学大辞典》，上海辞书出版社 1992 年版。

高富平主编：《民法学》，法律出版社 2005 年版。

葛道顺等：《中国基金会发展解析》，社会科学文献出版社 2009 年版。

官有垣主编：《台湾的基金会在社会变迁下之发展》，台北浩然基金会 2003 年版。

郭明瑞、房绍坤、唐广良：《民商法原理——民商法总论·人身权法》，中国人民大学出版社 1999 年版。

韩松、陶信平主编：《民法学》，西安交通大学出版社 2004 年版。

韩铁：《福特基金会与美国的中国学》，中国社会科学出版社 2004 年版。

台湾地区"行政院研究发展考核委员会"编印：《公设财团法人之研究》。

胡旭晟：《法的道德历程——法律史的伦理解释》，法律出版社 2006 年版。

胡岩：《财团法人之研究》，中国政法大学出版社 2013 年版。

黄茂荣：《法学方法与现代民法》，中国政法大学出版社 2001 年版。

黄茂荣：《民法总则》（增订版），植根法学丛书编辑室编辑 1982 年版。

基金会中心网编：《德国大型基金会》，社会科学文献出版社 2015 年版。

基金会中心网编：《美国家族基金会》，社会科学文献出版社 2013 年版。

基金会中心网编：《美国企业基金会》，社会科学文献出版社 2013 年版。

基金会中心网编：《美国社区基金会》，社会科学文献出版社 2013 年版。

江平主编：《法人制度论》，中国政法大学出版社 1994 年版。

江平主编：《民法学》，中国政法大学出版社 2007 年版。

解锟：《英国慈善信托制度研究》，法律出版社 2011 年版。

金锦萍：《非营利法人治理结构研究》，北京大学出版社 2005 年版。

赖源河、王志诚：《现代信托法论》，中国政法大学出版社 2002
年版。

李芳：《慈善性公益法人研究》，法律出版社 2008 年版。

李开国著：《民法总则研究》，法律出版社 2003 年版。

李莉：《中国公益基金会治理研究——基于国家与社会关系视角》，
中国社会科学出版社 2010 年版。

李模：《民法总则之理论与实用》，（台北）菩陵企业有限公司 1998
年版。

李适时主编：《中华人民共和国民法总则释义》，法律出版社 2017
年版。

李双元、温世扬主编：《比较民法学》，武汉大学出版社 1998 年版。

李喜燕：《慈善捐赠人权利研究》，法律出版社 2013 年版。

李宜琛：《日尔曼法概论》，中国政法大学出版社 2003 年版。

李永军：《民法总论》，法律出版社 2006 年版。

梁慧星：《民法总论》，法律出版社 2011 年版。

林诚二：《民法总则》（上、下），法律出版社 2008 年版。

林桓：《公设财团法人之研究》，"行政院研究发展考核委员会"编，
2005 年版。

林惠贞：《我国教育事务财团法人设立与监督制度之研究》，（台北）
文景书局有限公司 2003 年版。

林荣耀：《民事个案研究》，（台北）长乐书店 1986 年版。

林山田：《法制论集》，（台北）五南图书出版公司 1992 年版。

刘得宽：《民法总则》，（台北）五南图书出版公司 1986 年版。

刘清波：《民法概论》，（台北）开明书店 1979 年版。

刘太刚：《非营利组织及其法律规制》，中国法制出版社 2009 年版。

刘心稳主编：《中国民法学研究综述》，中国政法大学出版社 1996 年版。

刘忠祥主编：《中国基金会发展报告（2013）》，社会科学文献出版社 2014 年版。

龙卫球：《民法总论》，中国法制出版社 2002 年版。

陆道生等：《非营利组织企业化运作的理论与实践》，上海人民出版社 2004 年版。

罗昆：《财团法人制度研究》，武汉大学出版社 2009 年版。

马俊驹、余延满：《民法原论》，法律出版社 2005 年版。

马俊驹：《法人制度通论》，武汉大学出版社 1988 年版。

孟勤国：《物权二元结构理论——中国物权制度的理论重构》，人民法院出版社 2002 年版。

渠涛：《民法理论与制度比较研究》，中国政法大学出版社 2004 年版。

施启扬：《民法总则》，（台北）三民书局 1996 年版。

史尚宽：《民法总论》，中国政法大学出版社 2000 年版。

税兵：《非营利法人解释》，法律出版社 2010 年版。

苏永钦：《民事立法与公私法的接轨》，北京大学出版社 2005 年版。

佟丽华、白羽：《和谐社会与公益法——中美公益法比较研究》，法律出版社 2005 年版。

王伯琦：《近代法律思潮与中国固有文化》，清华大学出版社 2005 年版。

王建芹：《非政府组织的理论阐释》，中国方正出版社 2005 年版。

王利明：《合同法分则研究》（上卷），中国人民大学出版社 2012 年版。

王利明：《民法总则研究》，中国人民大学出版社 2003 年版。

王名、李勇、黄浩明编著：《德国非营利组织》，清华大学出版社

2006 年版。

王名等：《日本非营利组织》，北京大学出版社 2007 年版。

王雪琴：《慈善法人研究》，山东人民出版社 2013 年版。

王泽鉴：《民法总则》，中国政法大学出版社 2001 年版。

韦祎：《中国慈善基金会法人制度研究》，中国政法大学出版社 2010
年版。

魏振瀛：《民法》，北京大学出版社、高等教育出版社 2013 年版。

文正邦、陆伟民：《非政府组织视角下的社会中介组织法律问题研
究》，法律出版社 2008 年版。

夏甄陶：《关于目的的哲学》，上海人民出版社 1982 年版。

肖杨、严安林：《台湾的基金会》，（台北）九州出版社 2009 年版。

谢哲胜：《财产法专题研究（三）》，中国人民大学出版社 2004 年版。

徐国栋主编：《绿色民法典草案》，社会科学文献出版社 2004 年版。

徐国建：《德国民法总论》，经济科学出版社 1993 年版。

徐海燕：《民法总论比较研究》，中国人民公安大学出版社 2004
年版。

徐孟州：《信托法》，法律出版社 2006 年版。

徐宇珊：《论基金会——中国基金会转型研究》，中国社会出版社
2010 年版。

许光：《构建和谐社会的公益力量——基金会法律制度研究》，法律
出版社 2007 年版。

杨道波、李永军：《公益募捐法律规制研究》，中国社会科学出版社
2011 年版。

杨建华等主编：《六法判解精编》，（台北）五南图书出版公司 1996
年版。

杨与龄主编：《民法总则实例问题分析》，清华大学出版社 2004
年版。

尹田：《民法典总则之理论与立法研究》，法律出版社 2010 年版。

尹田：《民事主体理论与立法研究》，法律出版社 2003 年版。

由嵘：《日耳曼法简介》，法律出版社 1987 年版。

余能斌主编：《民法典专题研究》，武汉大学出版社 2004 年版。

张俊浩主编：《民法学》（上），中国政法大学出版社 2000 年版。

张俊浩主编：《民法学原理》，中国政法大学出版社 2000 年版。

张文显：《二十世纪西方法哲学思潮研究》，法律出版社 2006 年版。

张晓冬：《基金会法律问题研究》，法律出版社 2013 年版。

张新宝：《〈中华人民共和国民法总则〉释义》，中国人民大学出版社 2017 年版。

赵旭东：《公司法学》，高等教育出版社 2012 年版。

郑玉波：《民法总则》，中国政法大学出版社 2003 年版。

中国基金会发展报告课题组：《中国基金会发展报告（2015—2016)》，社会科学文献出版社 2016 年版。

中国社会科学院语言研究所词典编辑室编：《现代汉语词典》，商务印书馆 1996 年版。

中国审判理论研究会民商事专业委员会：《〈民法总则〉条文理解与司法适用》，法律出版社 2017 年版。

周枏：《罗马法原论》（上、下册），商务印书馆 1994 年版。

周旺生：《立法论》，北京大学出版社 1994 年版。

周小明：《信托制度比较研究》，法律出版社 1996 年版。

资中筠：《财富的归宿——美国现代公益基金会述评》，上海人民出版社 2006 年版。

（三）日文著作

『公益法人の运营实务与税务·会计』，中央青山监察法人编纂，2004 年版。

さくら综合事务所：『社团法人财团法人实务』，中央经济出版社 2000 年版。

高岛平藏：『民法总则』，成文堂 1985 年版。

谷口知平：『民法总论·物权の研究』，有斐阁 1988 年版。

加藤雅信：『民法总则』，有斐阁 2002 年版。

近江幸治：『民法总则』，成文堂 2005 年版。

鎌田薫等编修：『デイリー六法 2015』，三省堂平成 27 年版。

林良平、前田达明：『新版注释民法（2）总则（2）法人』，有斐阁 1991 年版。

铃木禄弥：『民法总则讲义』，创文社 2003 年版。

森泉章：『法人法入门』，有斐阁 1992 年版。

森泉章：『公益法人の研究』，劲草书房昭和 54 年版。

穗积重远：『民法总论』，有斐阁昭和 9 年初版。

田山辉明：『民法总则』，成文堂 2001 年版。

新井诚：『财产管理制度与民法·信托法』，有斐阁 1992 年版。

星野英一：『民事判例研究：总则·物权』，有斐阁 1990 年版。

伊藤塾：『民法 I 総则·物権』，伊藤真监修，弘文堂 2007 年版。

（四）英文著作

B. R. Hopkins, *Nonprofit Law Dictionary*, New Jersey: John Wiley & Sons, Inc., 1994.

David Lansdowne, *Fund Raising Realities Every Board Member Must Face: A 1-hour Crash Course on Raising Major Gifts for Nonprofit Organizations*, United states: Emerson & Church, updated ed., 2010.

H. L. Oleck & M. E. Stewart, *Nonprofit Corporations, Organization & Associations*, 6th ed., Prentice Hall.

Helmut K. Anheier and Stefan Toepler, *Private Funds, Public Purpose: Philanthropic Foundations in International Perspective*, Springer US, 1999.

Helmut K. Anheier, *Nonprofit Organizations: Theory, Management, Poli-*

cy, Routledge, 2014.

J. J. Fishman & S. Schwarz, *Nonprofit Organizations——Cases and Materials*, 4th ed., Foundation Press, 2010.

Malvern J. Gross, Jr. et al., *Financial and Accounting Guide for Not-for-Profit Organizations*, New York: John Wiley & Sons, Inc., 5th ed., 1995.

（五）外国法典

陈卫佐译：《德国民法典》，法律出版社 2004 年版。

费安玲、丁玫译：《意大利民法典》，中国政法大学出版社 1997 年版。

黄文煌译：《埃及民法典》，厦门大学出版社 2008 年版。

金锦萍、葛云松主编：《外国非营利组织法译汇》，北京大学出版社 2006 年版。

金锦萍：《外国非营利组织法译汇（二）》，社会科学文献出版社 2010 年版。

罗结珍译：《法国民法典》（上、下），法律出版社 2005 年版。

罗结珍译：《法国民法典》，中国法制出版社 1999 年版。

孙建江等译：《魁北克民法典》，中国人民大学出版社 2005 年版。

王书江译：《日本民法典》，中国法制出版社 2000 年版。

吴兆祥等译：《瑞士债法典》，法律出版社 2002 年版。

徐国栋主编：《民法典译丛》，中国法制出版社 2002 年版。

杨道波：《国外慈善法译汇》，中国政法大学出版社 2011 年版。

殷生根、王燕译：《瑞士民法典》，中国政法大学出版社 1999 年版。

殷生根译：《瑞士民法典》，法律出版社 1987 年版。

郑冲、贾红梅：《德国民法典》，法律出版社 1999 年版。

中国政法大学澳门研究中心、澳门政府法律翻译办公室编：《澳门民法典》，中国政法大学出版社 1999 年版。

二　论文

（一）译著论文

［德］卡尔斯滕·施密特：《德国法人制度概要》，郑冲译，载孙宪忠主编：《制定科学的民法典——中德民法典立法研讨会文集》，法律出版社 2003 年版。

［德］托马斯·莱塞尔：《责任有限与法人特征》，高旭军译，载《复旦民商法学评论》（总第 2 期），法律出版社 2003 年版。

［德］扬·施罗德：《现代德国私法的渊源：罗马法、'德国法'、自然法》，许兰译，载米键主编《中德法学学术论文集》（第一辑），法律出版社 2003 年版。

［荷］埃弗尔特·阿尔科马：《结社自由与市民社会》，毕小青译，载《环球法律评论》2002 年夏季号。

［日］星野英一：《私法中的人》，王闯译，载梁慧星主编《民商法论丛》（第 8 卷），法律出版社 1997 年版。

（二）中文论文

蔡磊：《经济法视野中的国家干预、公民社会及非营利组织》，《云南大学学报》（法学版）2004 年第 6 期。

蔡磊：《论基金会的法律问题》，《学术探索》2003 年第 9 期。

蔡立东、王宇飞：《职能主义法人分类模式批判——兼论我国民法典法人制度设计的支架》，《社会科学战线》2011 年第 9 期。

蔡立东：《法人分类模式的立法选择》，《法律科学》2012 年第 1 期。

曹汉斌：《西方大学法人地位的演变》，《高等教育研究》2005 年第 10 期。

曾军、梁琴：《非营利组织的营利行为有效性判断》，《西南政法大学学报》2009 年第 6 期。

陈纯柱:《村庄法人理念的确立与中国宪政制度的创新》,《河北法学》2005 年第 8 期。

陈洪玲:《论英美法上的法人越权原则》,《当代法学》2002 年第 1 期。

陈梦坤:《法人制度的人本主义反思》,载江平、杨振山主编:《民商法律评论》(第二卷),中国方正出版社 2005 年版。

陈荣宗:《非法人团体之权利能力》,载《郑玉波先生七秩华诞祝贺论文集》,台北三民书局 1988 年版。

陈漳、刘宝英:《关于民办高校法人性质及相关问题的思考》,《教育发展研究》2005 年第 18 期。

陈欣新:《结社自由与司法保障》,《环球法律评论》2004 年秋季号。

崔拴林:《论我国私法人分类理念的缺陷与修正——以公法人理论为主要视角》,《法律科学》2011 年第 4 期。

邓辉:《结社自由与公司的设立》,《江西财经大学学报》2014 年第 6 期。

董开军:《论我国的企业概念及其法律定义问题》,《江苏社会科学》1991 年第 4 期。

董学立:《企业与企业法的概念分析》,《山东大学学报(哲学社会科学版)》2001 年第 6 期。

冯果、杨梦:《国企二次改革与双重股权结构的运用》,《法律科学》2014 年第 6 期。

冯兴俊:《信托制度产生的历史分析》,载易继明主编:《私法》第 5 辑第 2 卷,北京大学出版社 2006 年版。

付霞:《从"嫣然基金"事件反思我国基金会的道德风险控制机制》,《理论观察》2014 年第 8 期。

葛延民:《法人越权原则比较研究》,《当代法学》2002 年第 5 期。

葛云松:《法人与行政主体理论的再探讨——以公法人概念为重点》,《中国法学》2007 年第 3 期。

葛云松：《非营利法人的财产法律问题》，载魏定仁《中国非营利组织法律模式论文集》，中国方正出版社 2006 年版。

葛云松：《中国财团法人制度的展望》，载《北大法律评论》2002 年第 5 卷第 1 辑，法律出版社 2003 年版。

顾安详、钟娟：《民事主体制度的选择性与开放性论纲》，《行政与法》2005 年第 10 期。

河南省事业单位登记管理局课题组：《事业单位法人治理结构的建立和完善》（上），《机构与行政》2011 年第 3 期。

胡光志：《论我国民事主体结构的重构》，《现代法学》1996 年第 2 期。

黄泂：《私法自治与适度监督：公私法视野下的基金会制度重构》，《政治与法律》2013 年第 10 期。

江平、龙卫球：《法人本质及其基本构造研究——为拟制说辩护》，《中国法学》1998 年第 3 期。

金锦萍：《论非营利法人从事商事活动的现实及其特殊规则》，《法律科学》2007 年第 5 期。

金锦萍：《论公益信托与两大法系》，《中外法学》2008 年第 6 期。

金锦萍：《社会企业的兴起及其法律规制》，《经济社会体制比较》2009 年第 4 期。

蓝煜昕：《试论我国非营利部门的法制环境指数》，《中国非营利评论》2006 年第 4 卷。

李高中、丁文联、贺小勇：《法人组织说批判——兼谈国有企业公司化改造问题》，《法学》1996 年第 12 期。

李静传、张云：《法人类型的立法模式研究与借鉴——以"财产性质"和"对外责任"为基础》，《学术探索》2002 年第 6 期。

李培林等：《当代西方社会的非营利组织》，《河北学刊》2006 年第 2 期。

李韬：《美国的慈善基金会与美国政治》，中国社会科学院研究生院国际政治专业博士学位论文。

李锡鹤：《论法人是无形主体》，《法学》2000 年第 7 期。

李晓倩、蔡立东：《基金会法律制度转型论纲——从行政管制到法人治理》，《法制与社会发展》2013 年第 3 期。

李拥军：《从"人可非人"到"非人可人"：民事主体制度与理念的历史变迁——对法律"人"的一种解析》，《法制与社会发展》2005 年第 2 期。

廉高波：《浅议行业协会法人治理结构的建立与完善》，《生产力研究》2005 年第 8 期。

梁慧星：《合作社的法人地位》，梁慧星主编《民商法论丛》第 26 卷。

梁慧星：《民法总则立法的若干理论问题》，《暨南学报》2016 年第 1 期。

林桓：《"财团法人法"草案中区分公设财团法人之必要性探讨》，载《私法学之传统与现代》（上）。

刘利君：《财团法人商业行为的法律规制》，《法学杂志》2014 年第 1 期。

刘太刚：《表达自由：美国非营利组织的宪政基石》，《法学家》2007 年第 2 期。

刘宗德：《日本公益法人、特殊法人及独立行政法人制度之分析》，载《法治与现代行政法学——法治斌教授纪念论文集》，台北元照出版社 2004 年版。

卢德之：《试论中国特色现代慈善事业》，《伦理学研究》2009 年第 1 期。

罗昆：《我国基金会立法的理论辨正与制度完善——兼评〈基金会管理条例〉及其〈修订征求意见稿〉》，《法学评论》2016 年第 5 期。

吕来明、刘娜：《非营利组织经营活动的法律调整》，《环球法律评论》2005 年第 6 期。

马存利：《对法人能力限制的思考》，《当代法学》2002 年第 1 期。

马骏驹：《法人制度的基本理论和立法问题之探讨（上）》，《法学评论》2004 年第 4 期。

马骏驹：《法人制度的基本理论和立法问题之探讨（中）》，《法学评论》2004 年第 5 期。

马骏驹：《法人制度的基本理论和立法问题之探讨（下）》，《法学评论》2004 年第 6 期。

马昕：《基金会立法中的财产问题研究》，载魏定仁《中国非营利组织法律模式论文集》，中国方正出版社 2006 年版。

孟俊红：《让"新世纪"事件不再重演——论民办学校法人制度的作用及困境》，《人民教育》2005 年第 12 期。

孟勤国：《郑百文重组与公司法人所有权说》，《法学评论》2001 年第 4 期。

缪建红、俞安平：《非营利性组织及其建立 CORPS 模式初探》，《市场周刊·商务营销》2003 年第 4 期。

彭诚信：《论民事主体》，《法制与社会发展》1997 年第 3 期。

钱明星、魏振瀛：《关于完善我国法人制度的几个问题》，载《中国民法经济法理论问题探究》，法律出版社 1991 年版。

钱玉林：《累积投票制的引入与实践——以上市公司为例的经验性观察》，《法学研究》2013 年第 6 期。

渠涛：《中国社会团体法律环境与民法法人制度立法——法人制度论序说》，载渠涛主编《中日民商法研究》（第二卷），法律出版社 2004 年版。

任尔昕：《我国法人制度之批判——从法人人格与有限责任制度的关系角度考察》，《法学评论》2004 年第 1 期。

申毅：《非营利组织兴起的经济分析》，《贵州工业大学学报》（社会科学版）2003 年第 1 期。

沈佩玲：《信托：公益事业的最佳选择》，《中国民政》2003 年第

1 期。

税兵：《法人独立责任辨析——从语境论的研究进路出发》，《四川大学学报》（哲学社会科学版）2005 年第 2 期。

税兵：《非营利法人概念疏议》，《安徽大学学报》（哲学社会科学版）2010 年第 2 期。

税兵：《非营利法人解释》，《法学研究》2007 年第 5 期。

税兵：《非营利组织商业化及其规制》，《社会科学》2007 年第 12 期。

税兵：《基金会治理的法律道路——〈基金会管理条例〉为何遭遇"零适用"?》，《法律科学》2010 年第 6 期。

税兵：《民办学校"合理回报"之争的私法破解》，《法律科学》2008 年第 5 期。

苏永钦：《民法制度的移植》，王洪亮等主编《中德私法研究》2006 年第一卷，北京大学出版社 2006 年版。

孙文序：《日本的工商社团》，《中国工商管理研究》2001 年第 1 期。

孙宪忠：《财团法人财产所有权和宗教财产归属问题探讨》，《中国法学》1990 年第 4 期。

谭启平、黄家镇：《民法总则中的法人分类》，《法学家》2016 年第 5 期。

谭启平：《论合作社的法律地位》，《现代法学》2005 年第 4 期。

谭启平：《民事主体标准与其他组织类型化研究》，武汉大学 2005 年博士学位论文。

唐宗焜：《中国合作社立法导向问题》，梁慧星主编《民商法论丛》第 26 卷。

田凯：《西方非营利组织理论述评》，《中国行政管理》2003 年第 6 期。

田中景、安洋：《日本特殊法人改革及其前景》，《国家行政学院学报》2002 年第 2 期。

王玫黎：《法人分类比较研究》，《西南师范大学学报》（人文社会科学版）2003 年第 2 期。

王晓冬：《关于法人制度的几点思考》，《当代法学》2001 年第 6 期。

王雪琴：《论社团法人财团法人划分的局限性及改良》，《法学杂志》2010 年第 4 期。

王轶：《民法价值判断问题的实体性论证规则——以中国民法学的学术实践为背景》，《中国社会科学》2004 年第 6 期。

王涌：《法人应如何分类——评〈民法总则〉的选择》，《中外法学》2017 年第 3 期。

温世扬、何平：《法人目的范围外行为与"表见代表"规则》，《法学研究》1999 年第 5 期。

吴开华：《论建立我国私立学校财团法人制度》，《现代教育论丛》2001 年第 2 期。

吴振源：《团体协约之法律的构成》，载何勤华、李秀清主编：《民国法学论文精粹》（第三卷），法律出版社 2004 年版。

夏利民：《财团法人的制度价值及其影响》，《重庆社会科学》2008 年第 8 期。

谢海定：《中国民间组织的合法性困境》，《法学研究》2004 年第 2 期。

谢怀栻：《大陆法国家民法典研究》，《外国法译评》1994 年第 4 期。

谢蕾：《西方非营利组织理论研究的新进展》，《国家行政学院学报》2002 年第 1 期。

徐凤真：《法人目的事业制度探析》，《政法论丛》2003 年第 3 期。

徐强胜：《企业形态法定主义研究》，《法制与社会发展》2010 年第 1 期。

杨团：《关于基金会研究的初步解析》，《湖南社会科学》2010 年第 1 期。

杨振山、孙毅：《近代民事主体形成的条件与成因》，《政法论坛》

2005 年第 4 期。

尹鸿翔、陈家适：《评一人公司性质的现有理论》，《广西政法管理干部学院学报》2003 年第 1 期。

尹田：《无财产即无人格——法国民法上广义财产理论的现代启示》，《法学家》2004 年第 3 期。

尹田：《中国民法典立法中法人制度的设想》，载《中国民法百年回顾与前瞻学术研讨会文集》，法律出版社 2003 年版。

尹章华：《论公益法人与公益民事诉讼》，载尹章华所著《民法理论之比较与辨正》，台北文笙书局 1992 年版。

余延满等：《企业法人目的外行为新探》，《安徽大学法律评论》2004 年第 1 期。

虞政平：《法人独立责任质疑》，《中国法学》2001 年第 1 期。

袁曙宏、苏西刚：《论社团罚》，《法学研究》2003 年第 5 期。

张国平：《论我国公益组织与财团法人制度的契合》，《江苏社会科学》2012 年第 1 期。

张荆：《日本公立大学人事制度改革及给我们的启示》，《中国高等教育》2005 年第 15 期。

张镜影：《论私法人》，载郑玉波主编《民法总则论文选辑》（下），台北五南图书出版公司 1984 年版。

张力：《私法中的"人"——法人体系的序列化思考》，《法律科学》2008 年第 3 期。

张世明：《企业法律形态理论研究管见》，《法治研究》2015 年第 1 期。

张文伯：《论学校法人》，载郑玉波主编《民法总则论文选辑》（下），五南图书出版公司 1984 年版。

张新宝：《从〈民法通则〉到〈民法总则〉：基于功能主义的法人分类》，《比较法研究》2017 年第 4 期。

张亚维、陶冶：《我国基金会发展状况及影响因素分析——以中国

TOP100 基金会为例》,《扬州大学学报》(人文社会科学版)2012年第 3 期。

赵群:《非法人团体作为第三民事主体问题的研究》,《中国法学》1999 年第 1 期。

郑少华:《法人运动与第二次法律革命》,《法学》2001 年第 6 期。

中国驻日本大使馆教育处:《日本的公益法人制度与私立学校的运营》,《世界教育信息》2004 年第 1 期。

周江洪:《日本非营利法人制度改革及其对我国的启示》,《浙江学刊》2008 年第 6 期。

周友军:《德国民法上的公法人制度研究》,《法学家》2007 年第 4 期。

竺效、王坤:《试论教育有限责任公司的法律特征——以新萧山六中为研究模型》,《当代法学》2003 年第 4 期。

竺效:《论捐助行为的法律属性》,《云南法学》2000 年第 1 期。

祝建兵、陈娟娟:《非营利组织市场化的动因与风险规避》,《广东行政学院学报》2007 年第 3 期。

(三)英文论文

Baorong Guo, *Charity for Profit? Exploring Factors Associated with the Commercialization of Human Service Nonprofits*, Nonprofit and Voluntary sector quaterly, Sage Publications. Volume 35 Number1 March, 2006.

Christopher S. Horne & Janet L. Johnson & David M. Van Slyke, *Do Charitable Donors Know Enough—and Care Enough—About Government Subsidies to Affect Private Giving to Nonprofit Organizations?* Nonprofit and Voluntary sector quaterly, Sage Publications. Volume34 Number1 March, 2005.

Clark D. Cunningham et al. , *Plain Meaning and Hard Cases*, 103 Yale L. J. 1561 (1994) .

James Edward Harris, *The Nonprofit Corporation Act of* 1993: *Considering the Election To Apply The New Law To Old Corporations*, 16 U. Ark. Little Rock L. J. 1, Winter, 1994。

Lester M. Salamon, *The Marketization of Welfare: Changing Nonprofit and For-Profit Roles in the American Welfare State*, The Social Service Review. Vol. 67. No. 1 (Mar. , 1993), pp. 16 – 39.

Lewis D. Solomon, Karen C. Coe, *Social Investments by Nonprofit Corporations and Charitable Trusts: A Legal and Business Primer for Foundation Managers and Other Nonprofit Fiduciaries*, 66 UMKC L. Rev. 213, Winter, 1997。

Susannah C. Tahk, *Crossing the Tax Code's For-profit/Nonprofit Border*, 118 Penn St. L. Rev. 489 (2014) .

VladislavValentinov, *Toward an Economic Interpretation of the Nondistribution Constraint.* 9 Int'l J. Not-for-Profit L. 65 (2006) .

三 网络文献

Comparative Chart of NGO Framework Legislation In Selected EU Member States, download from www. ICNL. com.

Germany——The Status of Political Activities of Association and Foundation, download from www. ICNL. com.

Reform of Tax Laws Governing Non-Commercial bodies and Socially-Useful Nonprofit Organizations, Legislative Decree of 4 December 1997, No. 460, Official Gazetteofthe Italian Republic. download from www. ICNL. com.

The present requirements are obstructing unnecessarily the development of foundations in Germany, see Maecenata Institute and the Bertelsman-Foundation: *Brief Analysis of The Desired Reform of the Law Governing*

Foundationin Germany. download from www. ICNL. com.

Canon Law, download from：http：//www. vatican. va/archive/.

Philanthropy and Law In Asia. Ku-Hyum Jung、Tae-Kyu Park、Chang-Soon Hwang：KOREA，P203，download from www. ICNL. com.

Alceste Santuari，*The Italian Legal System Relatingto Not-for-profit Organization：A Historical and Evolution Overview*，download from www. ICNL. com.

Dr. Klaus Neuhoff，Essen，*Country Report Germany——The Legal and Fiscal Provision for Nonprofit Activities and Institutions*，download from www. ICNL. com.

Michael Ernst，*Third Sector Organization in Germany：Legal Forms and Taxation*，International Charity Law：Comparative Seminar，Beijing，China，October 12－24，2004. download from www. ICNL. com.

Rolf Moller，*German foundations——the Activities and Essentials*，download from www. ICNL. com.

四 政策、法律、法规、草案、外国法

（一）政策

《中共中央、国务院关于分类推进事业单位改革的指导意见》（2011）

《中共中央、国务院关于深化供销合作社综合改革的决定》（1995、2015）

《中共中央、国务院关于深化国有企业改革的指导意见》（2015）

《中共中央办公厅、国务院办公厅关于改革社会组织管理制度促进社会组织健康有序发展的意见》（2016）

中共中央办公厅、国务院办公厅《行业协会商会与行政机关脱钩总体方案》（2015）

中央编办《事业单位、社会团体及企业等组织利用国有资产举办事业单位设立登记办法（试行）》（2016）

（二）法律

《慈善法》（2016）

《公益事业捐赠法》（1999）

《教育法》（2015）

《高等教育法》（2015）

《民办教育促进法》（2016）

《民法总则》（2017）

《合同法》（1999）

《担保法》（1995）

《农民专业合作社法》（2007）

《信托法》（2001）

《中国红十字会法》（2017）

（三）行政法规和规章

《基金会管理条例》（2004）

《民办非企业单位登记管理暂行条例》（1998）、

《城镇住宅合作社管理暂行办法》（1992）

《城市信用合作社管理办法》（1997）

《农村信用合作社管理规定》（1997）

《社会团体登记管理条例》（2016）

《事业单位财务规则》（2012）

《事业单位登记管理暂行条例》（2004）

《事业单位登记管理暂行条例实施细则》（2014）

《事业单位法人年度报告公示办法（试行）》（2014）

《慈善信托管理办法》（2017）

《宗教事务条例》（2005）

（四）草案

《基金会管理条例》修订草案征求意见稿（2016）

《社会服务机构登记管理条例》（《民办非企业单位登记管理暂行条例》修订草案征求意见稿）（2016）

（五）外国法

Internal Revenue Code

Revised Model Nonprofit Corporation Act（1987）、（2008）

Uniform Unincorporated Nonprofit Association Act（1996）、（2008）

后　记

　　本书是对我从十二年前以"财团法人"为题写作博士论文开始，研究非营利法人法律制度的一个阶段性总结。

　　武大百年文脉，珞珈薪火相传。向筚路蓝缕的珞珈法学先贤们致敬！

　　学术之路，冷暖自知。衷心感谢一路相伴的亲人、师友、学生！

　　学无止境，错漏难免。敬请读者诸君不吝批判指正，我的邮箱是fxylk@ whu. edu. cn。

罗　昆

2017 年 10 月于珞珈山